호텔인적자원관리

안대희 · 서광열 · 박종철 · 윤대균 · 양동령 공저

백산출판사

머리말

호텔산업은 타 산업에 비해 인적 의존도가 매우 높다는 사실에 누구도 이의를 달지 않는다. 그럼에도 불구하고 현재 호텔산업은 타 산업에 비해 이직률 또한 매우 높은 것이 사실이다.

이직은 호텔기업에서 호텔상품을 생산하는 직원들에 대한 인적자원관리의 부재에서 유발되는 것 또한 사실이며, 이로 인해 많은 문제가 발생하고 있다. 이 중 하나인 이직률의 증대는 새로운 채용관리에 따른 비용유발과 신규 직원 선발관리에 따른 교육훈련비의 유발 등 많은 호텔 내부비용을 발생시키고 있다.

이와 더불어 호텔인적자원관리의 부재로 인한 호텔 종사원들의 사기 저하는 최고의 상품과 서비스로 결합되어야 할 호텔상품의 품질 저하로 이어져 불량품 생산의 악순환을 초래함으로써 더 큰 문제를 유발하고 있다.

최근 들어 호텔기업은 직접적으로 수익을 창출시키는 영업 및 마케팅의 인적자원관리에 대하여 관심을 보이기 시작했다.

또한 업계와 학계에서 인적자원관리를 위한 전문 인력을 양성하는 것이 시급한 과제라고 인식하기 시작했다. 이러한 문제를 해결하기 위한 지침서라고 할 수 있는 교재들이 이론과 실무 배양에 많은 도움을 주고 있다. 반면에 일부 교재는 인적자원관리의 이론과 실무가 너무 방대하게 기술되어 있어 혼란만 가중시키는 결과를 초래하고 있음도 지적받고 있다.

따라서 본서는 이러한 지적을 과감히 떨쳐버리고 한국 현실에 맞게 이론적이고 경영관리적인 측면을 강조하여 구성하였다. 또한 호텔인적자원관리를 배우는 학생들에게 경영학적 사고의 틀을 심어주려는 목표를 달성하기 위해 노력하였다.

본서의 특징은 다음의 몇 가지로 요약할 수 있다.

첫째, 본서는 호텔인적자원의 관리를 위한 구성요소가 수행해야 할 역할과 이들 간의 논리적 연결관계를 강조함으로써 호텔인적자원관리에 대한 감을 잡을 수 있도록 하였다.

둘째, 본서는 호텔인적자원관리에 관심 있는 분이나 학생들을 위하여 기본적인 개념을 쉽게 설명하였다. 또한 최근 들어 그 중요성이 부각되는 주제들을 심도 깊게 다루었다.

셋째, 본서는 호텔인적자원관리의 콘셉트가 지향하는 바를 받아들여 현장 중심적으로 서술하였다.

그러나 이러한 목적이 얼마나 달성되었는가는 전적으로 독자들이 판단할 몫이므로 저자는 독자들의 어떠한 비판과 논평도 더 좋은 교재를 만들라는 격려의 채찍으로 알고 겸허하게 받아들일 것이다.

마지막으로 이 책이 나올 수 있도록 저자의 요구를 기꺼이 수락하고 출판을 위해 지원을 아끼지 않은 백산출판사 진욱상 사장님과 편집부 성인숙 과장을 비롯하여 편집부 직원들에게도 진심으로 감사드린다.

저자 씀

차 례

Chapter 01

호텔인적자원관리의 기초

제1절 호텔인적자원관리의 개념

1. 호텔인적자원관리의 정의

인적자원관리는 일반적으로 기업의 경영활동에 필요한 인적자원의 합리적 관리체계로서, 기업의 목적달성 및 유지발전을 위해 요구되는 유능한 인재를 확보하고 육성·개발하며, 보상 및 유지활용을 이룩해 가는 이론적·실천적 지식의 총체로 규정할 수 있다. 따라서 인적자원관리는 기업경영에 있어 주체적 요소인 인적자원 확보부터 노동력의 육성개발과 유지활용에 이르기까지 모든 기능을 대상으로 하는 관리활동체계이다. 이러한 인적자원관리는 관리대상의 신분이나 관리직능의 내용에 따라 인적자원관리·노무관리·인사노무관리·인간관리 등의 개념이 있으며, 실시방법과 성격의 규정에 있어서도 내용이 다양하다.

이러한 측면에서 호텔인적자원관리는 호텔기업의 제반 경영활동에 필요한 인적자원의 합리적 관리체계로서, 호텔기업의 목적달성 및 유지발전을 위해 요구되는 유능한 인재를 확보하고 육성·개발하며, 보상 및 유지활용을 이룩해 가는 관리활동의 총체라고 할 수 있다.

인적자원관리의 성격에 대한 체계적 연구가 유럽과 미국에서 본격적으로 시작된 것은 1920년대 이후라고 할 수 있다. 우리나라에서 기업의 인적자원관리의 중요성에 대한 인식과 함께 체계적인 연구가 본격적으로 이루어지기 시작한 것은 국가경제가 고도성장기에 들어선 1960년대 이후이다. 최근에 호텔기업은 급속한 환경변화에 효과적으로 대처하기 위한 인적자원관리의 개선과 함께 새로운 인적자원관리체계의 확립이 요청되고 있다.

호텔인적자원관리는 그 관리의 대상이 호텔조직 내의 사람이며, 이를 관리하는 주체 역시 사람이다. 따라서 호텔인적자원관리의 성격은 이들이 가진 사람에 대한 사고나 철학 등과 같은 기본적 가정에 의해 크게 좌우된다. 또한, 그 성격은 이들 인적자원관리의 주체와 객체로서 상호작용하고 있는 사람들을 둘러싸고 있는 상황, 즉, 사회적·경제적 및 문화적 제 환경에 의해서도 큰 영향을 받는다.

2. 인적자원관리의 정의 분류

1) 전통적 인적자원관리

전통적으로 가장 많이 사용된 정의는 인적자원관리의 활동을 요약한 것으로, 인적자원관리는 조직이 필요로 하는 인력을 조달하고 유지·개발하며, 이를 활용하는 관리활동을 체계화하는 것이라 할 수 있다. 여기서 인력의 조달과 유지, 개발, 활용은 어느 조직에나 존재한다는 점에서, 가장 보편적인 정의라고 할 수 있다.

그러나 여기에는 인적자원관리의 목표나 방법 그리고 그 관리의 본질적인 특성에 대한 내용이 포함되어 있지 않다. 즉, 이 정의는 인적자원관리 본래의 활동보다는 어느 조직에나 존재하는 그 대상으로서의 인사업무 자체에 관한 것으로서, 그 자체가 가진 관리적 성격이 포함되지 않았다. 따라서 인적자원관리의 정의로는 적절하지 못함을 의미한다.

이에 따라, 위의 정의에 관리적 내용을 추가하면, 인적자원관리는 인력의 조달과 유지, 활용, 개발에 관한 계획적이고 조직적인 관리활동의 체계로 정의된다. 즉, 인적자원관리란 조직이 필요로 하는 인력을 조달하고, 이들을 유지·개발·활용하는 활동을 계획·조직·통제하는 관리활동의 체계라는 것이다. 이러한 정의는 계획과 조직 및 통제의 관리활동체계가 강조된 점에서, 인적자원관리의 본질에 보다 가까워졌다고 할 수 있다.

그럼에도 이는 인적자원관리의 기본적 특성이나 문제의식을 제시하지 못하고 있다는 점에서 여전히 미흡하다. 즉, 이러한 전통적인 인적자원관리의 정의는 인간이 수동적이고 직능적이란 전제를 바탕으로 종업원들을 관리의 대상으로 접근했고 인간의 자발성과 자율성을 간과했다는 점에서 비판받고 있다.

2) 현대적 인적자원관리

현대적 관점에서의 인적자원관리는 기업이 필요로 하는 인력의 고용·유지·개발·활용을 인간의 자발성과 자율성의 원리에 입각하여 계획, 조직 및 통제하는 관리활동이라는 점이 특징이다. 여기서 현대적 관점에서의 인적자원관리의 정의를 제시하면 다음과 같다.

(1) 요더(D. Yoder)

인적자원관리란 종업원들로 하여금 그들의 직장에 대하여 최대의 공헌을 하게 하고, 동시에 최대의 만족을 할 수 있도록 조력·지도하는 기능 내지 활동이다.

(2) 피고스와 마이어스(P. Pigors & C.A. Myers)

피고스와 마이어스는 협력관계 형성설의 대표적인 학자로서 노동자를 노동력으로만 파악하는 것이 아니고, 경영 사회집단을 형성하는 사회적 인격의 측면에서 파악하고 있다.

피고스와 마이어스에게 인적자원관리는 각자의 능력을 최대한으로 발휘시켜 개인이 자신의 직무에서 최대의 만족을 얻음과 동시에, 기업에 대하여 최대의 공헌을 하도록 잠재능력을 육성·발전시키는 방법이다.

(3) 스페이트(T.G. Spates)

인적자원관리는 종업원의 잠재적 능력을 최대한 활용시켜, 스스로 최대한의 성과를 확보할 수 있도록 그들을 처우하며, 조직하는 방법에 관한 규범체계이다.

(4) 피터 드러커(Peter F. Drucker)

인적자원관리는 인간을 대상으로 하는 것이므로, 인간의 개성을 존중하고 능력을 개발하며 인간적 만족을 제공하는 것을 특징으로 하는 관리활동이다. 즉, 인간은 그 자체 조정(coordinate), 통합(integrate), 판단(judge), 상상(imagine)할 수 있는 능력을 보유한 도덕적 · 사회적 · 인격적 존재이다. 따라서 경제적 보수 외에, 사회 및 노동의 주체로서의 인식이 필요하며, 그에 따라 최고 능률의 원리나 인간공학적 원리는 배제되어야 한다고 하였다.

3) 인적자원관리와 유사개념

인적자원관리와 유사한 개념에는 여러 가지가 있다. 이들 개념들은 거의 동일하게 사용되는 경우가 많으나, 때로는 엄격히 구별하여 사용하는 경우도 있다.

일반적으로 인적자원관리는 1920년대 미국의 "personnel management" 또는 "personnel administration"에서 나온 것으로, 주로 채용, 배치, 이동, 승진, 퇴직, 교육훈련 및 안전, 보건 등에 대한 종업원 개인의 관리가 그 대상이었다. 그 후, 1930년대에 와서는 노동조합의 발달과 함께 개인적 관계 외에 집단적 관계가 그 관리의 내용에 포함되어, 종래의 "personnel management"에 노사관계를 뜻하는 "labor relation" 및 "industrial relations"가 추가되어 "personnel management and labor relation"이 사용되기도 하였다.

한편 영국에서는 처음에는 노무관리의 의미를 지니는 "labor management"를 사용했으나, 2차 세계대전 이후로는 미국의 영향을 받아 "personnel management"가 사용되었다.

이와 같이, 인적자원관리와 관련된 용어는 시대와 상황에 따라 다양하게 전개되어 왔다는 점에서, 이들 상호 간의 개념을 명확히 구분한다는 것은 현실적으로 대단히 어렵다. 이에 따라 미국은 이들 개념의 구분 없이 "personnel management" 즉, 인적관리로 통일하여 사용해 왔다.

최근에 인적자원관리(personnel management)라는 용어 대신에 인적자원관리(haman resource management)라는 용어가 많이 사용되고 있다. 이는 경제학의 인적자본의 개념과 유사한 것으로서, 인간은 귀중한 자원이며, 기업의 활용여하에 따라 인간의 가치는 변화될 수 있다는 생각에 근거를 두고 있다. 일본의 경우는 오히려 인적자원관리와 노무관리를 구분하는 경향이 많으며, 그 결과로 이에 대한 다음과 같은 다양한 견해가 제시되었다.

먼저 관리대상에 따라 구분하는 견해이다.

이는 2차 세계대전 전의 구분기준으로, 노무관리는 주로 생산현장의 작업자가 관리의 대상이 되는 경우로 노동관계가 중심이 된다. 그리고 인적자원관리는 주로 사무직원들이 그 관리의 대상이 되는 경우를 의미한다. 이러한 구분은 우리나라의 경우 공상의 인력관리는 노무과에서, 본사의 인력관리는 인사과에서 수행하는 데서 엿볼 수 있다. 인적자원관리와 노무관리의 구분을 표로 나타내면 다음과 같다.

| 표 1-1 | 인적자원관리와 노무관리의 구분

구 분	관리대상	관리직능
인적자원관리	사원, 직원 등의 사무관리직 종업원 (White Collar)	종업원의 채용·배치·이동·승진·퇴직관리 등의 고용관리직능과 교육훈련·능력개발 등의 인력개발관리직능
노무관리	공원, 작업원 등의 생산현장직 종업원 (Blue Collar)	임금 및 근로시간 등 근로조건의 개선직능과 노사관계의 안정 및 유지발전을 위한 노사관계관리직능

또한 노무관리에 인적자원관리와 협의의 노무관리를 포함시키는 견해이다.

인적자원관리는 노동력 내지 인력을 그 관리의 대상으로 하여, 이의 능률을 극대화시키기 위하여 노력하는 것으로서, 생산관리에 포함되는 개념으로 이해하는 견해이다. 반면에 협의의 노무관리는 노동력 내지 인력이 아닌, 그러한 노동력 내지 인력을 보유한 사람을 관리의 대상으로 보고, 이들의 근로의욕을 증대시키기 위해 노력하는 것이라는 견해이다. 따라서 생산관리에 포함되는 인적자원관리와는 그 지도원리에 있어서 명확히 다르다. 그러나 이러한 구분은 이론적으로는 가능할지 모르나, 구체적이고 실제적인 경우에는 거의 의미가 없다. 즉, 인력 내지 노동력 자체의 관리와 그 소유자로서의 종업원의 관리가 현실적으로 명확히 구분될 수 있겠느냐는 것이다. 또한 최근의 기술진전에 따른 직무성격의 변화를 감안할 때, 그만큼 현장직과 사무직의 구분은 어려울 수밖에 없게 되었다. 이에 따라, 일본의 경우에도 이러한 인적자원관리와 노무관리의 구분은 어디까지나 구분 그 자체를 위한 구분일 뿐, 실익이 없다는 부정적 견해를 제시하는 경우도 많다.

최근에는 종래의 인사·노무관리의 연구대상 및 영역을 확대하여 적용함과 도입에 기업의 경영전략차원의 인적자원관리와 노무관리의 제도 및 직능을 포괄하는 관점에서 인적자원관리(HRM: Human Resource Management)란 용어가 많이 사용되고 있다. 이러한 인적자원관리의 용어는 일반적으로 경영자원의 최적배분을 이룩하는 경영전략의 일환으로서 기업의 인적측면을 강조하고 있으며, 종래의 제도 중시 인사·노무관리의 접근방법에서 기업의 조직특성 및 경영조건의 변화에 동태적으로 적응하기 위한 인재개발 중시의 전략적 접근에 중점을 두는 개념으로 사용되고 있다.

이처럼 기업경영상의 인적자원을 관리대상으로 하는 용어는 ① 인적자원관리와 노무관리의 동일개념으로 사용하는 경우, ② 인적자원관리와 노무관리의 개념을 구분하는 경우, ③ 인적자원관리와 노무관리의 종합적 개념으로서 인사노무관리로 사용하는 경우, ④ 인사노무관리의 확대 적용적·전략적 차원의 관점에서 인적자원관리라고 사용하는 경우가 있다.

3. 호텔인적자원관리의 중요성

호텔 경영 시 동원되는 경영자원 중에서 인적자원을 관리대상으로 하는 것이 호텔인적자원관리이다. 따라서 호텔인적자원관리는 경영활동 중 하나의 중요한 영역이 된다. 정보화사회에서 생산요소를 통합하는 인간능력이 중요시됨에 따라 인적자원은 오늘날 가장 중요한 경영자원으로 인정받고 있다. 호텔의 발전은 호텔조직 내의 인적자원이 협동심과 인화로 결속된 조직풍토를 어떻게 조성하는가에 달려 있기 때문에, 호텔인적자원관리의 중요성이 강조되며, 그 배경에는 다음과 같은 시대적 요구가 있다.

① 종업원의 융통성 있는 라이프스타일과 관심사의 변화에 알맞은 경력개발과 업무에의 적응이 점차 중시되고 있다.
② 종업원이 지닌 불만을 어떻게 처리하여 이들을 동기유발시킬 것인가에 관한 문제가 호텔기업이 지닌 지대한 관심사이다.
③ 종업원들의 작업에 대한 가치관이 크게 변화하고 있다. 따라서 자신이 속한 직업에 대한 자긍심을 부여할 필요가 있다.
④ 호텔인적자원관리에 속하는 많은 기능은 특수하며 고도의 전문성을 필요로 한다.

4. 호텔인적자원관리의 기능

호텔인적자원관리는 호텔기업의 제반 경영활동에 필요한 인적자원의 합리적 관리체계로서, 호텔기업의 목적달성 및 유지발전을 위해 요구되는 유능한 인재를 확보하고 육성·개발하며, 보상 및 유지활용을 이룩해 가는 관리활동의 총체라고 할 수 있다. 이러한 측면에서 호텔인적자원관리의 기능은 다음과 같이 요약될 수 있다.

① 효율적인 고용, ② 종업원의 교육훈련, ③ 승진, 전보, 휴직 및 징계방침, ④ 임금 및 보상, 급여관리, ⑤ 복리후생, ⑥ 건강 및 안전관리, ⑦ 노동

관계정리, ⑧ 인간관계관리이다.

5. 호텔인적자원관리의 기본목표

이러한 호텔인적자원관리의 기능은 모두 상호 관련되어 있고, 연속적이어서 서로가 불가분의 관계에 있다. 이러한 기능의 중요성은 시대적인 흐름이나 국가에 따라 다르지만, 호텔인적자원관리는 호텔조직의 목적과 호텔종업원의 욕구라는 양자를 통합하고 극대화함을 목적으로 해야 한다.

1) 생산성 목표와 조직유지 목표

기업체의 입장에서 볼 때 호텔인적자원관리가 조직의 인력 측면을 다룬다는 특징은 있으나, 조직이라는 제약 내에서 볼 때 그 목표는 호텔조직의 목표, 즉 생산성 목표(productivity goal)와 조직유지 목표(maintenance goal)를 함께 달성하는 것이어야 한다. 생산성 목표 또는 과업 목표(task goal)는 호텔 구성원의 만족과 같은 인간적인 측면보다 과업 그 자체를 달성하기 위한 조직의 목표를 의미한다.

2) 근로생활의 질 충족

종업원은 근로를 통하여 생계유지와 사회참여, 성취감을 느낄 수 있기 때문에 직장은 인간에게 매우 중요하다. 급격한 사회환경변화에 따라 계약제, 비정년, 임금피크제 등의 등장으로 근로조건이 악화되었으며, 산업화에 따른 작업의 단순화, 전문화에서 파생되는 소외감, 단조로움, 인간성의 상실에 대한 반응과 새로운 기술의 등장으로 인하여 작업환경이 어려워졌다. 이에 대한 반응으로 나타난 것이 근로생활의 질(QWL: Quality of Working Life)이며, 이것은 근로자의 작업환경과의 관계를 광범위하게 포괄하는 것을 뜻하기도 한다.

제2절 호텔인적자원관리의 종류

일반적으로 인적자원관리란 기업의 경영활동을 통한 일정의 목적달성을 위해 요구되는 종업원의 확보 및 육성·개발·평가·보상·유지·활용에 이르기까지의 모든 기능을 합리적으로 계획(인사계획)하고 조직(인사조직)하며 평가(인사평가)하는 일련의 관리시책이라고 규정할 수 있다.

따라서 호텔인적자원관리는 대체로 기능적 측면을 강조한 기능적 인적자원관리와 관리과정적 측면에서 살펴본 과정적 인적자원관리로 구분할 수 있으며, 이에 대한 주요내용은 〈그림 1-1〉과 같다.

1. 기능적 인적자원관리

호텔인적자원관리의 기본기능은 호텔기업의 경영활동에 필요한 유능한 인재를 확보하고 육성·개발하여, 이들에 대한 공정한 보상과 유지활용을 이룩하는 데 중점을 두고 있다. 이러한 호텔인적자원관리기능의 효율적 수행에 중심을 두고 있는 기능적 인적자원관리의 기본체계는 다음과 같이 구분된다.

① **노동력관리:** 우수한 인재의 확보와 함께 확보된 인재의 지속적인 육성 개발과 유효활용을 이룩하기 위해 필요하다.

② **근로조건관리:** 노동력의 유효활용과 관련된 공정한 보상의 처우 및 근로시간 등의 근로조건개선 및 향상을 목표로 한다.

③ **인간관계관리:** 고용근로자의 인간적 측면을 중시한 인간관계개선 및 근로생활의 질 향상을 목표로 한다.

④ **노사관계관리:** 개별적·집단적 노사교섭의 원활화를 통한 협조적 노사관계의 확립 및 산업평화를 유지·발전시킨다.

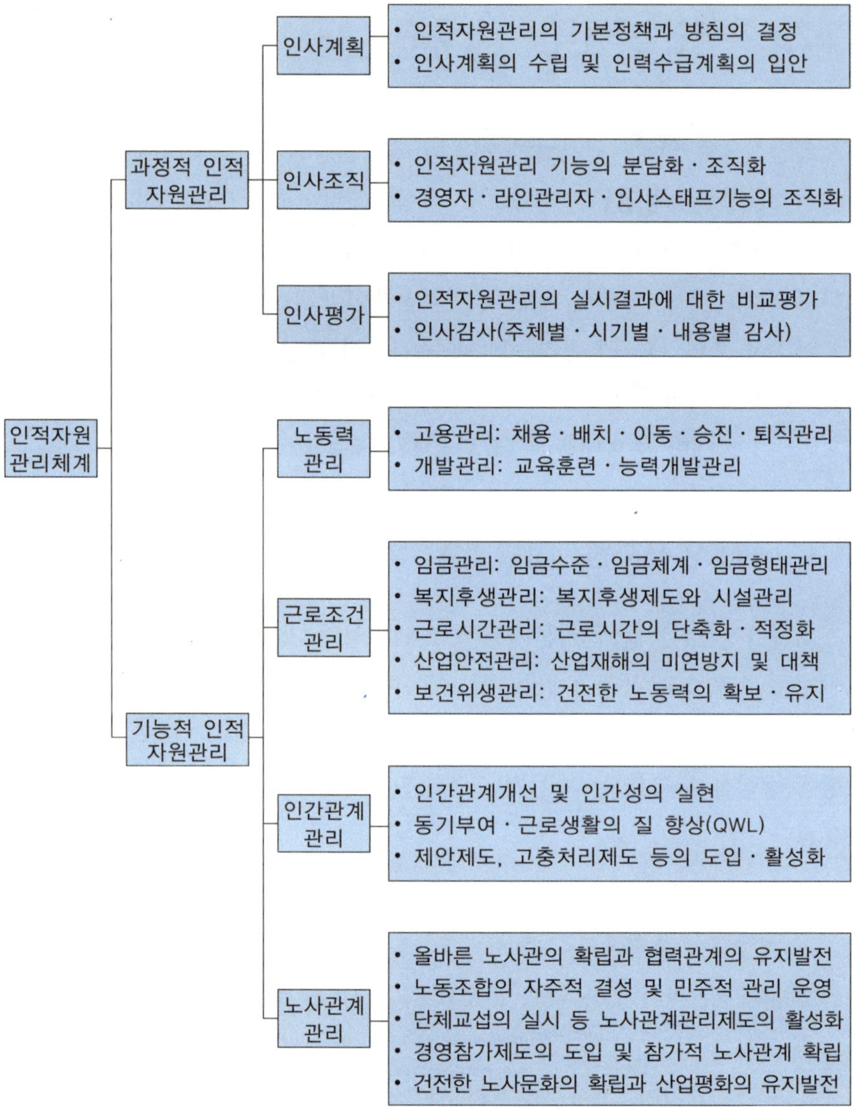

〈그림 1-1〉 **인적자원관리체계**

1) 노동력관리

노동력의 관리는 유능한 인재의 확보 및 육성 · 활용을 위한 관리활동의 체계로서, 호텔기업의 경영활동에 필요한 종업원의 채용, 교육훈련, 배치 ·

이동, 승진・승급, 이직・퇴직 등에 이르기까지의 모든 기능을 효과적으로 수행하기 위한 고용관리와 개발관리의 영역을 포괄하는 관리체계라 할 수 있다. 이와 같은 노동력의 관리는 인력관리로도 불리는 호텔인적자원관리의 핵심과제로서, 실제의 기업경영에 필요한 유능한 인력의 확보 및 육성개발을 통한 노동력(인력)의 유효활용에 주요목적이 있다.

2) 근로조건관리

근로조건관리는 고용근로자의 안정적 확보 및 유지발전과 노동력의 효율적 활용을 위한 선행적 관리체계로서, 보상관리와 근로조건의 유지개선관리가 있다. 보상관리란 노동력에 대한 정당한 대가를 지불하기 위한 임금관리와 충실한 복지후생제도의 정비 및 시설 확보 등의 복지후생관리 등이며, 유지개선관리란 근로시간, 산업안전, 보건위생 등 작업환경의 쾌적화와 노동의 인간화를 추구하는 근로조건의 유지, 개선관리를 의미한다. 이러한 고용근로자의 임금 및 근로시간 등의 근로조건의 개신직 향상은 노동력의 효율적 활용과 노동질서의 유지발전 및 근로생활의 질 향상에 직접적인 영향을 미치는 요인으로서 그 의미가 크다.

3) 인간관계관리

기업은 곧 사람으로서, 인간관계의 집단이라 할 수 있다. 따라서 기업의 주체적 요소이기도 한 인간상호관계의 개선을 통한 경영질서의 유지발전은 기업경영에서 중요하고 핵심적 과제라 할 수 있다. 특히 1920~30년대에 걸쳐 실시되어 온 메이요(E. Mayo)의 호손실험 및 1950년대 후반의 행동과학의 발전은 인간관계의 중요성은 물론 기업경영에 있어 고용근로자의 인간적 측면의 중요성에 대한 인식증대와 함께 인적자원관리의 발전에도 크게 기여하게 되었다.

특히 고용근로자의 인간성 존중 및 근로생활의 질 향상, 동기부여, 제안제도 및 소집단활동의 활성화 등을 통한 인간관계의 개선은 기업경영의 목적달성을 지향한 인적자원관리의 중심과제이다.

4) 노사관계관리

호텔기업에서 노사관계관리는 노사공동체로서 기업 내 고용근로자의 노동력의 효율적 활용과 노동질서 유지를 통한 기업의 목적달성 및 산업평화의 유지발전에 주요 목적이 있다. 특히 정부의 합리적인 노동관계법의 개선, 노사쌍방의 올바른 노사관의 정립, 건전한 노동조합활동의 보장, 단체교섭제와 노사협의제의 효율적 운영, 경영참가제도의 도입 등을 통한 노사협력관계의 유지발전 등은 노사관계관리에서 매우 중요하다.

2. 과정적 인적자원관리

과정적 인적자원관리는 인적자원관리의 여러 기능을 관리과정의 차원에서 분류한 것으로, 크게 인사계획과 인사조직, 인사평가 등의 3개 과정으로 나누어볼 수 있다. 인사계획은 인적자원관리의 기본정책 및 방침을 결정하고 인력의 수급계획 등을 입안하는 것이며, 인사조직은 인적자원관리의 구체적 활동을 분담·조직화하는 것이고, 인사평가는 인적자원관리의 실시결과를 종합평가하고 개선하는 것이다.

1) 인사계획

인사계획이란 경영자의 경영이념 및 경영철학과 관련된 인적자원관리의 기본이념으로서의 인사철학을 정립하고, 이에 근거한 인적자원관리의 기본방침인 인사정책을 결정하며, 이에 따른 인적자원관리기능의 합리적 수행을 위한 직무계획 및 인력계획을 수립해 가는 인적자원관리 활동의 기초적 과정이라 할 수 있다. 따라서 인사계획은 기업의 경영전략과 밀접하게 관련되는 인사철학 및 인사정책의 결정을 기초로 하여 고용관리, 개발관리, 보상관리, 유지관리 등의 인적자원관리활동의 효과적 수행을 위한 구체적 계획을 수립하고 입안하는 과정을 말한다. 특히 기업경영의 급격한 환경변화에 적합한 인사정책의 결정 및 이를 기초로 한 장기·중기·단기의 인력수급계획의 수립과 입안은 인사계획의 중심적 과제이다.

2) 인사조직

인사조직은 인사계획의 단계에서 수립된 인사정책 및 기본방침을 구체적으로 실천하기 위한 인적자원관리활동의 체계화과정으로서, 실제의 인적자원관리업무를 담당하고 수행하게 되는 최고경영자와 라인관리자 및 인사스태프의 기능이 이에 속한다.

인사조직은 다음과 같이 된다.

① 기업의 경영이념에 따라 인사정책의 방향과 인적자원관리의 기본방침을 결정하는 최고경영자의 기능
② 최고경영자에 의해 결정된 인적자원관리의 기본방침에 따라 인적자원관리활동을 구체적으로 수행하는 라인관리자의 기능
③ 인사정보의 수집 및 자료분석을 통해 최고경영자 및 라인관리자에게 조언·조력의 역할을 담당하는 인사스태프의 기능 등으로 구분할 수 있다.

따라서 인사조직은 최고경영자와 라인관리자, 인사스태프의 삼위일체적 역할분담과 조직의 편성운영이 이루어지는 과정이라 할 수 있다.

3) 인사평가

인사평가는 인사계획에 기초한 모든 인적자원관리활동의 실시결과를 종합적으로 평가하고, 정리하며, 개선을 이룩해 가는 인적자원관리과정을 말한다. 따라서 인사평가는 인적자원관리의 모든 활동과 과정을 평가의 대상으로 하고 있으며, 수립된 인사계획에 따라 제대로 잘 운영되어 왔는가에 대하여 정확한 평가를 하게 된다. 이러한 인사평가에는 인적자원관리 전반에 관하여 종합적으로 평가를 실시하는 인사감사제도와 조직구성원의 근무태도, 직무수행능력, 근무실적, 적성 등의 각 요소에 대하여 개별적으로 평가를 실시하는 근무평정제도 내지 인사고과제도가 있다.

Chapter 02

직무관리

제1절 직무관리의 의의

1. 직무관리의 개념

조직은 사람과 직무의 결합체이다. 모든 조직에는 목표를 달성하기 위해 수행되어야 할 일이 있고 이 일을 수행할 인간이 있다. 일은 노동력이 가해져야 할 노동력의 객체이고 인간은 노동력을 제공해야 할 노동력의 주체이다.

조직의 경영이란 수행되어야 할 일들에 대한 인간의 활동이다. 이 일들을 우리는 직무(job), 때로는 과업(task)이라고 부르는 것이다. 결국 인적자원의 관리란 종업원 각자에게 일정한 직무를 부여하고, 각 직무는 조직 전체의 목표달성을 위해 적절히 조정되어야 할 것이다.

따라서 직무관리란 직무를 체계적으로 정비하고 그에 적합한 인력을 모집·선발하고 각자의 직무에 상응하는 대우를 받게 하며, 그들이 보람을 가지고 일할 수 있도록 직무를 설계하는 것을 말한다. 직무관리는 앞에서 논의한 인력계획과 함께 인적자원관리 시스템의 투입요소가 된다. 직무와 개인의 대응관계는 다음과 같다.

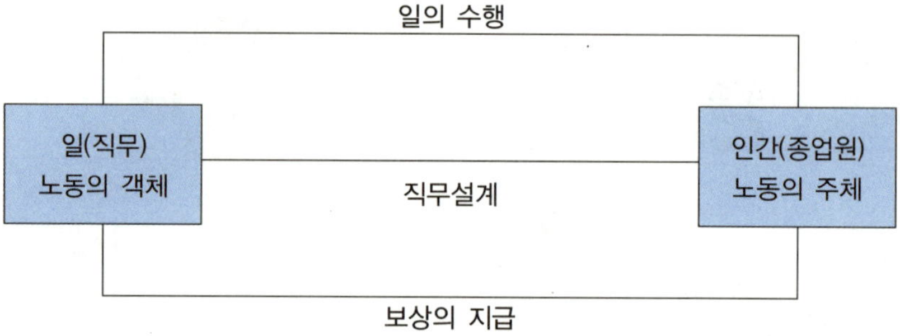

〈그림 2-1〉 **직무와 개인의 대응관계**

인간과 직무의 연결을 올바르게 하기 위하여 우선은 직무에 대하여 체계적으로 파악, 평가하는 절차가 있어야 할 것이고 이후에 인간과 직무의 관계를 설정해야 할 것이다. 이렇게 직무와 사람을 연결하기 전에 직무를 파악하는 것이 직무분석이고, 이들 직무 상호 간의 중요성 판단이 직무평가이며 평가된 직무에 따라 수행할 사람을 배정하는 것이 직무설계라고 보면 될 것이다. 그러므로 인적자원관리의 본질은 바로 이 직무의 관리 그중에서도 직무분석에서부터 출발해야 한다는 것은 당연한 일이다.

직무관리는 직무를 통하여 유효한 성과를 산출하려는 제반 인적자원관리 활동의 기초가 되므로 직무관리는 조직경영환경의 변화에 맞추어 수행되어야 한다.

2. 직무관리의 범위

조직활동의 기초가 되는 직무관리는 직무분석, 직무평가 및 직무설계로 나누어지고 이들 모두에 관한 연구를 직무연구(job study)라고 한다.

첫째, 직무분석(job analysis)은 직무의 내용과 그 직무를 맡을 사람의 자격요건을 분석하는 과정으로, 그 결과 직무기술서와 직무명세서가 작성된다. 직무분석은 직무설계의 기초가 된다.

둘째, 직무평가(job evaluation)는 직무분석을 기초로 하여 직무의 상대적 가치를 체계적으로 결정하는 것이다. 이것은 조직의 개인적 요소를 배제하고 직무 자체의 중요도를 평가하는 것으로 직무급의 결정, 임금관리, 승진, 이동, 인사고과 그리고 교육훈련의 기초자료가 된다.

셋째, 직무설계(job design)는 직무의 내용과 조직목적을 효과적으로 달성함과 동시에 개인의 욕구도 충족시킬 수 있도록 설계하려는 것이다. 직무설계는 직무분석, 직무평가와 성격상 구별되지만 기업조직의 기본단위인 직무를 통하여 인적자원관리활동의 기초가 된다는 점에서 직무관리의 범위에 포함된다.

표 2-1 직무관리의 범위

직무연구 (job study)	① 직무분석(Job Analysis)
	② 직무평가(Job Evaluation)
	③ 직무설계(Job Design)

3. 직무의 유사용어

우리나라에서는 직무를 중심으로 한 인적자원관리가 아직 제대로 이루어지지 않고 있기 때문에 직무, 직위, 직종 등과 같은 용어가 서로 구분 없이 쓰이는 경향이 있으므로 직무와 관련된 용어들을 명확히 할 필요가 있다.

1) 과업(Task)

독립된 목적으로 수행되는 하나의 명확한 작업활동을 말한다. 예를 들면 객실바닥 청소하기, 음식 나르기 등이 이에 해당된다.

2) 단위(Position)

한 사람의 작업자에게 부여된 과업의 집단을 말한다. 예컨대 3명의 roommaid와 2명의 waiter가 있을 때 직위의 수는 5개가 된다.

3) 직무(Job)

작업의 종류와 수준이 유사한 직위들의 집단을 말한다. 직무의 수는 직위의 수와 같거나 적다. 위의 예에서 직무는 수는 roommaid, waiter의 2개이다.

4) 직종(Occupation)

유사한 직무들의 집합을 말한다. 호텔에서는 관리직, 영업직, 기술직 등으로 구분할 수 있다.

4. 직무의 유형

한편, 조직 내에는 서로 다른 여러 직무가 있으며, 이들은 서로 다른 특성을 갖고 있다. 이들 특성 중에 가장 기본적인 것으로 직무의 폭과 직무의 깊이를 들 수 있다.

직무의 폭은 한 직무에 포함되어 있는 일들이 얼마나 다양한지를 나타내며, 만약 어떤 직무가 다양한 일들로 구성되어 있어 그 직무를 수행하는 데 여러 가지 기능을 사용한다면 넓은 직무라고 할 수 있다.

또한 직무의 깊이는 직무를 수행할 때 갖는 재량권의 정도를 말하며, 만약 많은 재량권을 갖고 있어 직무 담당자가 스스로 결정할 수 있는 부분이 많다면 깊은 직무라고 할 수 있다.

이러한 직무의 두 가지 특성에 따라 직무를 나누면 다음과 같이 네 가지 유형이 된다.

① 폭도 좁으면서 깊이도 얕은 직무의 예로 telephone operator의 작업을 들 수 있다. 이는 한정된 일을 재량권 없이 정해진 시간과 절차에 따라 처리하는 직무이다.

② 폭은 넓지만 깊이는 얕은 직무도 있다. bell man의 직무가 그 예가 될 수 있으며, 하는 일은 다양하지만 재량권은 한정되어 있는 직무이다.

③ 반대로 깊이는 깊지만 폭이 좁은 직무도 있다. mechanic의 직무가 그 예이며, 하는 일은 한정되어 있지만 재량권을 갖고 있다.

④ 폭도 넓으며 깊이도 깊은 직무가 있는데 food & beverage manager의 직무가 대표적인 예가 될 수 있다. 이런 직무는 하는 일도 다양하며 많은 재량권을 갖는 특징이 있다.

직무의 폭과 깊이

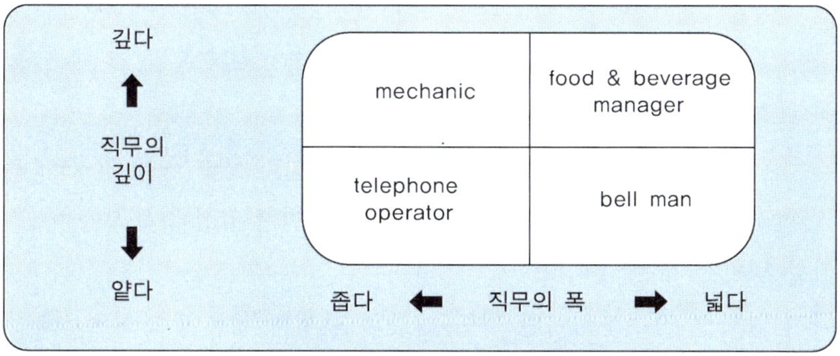

〈그림 2-2〉 직무의 폭과 깊이

5. 직무관리의 전개방향

전통적인 직무관리가 관점 및 수준에 있어 미시적이고 업무적·일상적 수준에서 이루어져 왔다면 현대적인 직무관리는 보다 거시적이고 전략적 수준에서 전개되어야 한다. 직무분석의 경우, 거시적으로는 조직 목표와 연계되어야 하며, 전략적으로 직군개발 및 대표 직무를 통하여 이루어져야 한다. 직무평가는 거시적으로는 노동시장과 연계되어야 하고 전략적으로는 중요성공요인 지향의 평가가 되도록 하고 평가조직을 구축함으로써 갈등을 극복하고 효율성을 기해야 한다. 마지막으로 직무설계는 거시적으로 작업조직과 연계되어야 하며, 전략적으로는 직무특성 확충의 방향으로 전개되어야 한다.

제2절 직무분석

1. 직무분석의 의의

직무분석은 어떤 직무를 구성하고 있는 업무의 내용과 직무를 수행하기 위하여 담당자에게 요구되는 경험, 자질, 기능, 지식, 능력 등을 파악하여 어떤 직무가 타 직무와 구별되는 요인을 명확하게 밝혀 기술하는 것이다. 따라서 직무분석은 어떤 직무의 내용 또는 요구조건을 사실적인 자료를 기초로 정리 · 분석하여 개별직무의 성질에 가장 적합한 인력을 조직 내에서 유효하게 확보, 육성, 활용하는 기술이다.

직무분석은 어떤 직무의 과거상태 그리고 미래의 모습 등을 연구하는 것이 아니라 어떤 직무가 특정조직부서에서 현재 어떤 양상과 특징을 띠고 있는가를 명확히 하는 것이다.

다시 말하면 직무분석이란 어떤 직무의 현재의 내용을 조직적 · 과학적으로 체계화하여 인적자원관리에 필요한 직무정보를 제공하는 작업을 말한다.

2. 직무분석의 목적

직무는 본질적으로 조직의 목표달성에 최대한 기여하도록 조직되어 있으므로, 개인의 행동은 이러한 목표 및 이상적인 행동형과 비교되어 그 성과에 대한 객관적인 평가가 이루어지는 것이다.

직무분석이 이러한 평가과정에 중요하게 사용되고 있기는 하나, 그것이 유일한 용도는 아니다. 직무분석은 과학적 · 합리적인 인사관리의 기초이며, 구체적 목적은 다음과 같다.

1) 합리적 선발 · 배치 · 승진

과학적으로 종업원들을 선발 · 배치 · 승진시키기 위한 기초로서 직무분석이 필요하다. 각 직무마다 필요로 하는 자질이 있는데, 그 요건을 갖춘 자를 구하기 위해서는 그 직무에 어떤 자질이 필요한가 하는 직무분석이 선행되어야 한다. 즉 직무분석에 따른 인간분석이 합리적인 선발·배치·승진을 위해서 필요한 것이다.

2) 합리적 교육훈련

과학적인 교육훈련의 기초로서 직무분석이 요청된다. 교육훈련을 위해서는 무엇을, 누가, 어떻게 가르치느냐 하는 것이 확립되어 있어야 하는데, 이 중 무엇을 가르치느냐 하는 것은 직무에 따라 차이가 있다. 즉 어떤 직무는 어떤 자질이 요청되고 있는가를 명확히 파악해야만 거기에 적합한 교육훈련을 효율적으로 수행할 수 있다. 만일 각 직무의 특성과 필요한 자질을 파악하지 못한다면 그 교육훈련은 단기적이며 일반적인 교양이나 육체적인 단련에 그치게 되고, 그 직무의 기능 및 기술축적에 요청되는 전문적인 교육훈련은 할 수 없게 될 것이다.

3) 합리적 임금관리

직무분석은 합리적인 임금관리, 특히 직무급 및 직능급 확립에 필요하다. 즉 합리적인 임금관리는 각 직무의 수행과정에서 각 직무의 상대적 가치를 결정하고, 인사고과에 의해 특정 종업원을 판단하며, 이 양자의 종합으로 임금을 결정하는 방향을 택하고 있다.

4) 합리적 평가관리

직무평가나 인사고과를 합리적으로 실시하기 위해서는 평정관점의 설정, 평가자의 선발훈련, 평정오차의 배제 등 많은 조직적인 관리를 수행해야 하는데, 직무분석은 직무평가의 대상인 직무의 내용을 명확히 해주고, 인사고과를 위한 개별 작업자의 근무태도가 양호한지 여부를 결정하는 기준을 제공하는 역할을 하고 있다.

5) 합리적 작업방법 · 작업공정 개선

적절한 직무수행방법 및 절차가 직무분석에 의한 자료에서 얻어진다. 즉, 직무분석은 작업방법 및 공정개선의 기초자료로써 활용된다. 현행작업방법이나 조직이 항상 완전한 것은 아니며, 반드시 개선할 필요가 있는 것이다. 그럼에도 불구하고 실제의 개선은 부진한데 이는 개선의 방향과 현상을 종합적으로 파악하지 못하기 때문이다. 직무의 실태를 체계적으로 분석한 결과는 작업방법 및 작업공정의 개선, 공구와 설비의 개선, 조직의 개편, 작업조건의 개선 등에 유용한 자료가 된다.

6) 합리적 노사관계관리

직무분석은 노사의 감정적인 대립을 방지하고 협력적인 노사관계를 발전 · 유지시키는 데 기여한다. 각 직무의 책임과 권한에 관한 직무분석을 통하여 경영자와 노조 간의 공통적인 이해를 촉진시킴으로써 협력적 노사관계를 이끌어낼 수 있다.

3. 직무분석의 방법

1) 직무단위 결정방법

(1) 전형적 방법

직무분석에 있어 분석의 대상으로서 직무단위를 어떻게 효율적으로 결정하는가 하는 것이 매우 중요하다. 직무단위의 결정이 문제가 되는 것은 다음과 같이 직무에 대한 다수의 용어가 존재하기 때문이다.

① **과업**: 특정한 목표를 위해 수행되는 특정한 작업활동, 즉 일을 지칭하며, 정신적 일과 육체적 일로 구성된다.

② **직위**: 한 사람에게 부과된 과업의 집단으로서 한 기업 내에는 구성원의 수와 같은 수의 직위가 존재한다.

③ **직무**: 동일하거나 유사한 직위의 집단이다. 어떤 경우에는 한 직무에

단지 하나의 직위만이 존재할 수도 있다. 왜냐하면 그 이외의 다른 어떤 유사한 직위도 존재하지 않기 때문이다.

④ 직군: 동일하거나 유사한 직무의 집단이다.

⑤ 직업: 동일하거나 유사한 직군의 집단으로서 한 사업이나 국가를 통하여 발견될 수 있는 직무들의 집단이다. 즉 직업이란 많은 기업에서 발견되는 어떤 범주의 직무이다.

직무분석은 인사관리를 효과적·구체적으로 실시하기 위하여 직무의 내용을 해명하는 일련의 작업이라고 하였다. 그러나 조직 내에 실제로 존재하는 것은 개개의 직위 및 과업이다. 그러므로 직무분석의 대상으로 직무단위를 어떻게 찾아내는가는 대단히 중요하다. 직무분석을 행할 때는 먼저 현 직위에서 수행되는 과업이 어떻게 형성되는가 하는 점을 토대로 해서 동일하거나 유사한 직위를 묶어 하나의 직무로 명확히 하는 절차가 필요하게 되는데 이러한 절차를 직무단위의 결정이라고 한다. 직무의 단위는 직무의 범위, 직무의 목적, 작업방법, 직무의 숙련도 등의 차이에 따라 각각 다르게 형성된다. 이 4개의 요인 중 직무의 범위가 직무의 기본적인 성격을 좌우하는 중심요인이 된다.

직무의 범위에 의해 직무의 단위를 결정하는 것은 몇 명의 작업자가 담당하고 있는 일의 범위가 동일하면 그들 과업의 그룹은 하나의 직무를 이루고 있다고 보는 것이다. 이는 개개의 작업자가 담당하고 있는 일의 범위가 다를 경우 각각 하나의 직무로써 단위지울 수 있음을 의미한다.

따라서 한 개의 직무로 볼 것인지, 2개 이상의 직무로 나눌 것인지는 분석결과를 통해 최종적으로 결정된다. 사실 분석을 해보면 한 개의 직무로 생각해 왔던 것을 2개의 직무로 나누어야 하는 경우도 있고, 2개의 직무로 생각하고 분석했는데 1개의 직무인 경우도 있다.

그러나 직무단위를 정하는 데 있어 지나치게 많은 노력을 기울일 필요는 없다. 우선 개략적으로 직무단위를 정하고 분석을 추진하는 것이 좋다. 그러기 위해서는 간단한 예비조사를 하고 각 종업원이 어떤 일을 담당하고 있는지를 일람표로 만들어 동일 또는 유사한 일을 담당하는 직무를 묶어 하나의 직무로 파악하는 것이 바람직하다.

(2) 간이적 방법

앞의 직무단위를 결정하는 전형적이고 일반적인 방법 외에 기능, 직위, 과업, 직군을 중심으로 직무단위를 결정하는 간이적 방법도 있다.

| 표 2-2 | 직무단위 결정기준

기 준	내 용	대표적인 방법
기능	관찰과 면접을 통하여 자료관계, 사람관계, 사물관계 등에 대한 일반적인 기능정보의 분류 및 정리	FJA (Functional Job Analysis)
직위	개인에게 부여된 직위를 중심으로 직무단위를 결정	PAQ (Position Analysis Questionnaire)
과업	직무활동과 직무수행자의 다양성으로 인하여 직무 차원으로 구분하기 어려울 때 과업 중심으로 직무단위를 결정	MPDQ (Management Position Description Questionnaire)
직군	적군을 개발함으로써 직무단위를 결정	적성에 대한 직무분류 경력사다리에 의한 직무분류

2) 직무정보 수집방법

직무에 관한 정보를 수집하는 데는 그 함축적인 의미나 정확성에 따라 다양한 방법이 있게 마련이다. 여기서는 일반적으로 사용되는 몇 가지 방법을 설명하고, 각 방법의 장단점을 분석 · 파악하며, 또한 특수한 방법을 사용하는 것이 효과적인 몇 가지 직무에 대해서 언급하고자 한다.

(1) 관찰법

직무에 종사하는 사람을 관찰하는 것은 실제적인 과업이나 임무를 파악하는 가장 보편적인 방법이다. 따라서 직무분석자들은 종업원이 평상시에 직무 수행하는 것을 관찰하고 이것을 체계적으로 기록하여 직무기술서를 작성한다. 이 방법에 있어서는 가능한 한 다수의 작업자를 관찰하는 것이 필요하다. 왜냐하면 소수의 사람만 관찰하는 경우에는 특정한 사람의 개성이나 특유한 행동이 기록되어 정보가 왜곡될 우려가 있기 때문이다. 그러나 관찰법은 다음과 같은 단점을 갖고 있다.

첫째, 작업수행 그 자체가 관찰에 의해 아무런 영향을 받지 않는다는 가정하에서만 이러한 방법이 사용될 수 있다. 작업자의 주관을 배제하고 객관적인 정보를 얻기 위해서는 작업자가 인식하지 못하도록 관찰하는 방법이 마련되어야 한다.

둘째, 정신적인 작업을 요하는 직무를 분석할 경우 이 방법은 무의미하게 된다. 실제로 이러한 관찰법이 적용되지 않는 직위의 범위는 비서로부터 이사회 의장까지 매우 광범위하며, 특히 자동화기술의 도입이 이루어지고 있는 분야에서 더욱 심각해지고 있다.

셋째, 작업의 시작으로부터 종료까지 상당한 시간이 걸리는 경우에 이 방법은 실질적인 것이 못 된다.

이러한 단점들 때문에 이 방법은 비교적 광범위하게 통제되는 작업이나 본질적으로 육체적인 노동 혹은 하위사무직이나 고급숙련도를 요구하지 않는 공장작업 같은 곳에 사용되어야 한다.

(2) 면접법

직무분석자는 직무담당자로부터 직접 정보를 얻을 수 있는 면접을 사용함으로써 관찰법이 지닌 여러 가지 난관을 극복할 수 있다. 직무수행기간이 긴 경우, 직무담당자는 그의 작업수행을 요약하여 간단하게 설명할 수 있다. 관찰자가 알 수 없는 정신적인 작업과정을 설명할 수 있기 때문에 정신적·육체적 행위가 모두 기술될 수 있는 것이다.

그러나 이러한 장점 이외에 여러 가지 단점을 지니고 있다. 직무를 분석하는 담당자들이 그 대상자들과 친밀한 관계를 유지해야 하며, 대상자들이 직무분석과정을 호의적이고 유용한 것으로 이해할 수 있게 해야 한다. 낮은 학력을 가진 노동자와 접촉하게 될 때 발생하기 쉬운 갈등, 오해, 불만 등의 어려운 문제점을 해결하기 위해서는 동일하거나 유사한 직무에 종사하는 많은 사람들로부터 자료를 얻는 것이 필요하다.

(3) 질문지법

이 방법은 그 의도나 과정이 전술한 면접법과 같지만, 언어로써 정보를 얻는 대신 설문지에 답을 쓰거나 과업, 작업조건, 소요재료 등에 관하여 상세히 기술하게 함으로써 정보를 얻는 것이 다르다. 질문지법의 장점은 면접담당자가 필요 없고 시간과 노력이 많이 절약된다는 것이다. 이 방법의 단점으로는 해석상의 차이로 인한 오류가 발생할 우려가 있으며, 그것이 수정되기 위해서는 오랜 시간이 필요하다는 점과 면접법에서 얻을 수 있는 상호간의 친목과 정보의 정확성·융통성이 결여된다는 점을 들 수 있다.

(4) 경험법

직무분석자가 정보를 얻는 가장 좋은 방법은 많은 시간과 비용, 노력이 필요하다는 단점이 있지만, 그 자신이 직접 그 직무를 수행해 보는 것이다. 오늘날 기술발전과 지식증가에 따라 실질적인 임무수행에 의해 연구될 수 있는 직무의 수는 점점 줄어들고 있으나, 이 방법이 사용가능한 직무의 경우에 있어서는 그 효과가 크다.

(5) 임상적 방법

임상적 방법 또는 실제적 방법이라 불리는 것에는 근무활동의 시간적 형태를 객관적으로 파악하는 시간연구, 공간적 형태를 객관적으로 기록하여 우량작업과 불량작업으로 규제하는 요인의 추출에 힘쓰는 동작연구 이외에 직무의 소요시간을 현재 그 직무에 종사하고 있는 평균적인 작업자 또는 최우수작업자군에 대한 성능검사를 하고 그 결과로 결정하는 테스트법 등이 있다.

이러한 방법의 단점으로는 절차가 복잡하고 전문적 지식이 있어야 한다는 것을 들 수 있고, 장점으로는 비교적 정밀하고 객관적인 자료를 얻을 수 있다는 것을 들 수 있다.

(6) 혼합법

위에서 설명한 여러 방법들이 각각 장점과 단점을 지니고 있기 때문에, 이러한 각각의 방법들이 지니고 있는 장점을 살리고 단점을 배제할 목적으로 두 가지 이상의 기법들을 혼합적으로 사용한다.

4. 직무기술서 및 직무명세서

1) 직무기술서

직무기술서란 직무의 능률적인 수행을 위해 직무의 성격, 요구되는 개인의 자질 등 중요한 사항을 기록한 것이다. 직무분석자들은 실제로 작업 중인 사람들로부터 수집한 정보를 기초로 하여 직무기술서를 작성하나, 이것은 반드시 실제로 행해지고 있는 일에 대한 기술일 필요는 없으며 때로는 이상적으로 기대되는 행위의 기술을 뜻하는 것일 수도 있다. 그러므로 목표달성을 위해 가장 효율적으로 쓰일 수 있는 행위를 결정하기 위한 수많은 요소가 고려되고 명시되어 있는 것이 직무기술서이다.

한편 직무기술서는 직무에 관한 정확한 정보를 기술해야 하므로, 직무기술서의 작성에 유의할 점을 들면 다음과 같다.

첫째, 표현이 명료해야 한다. 직무기술서는 그 직위의 일을 묘사하여 다른 것에 의존하지 않고도 그것이 명확하도록 해야 한다.

둘째, 범위를 명시해야 한다. 직위를 명시함에 있어서, "부문 혹은 관리자에 의해 요망되는"이라는 문장을 사용함으로써 그 일의 범위와 성격을 확실하게 지적하도록 해야 한다.

셋째, 구체적이어야 한다. 예컨대 일의 종류, 복잡성의 정도, 요구되는 기능의 정도, 문제가 표준화되는 정도, 일의 각 단계에 있어서 작업자의 책임 정도, 보고의무의 정도와 종류를 작성해야 하며, "분석한다", "조립한다", "계획한다"와 같은 행동을 나타내는 단어를 사용해야 한다. 일반적으로 낮은 지위에 대해서는 보다 세세한 과업설명이 필요하고 상위직에 대해서는 보다 넓은 측면에서 설명되도록 해야 한다.

넷째, 감독책임을 나타내야 한다. 직위담당자에 의해 감독책임이 어떻게 수행되는가를 명확히 보여주어야 한다. 예컨대 전문가들은 다른 사람에게 과업을 할당할 때 보통 스스로 그것을 하거나 기술적인 지도를 한다. 반면 관리자 혹은 감독자들은 일반적으로 다른 사람에게 실제적인 작업을 위양한다.

다섯째, 단순해야 한다. 단순하고 정확하게 표현된 직무기술이 목적을 가장 잘 달성한다.

여섯째, 재검토를 해야 한다. 마지막으로 직무기술이 기본적 요건을 충족하고 있는지 다시 검토하여 새로운 종업원이 그것을 읽고 그 직무를 이해할 수 있는가를 고려해야 한다.

2) 직무명세서

직무명세서는 특정 목적의 관리절차를 구체화하는 데 편리하도록 정리하는 것으로서, 직무분석의 목적에 따라 각각 다음과 같은 명세서가 작성될 수 있다.

① **고용명세서**: 종업원의 채용, 배치전환, 승진 등 고용의 목적으로 작성된 명세서
② **교육훈련용 직무명세서**: 종업원 교육훈련의 목적으로 작성된 명세서
③ **조직확립용 직무명세서**: 권한과 책임의 명확화 등 합리적인 조직확립의 목적으로 작성된 명세서
④ **임금관리용 직무명세서**: 직무평가를 통한 직무급 확립의 목적으로 작성된 명세서
⑤ **안전관리용 직무명세서**: 노동재해방지 및 기타 안전관리 목적으로 작성된 명세서
⑥ **작업방법 및 공정개선명세서**: 작업방법이나 공정의 개선을 목적으로 작성된 명세서

직무명세서는 전술한 바와 같이 직무기술서에서 유추하기도 하고, 직무분석에 의하여 직접 작성하기도 한다. 직무명세서는 직무의 인적 요건에 초점을 둔 것이므로 직무기술서의 과업기술에서 인적 요건을 이끌어내는 것이 보다 유용성이 높다고 할 수 있다. 이것은 물적 환경, 과업과 책임, 고용조건 등에 대하여 기술하는 것이 아니라 직무수행에 필요한 인적 특성을 결정하는 것에 목표를 두고 있다. 즉 인적 특성이 직무성과를 예측하도록 하는 것이 직무명세서의 주된 목표라고 할 수 있다.

5. 직무분석의 전개방향

1) 전략적 직무분석

현대사회는 급속도로 변화하는 기술혁신에 접하고 있으므로, 기업의 생산시스템과 관리시스템도 이러한 변화에 신속하게 대처해야 한다. 이에 따라 경영조직과 그에 따른 직무도 계속 변화하고 있기 때문에 직무분석 작업은 신속한 결과를 요구하고 있다. 아무리 정확하고 철저하게 한다 하더라도 분석작업이 장기간에 걸쳐 진행되면 직무분석의 결과는 경영관리에 소용이 없게 된다. 그동안 기술변화로 새로운 직무가 많이 형성되기 때문이다. 이러한 동태적인 변천에 즈음하여 직무분석작업에서도 '정확성'의 원칙보다는 '신속성'의 원칙의 중요성이 점점 부각되고 있다.

여기에 대응하여 직군의 개발과 대표 직무의 모색이 오늘날 직무분석에서 전략적으로 중요한 의미를 지니게 되었다. 즉, 직무분석을 효율적으로 신속하게 처리하는 방법은 분석의 중심대상을 일반직무와 대표 직무로 구분하는 것이다. 전자는 직군별로 통합하여 분석하고, 후자는 기업가치에 중심이 되는 직무를 개별적으로 중점분석함으로써 환경의 변화에 신속하게 전략적으로 대응하고자 하는 것이다.

2) 거시적 직무분석

직무분석은 전략적일 뿐만 아니라 거시적으로도 전개되어야 한다. 거시적 직무분석의 과제로서 직무분석은 조직목표와 연계되어야 한다.

현재시점을 거점으로 하여 미시적으로 직무의 내용만을 파악하는 전통적 직무분석을 정태적 직무분석이라 한다. 이에 반해 경영조직의 목표 내지 전략에 따라 거시적인 조직목표와 더불어 미래지향적인 직무분석을 실시하는 것을 현대적 직무분석 또는 동태적 직무분석이라고 한다. 그러므로 전자에서는 직무단위의 미시적인 분석만을 그의 대상으로 하는 데 비하여, 후자는 직무단위 이외에 조직단위의 거시적인 분석도 동시에 행하여 이 양자를 조화시킴으로써 미래지향적인 신축성 있는 직무를 형성시키고 또한 관리한다. 이를테면 우리는 다음과 같이 조직 내의 관리단위를 세 수준으로 구분할 수 있다.

작업수준과 직무수준은 미시적인 수준에서 이를 분석·파악하는 것으로 작업분석과 직무분석을 들 수 있다. 조직수준은 거시적 수준에서 직무를 분석·파악하는 것으로 조직분석을 손꼽을 수 있다. 지금까지 전통적인 직무분석은 작업분석과 밀접한 연관을 가지면서 미시적 단위분석에만 국한하였다. 그러나 현대적인 직무분석은 급변하는 사회에 대처하기 위해 경영조직의 목표와 전략에 관심을 두고 있는 조직분석의 결과와 미시적인 전통적 직무분석의 결과를 조화시켜서 경영전략과 목표에 맞는 직무관리를 해야 한다. 전통적 직무분석과 현대적 직무분석을 비교하면 다음과 같다.

| 표 2-3 | 직무분석 비교

구분	전통적 직무분석	현대적 직무분석
방향	• 미시적인 직무 내지 직위의 내용과 요건에만 분석을 국한 • 현재 시점의 직무 내용과 요건분석에 국한 • 구조적인 기능분석에 초점	• 거시적인 조직의 목표 및 경영전략의 내용을 동시에 분석 • 미래지향적인 직무의 내용과 요건을 동시에 분석 • 과정적인 기능분석에 초점
수단	• 직무(단위)분석 • 직무내용 및 자격요건분석	• 직무분석 + 조직분석 • 기능연관분석, 결정분석

제3절 직무평가

1. 직무평가의 의의 및 목적

1) 직무평가의 의의

직무평가는 조직 내 직무 간의 상대적 가치를 평가하는 것으로 각 직무가 가지고 있는 숙련도, 책임, 난이도, 복잡성, 필요노력, 위험도 등을 평가하는 과정이다. 직무평가는 직무분석에 따른 직무기술서와 직무명세서 등의 정보 자료를 바탕으로 조직 내 각 직무의 가치를 상대적으로 평가하는 것이지 그 직무를 수행하는 인물평가가 아니다. 직무평가의 기원은 과학적 관리법에 의한 시간연구와 동작연구라고 할 수 있다. 1930년대 이후 새로운 생산방법의 도입과 새로운 직무들이 많아져 직무 간의 가치체계가 불공평해지게 되자 직무평가제도가 급격히 보급되어 현재 미국 기업의 3분의 2가 직무평가에 의해 평가되는 것으로 추정된다.

2) 직무평가의 목적

직무평가의 기본적인 목적은 기본급, 직무급, 직무수당 등의 임금을 합리적으로 결정하고, 직계제를 확립하는 기초자료를 얻기 위한 것이다. 그러나 직무평가는 임금결정의 참고자료를 얻는 것이지 전적으로 직무평가의 결과에 의해서만 임금을 결정할 수는 없으며 직무평가의 목적은 다음과 같다.

첫째, 공정한 임금체계의 확립으로서 직무평가는 직무의 상대적 가치에 따라 조직 내부의 임금격차를 결정하여 공정한 임금체계를 구축할 수 있는 합리적인 기반을 마련하는 데 있다.

둘째, 인적자원관리 활동의 합리화로서 직무평가는 직무의 상대적인 공헌도와 중요성을 파악케 하여 합리적이고 체계적인 직무구조의 확립을 통하여 채용, 배치, 인사이동, 승진, 보상, 교육훈련, 직무설계 등 인적자원관리 활동을 합리화하는 데 도움을 주고 있다.

앞서 말한 것과 같이 직무평가는 직무의 중요성, 곤란성, 위험도 등을 평가하여 그 직무의 상대적 가치를 결정하는 기술적 절차이다. 직무평가는 직무분석의 결과 작성된 직무기술서 또는 직무명세서를 기초로 하여 행해진다. 따라서 직무평가는 각 직무 자체의 성질·내용이고 그 직무수행에 필요한 구성원의 자격 및 취업조건 등을 조사하는 직무분석과 구분된다. 그러나 직무평가는 어떤 직무와 다른 직무와의 상하관계의 판단을 위해 현재 그 직무를 맡고 있는 구성원의 능력, 학력, 성, 신분, 근속연수 또는 임금 등을 고려해야 하므로 양자는 불가분의 관계에 있다.

2. 직무평가요소와 직무평가방법

1) 직무평가요소

직무평가에 있어 평가요소(compensable factors)는 직무의 상대적 가치를 평가함에 있어 조직체 관점에서 중요하다고 생각되는 직무요소를 말한다. 평가요소는 직무의 가치와 임금결정에 결정적인 역할을 한다. 그러나 산업별·기업별로 직무의 내용과 성격이 달라 직무평가요소도 일정하지 않기 때문에 직무평가에 있어서 보편적으로 사용될 수 있는 통일된 평가요소는 없다. 따라서 조직은 조직의 상황과 방침에 따라 각각 가장 적합한 평가요소를 선정한다.

(1) 평가조건의 결정

직무평가는 직무기술서를 기초자료로 하지만 평가를 할 때에는 평가조건을 먼저 결정하지 않으면 안 된다. 평가조건은 첫째, 평가척도로 사용되는 평가요소를 결정하고 둘째, 그의 중요도를 결정하는 것이다.

(2) 평가요소

평가요소는 첫째, 각 직무에 공통적인 것, 둘째, 과학적인 객관성을 가지고 있는 것, 셋째, 노사쌍방이 납득할 수 있는 것, 넷째, 직무내용을 구성하는 중요한 요소일 것 등의 조건을 갖추어야 한다. 따라서 평가요소로서 사용되는 것으로 다음과 같은 것을 들 수 있다. ① 숙련요소(교육, 지식, 경험, 판단력 등), ② 노력요소(육체적 노력, 창의성, 기타 정신적 긴장 등), ③ 책임요소(감독책임, 설비책임, 원재료책임 등), ④ 작업조건(작업환경 등) 등이다.

| 표 2-4 | 평가요소

직무평가요소의 조건	직무평가요소의 예
① 각 직무에 공통적일 것	① 숙련: 교육, 지식, 경험, 판단력 등
② 과학적 객관성을 가질 것	② 노력: 육체적·정신적 노력 등
③ 노사쌍방이 납득할 수 있을 것	③ 책임: 감독, 설비, 원재료 책임 등
④ 직무내용 구성의 중요 요소일 것	④ 작업조건: 작업환경 등

(3) 평가요소의 중요도

각 평가요소의 중요도는 가능한 객관적 사실을 기준으로 하여 결정해야 한다. 중요도 설정의 일반적 조건으로서 첫째, 경영 전체의 운영상의 관점에서 관찰한 중요도, 둘째, 직무에 있어서 각 평가요소가 표현하는 가치의 정도, 셋째, 각 평가요소의 신뢰도 또는 확률도 등 세 가지 조건이 중요시된다. 이러한 중요도는 대체로 백분율로 표시된다.

2) 직무평가의 방법

직무평가의 방법은 우선 종합적 방법과 분석적 방법의 두 가지로 대별된다. 종합적인 방법은 직무수행의 난이도를 기준으로 포괄적인 판단에 의하여 직무의 가치를 상대적으로 평가하는 방법으로서, 여기에는 서열법과 분류법이 있다. 이에 대하여 분석적 방법은 직무분석에 해당하는 방법으로서, 여기에는 점수법과 요소비교법이 있다.

이러한 평가방법은 각각 그 장점과 단점을 지니고 있으므로 산업 또는 경영의 특수성을 고려해서 평가방법을 적절히 결정해야 한다. 이들 중 가장 합리적인 방법으로 점수법을 들 수 있다.

(1) 서열법

서열법은 직무의 상대적 가치에 기초를 두고 각 직무의 중요도와 장점에 따라 순서를 정하는 평가방법이다. 이 방법에서는 직무에 있어서 중요한 역할을 하는 요소가 어떤 것인가를 구분하지 않고 단지 직무의 상대적인 가치를 전체적으로 판단한다.

서열을 정하는 방법으로는 첫째, 최상위 직무와 최하위 직무를 선정하여 나머지 직무의 서열을 상대적으로 정하는 방법, 둘째, 각 직무를 두 개씩 다른 직무와 비교하여 서열을 결정하는 방법, 셋째, 위원회를 설치해서 서열을 결정하는 방법, 넷째, 조직도표를 이용해서 서열을 정하는 방법이 있다.

서열법의 주요한 결점은 직무의 어떤 요소가 특별히 가치 있게 받아들여지는가에 대한 보편적인 지침이 없다는 것이다. 그러므로 각각의 직무에 대한 판단의 기준이 없으며, 어떠한 가정하에서 등급이 이루어졌는가를 알 수 없다. 또한, 직무의 등급이 매우 주관적인 견지에서 이루어지며 감정적인 요인이 크게 작용할 위험이 있다. 서열법의 이러한 결점은 어떤 요소들이 등급결정 시에 고려되어야 하는가를 통일함으로써 보완할 수 있으며, 다른 방법에서처럼 직무기술서를 참고로 하는 것도 그 보완책이 될 수 있다. 이 방법은 분석적 방법에 비하여 비과학적이며, 직무 간의 차이가 명확한 경우나 평가자가 모든 직무를 잘 알고 있을 때만 적용이 용이하다. 그리고 직무등급을 신속하게 매길 수 있지만, 그 대신에 직무의 수가 많고 내용이 복잡한 경우에는 그 실효가 없다고 보아야 한다.

(2) 분류법

분류법은 직무등급이라고도 하는데, 직무를 여러 가지 수준이나 등급으로 분류하여 표현하는 것이다. 이 분류법은 서열법에서 좀 더 발전된 것으로서 어떠한 기준에 따라 사전에 만들어놓은 모든 등급에 각 직무를 적절히 판정하여 맞추어 넣는 평가방법이다. 평가를 위한 등급기술서를 작성하는 데는 다음의 두 가지 방법이 있다. 첫째, 직무에 등급을 매겨서 계급을 형성시키는 방법으로, X, Y라는 직무가 한 계급에 속하면 A, M, N의 직무는 다른 계급에 속하게 되는 것이다. 둘째, 등급을 정의하는 데 있어서 미리 위원회의 결정을 요구하는 것이다. 이때 위원회에서 결정되는 정의가 대표 직무에 대한 정의가 된다. 이와 같은 방법으로 등급기술서가 작성되면, 각 직무를 특정의 등급에 배치하여 그 등급에 속하는 모든 직무에 대해서는 동일한 기본급을 정한다. 이러한 분류법은 서열법에 가치측정의 기준이 첨가된 하나의 개선책이라고 할 수 있다.

이 방법의 장점은 등급을 결정하는 데 있어 광범위한 일반성을 지닌 개념을 사용해야 한다는 것이다. 이는 결과적으로 애매모호한 기술을 하게 되어 해석할 때 논란이 발생하게 된다. 그리고 생산부나 영업부와 같은 서로 상이한 형태의 직무에 대해서는 등급기술서가 두 가지로 되어서 복잡한 체계를 갖게 된다. 이와 같은 결점이 있지만 이 방법은 비교적 간단하게 이해하기 쉽다는 장점을 지니고 있다.

(3) 점수법

점수법은 모든 직무에 공통되는 평가요소(교육, 숙련, 경험, 노력, 작업조건, 책임 등)로서 몇 개의 항목을 선정하고 각 항목별로 등급을 정하여 점수를 주며, 하나의 직무에 있어서 각 요소의 점수를 합계하여 그 직무의 등급 즉, 평가치를 결정하는 것이다.

이와 같이 하여 결정된 직무의 평가치 즉, 총 점수를 상호 비교하여 점수의 대소에 따라 각 직무의 단계 즉, 서열을 결정한다. 그리고 점수법에서 점당의 급여액을 결정하면 이것과 각 직무의 총점을 곱하여 그 직무에 대한 직계급여액을 산정할 수 있다.

점수법은 1925년 로트에 의해 고안된 것으로 미국과 영국의 기업 대부분이 이 방법을 사용하고 있다. 직무평가요소에 따른 점수의 총계가 높을수록 직무의 상대적 가치가 높다.

점수법에는 각 평가요소에 가중치를 두지 않는 단순점수법과 가중치를 두는 가중점수법이 있으나 가중점수법을 많이 사용하고 있다.

점수법의 문제점은 평가요소의 선택과 각 항목 및 등급에 점수를 배정하는 방법 다시 말하면 중요도를 설정하는 데 있다. 중요도는 그 직무와의 관계에서 보아 각 평가종목의 중요성에 따라 결정되고 각 항목의 중요도는 대체로 항목 전체에 대한 백분율로 표시된다.

| 표 2-5 | 점수법

점수법		만점	A직무	B직무
대분류	소분류			
숙련 (50)	기초 지식	20	16	18
	교육 수준	15	7	10
	판단력	15	12	11
노력 (15)	심리적 긴장	8	6	6
	육체적 부담	7	5	4
책임 (20)	지도 감독 책임	15	8	12
	타인의 위험	5	4	3
직무환경 (15)	재해위험	5	4	4
	작업장 분위기	10	8	7
총점		100점	70점	75점

(4) 요소비교법

요소비교법은 벤지가 1926년에 로트의 접수법을 개선한 방법으로 기준직무법 또는 직무비교법이라 불리기도 한다. 점수법이 각 평가요소의 가치에 대응하여 1직무의 점수를 부여하는 데 대하여, 요소비교법은 각 평가요소별로 직무를 등급화하는 방법이다. 이 방법의 특징은 직무의 상대적 가치를 임금액으로 평가하는 것으로서 평가점수를 바로 임금으로 이용할 수 있다.

① 제1단계: 평가요소의 선정

요소비교법과 관련하여 아래의 5가지 요소를 평가할 수 있다.

- 정신적 요건: 지적 능력, 합리성, 상상력 등 정신적 특성
- 숙련: 손기술, 신체적 유연성
- 육체적 요건: 앉거나, 서고, 걷고, 어떤 것을 들어올리는 것과 같은 육체적인 활동
- 책임: 원재료, 금전, 기록, 감독에 대한 책임
- 작업조건: 소음, 조명, 환기, 위험도, 근무시간 등

기업에서 평가요소를 선정할 때 위에서 제시한 평가요소에 해당기업의 특성이 고려된 평가요소들을 가감할 수 있다.

② 제2단계: 대표 직무의 선정

해당기업이 속한 업종에 따라 대표 직무는 다양하게 선정될 수 있다. 대표 직무란 해당기업의 목표달성과 관련하여 중요하면서 없어서는 안 될 직무들이 우선 고려대상이 된다. 예를 들면 정보산업 분야에 속하는 한 기업에서는 시스템 분석직, 자료입력직, 프로그래머 그리고 계기작동직 등을 대표 직무로 선정할 수 있다.

③ 제3단계: 대표 직무의 평가요소별로 서열을 매김

대표 직무로서 평가요소별 서열은 해당요소의 중요성 정도, 난이도 정도를 가지고 판단하는데 이를 위해서는 직무기술서 및 직무명세서가 필수적으로 구비되어야 한다.

④ 제4단계: 대표 직무의 임금을 평가요소에 배분

대표 직무에 지급되는 시간당 임금을 평가요소들에 배분한다. 배분 시 고려되어야 하는 것도 해당 직무가 성과를 창출하는 데 어떤 직무요소가 중요

하며 공헌도가 더 큰가를 기준으로 잡는다. 예를 들면, 시스템 분석직의 경우 이 직무를 수행하는 데는 육체적 노력보다 지적 능력, 상상력, 창의력 등 정신적 요건이 성과창출에 훨씬 중요하며 그 공헌도가 높음을 쉽게 파악할 수 있다.

⑤ 제5단계: 각 직무의 요소별 서열과 배분된 임금의 서열을 비교

제5단계의 목적은 직무들 간의 난이도 서열과 임금배분액을 기준으로 한 서열을 비교함으로써 직무요소별로 난이도 서열 및 임금배분액의 타당성을 검토하는 데 있다.

⑥ 제6단계: 대표 직무의 직무평가 결과를 기준으로 다른 직무를 평가

요소비교법은 우선 그 기업의 목표달성에 공헌하는 대표적인 직무들을 우선 평가한 후 나머지 직무들을 대표 직무의 평가결과를 기준으로 하나씩 평가하게 된다. 이렇게 함으로써 전체 직무를 동시에 평가함으로써 나타나는 복잡성을 줄이고 평가에의 타당도를 확보하는 데 도움이 된다.

표 2-6 요소비교법

직무	임금	숙련	노력	책임	직무환경
직무 A	8,000	3,000(1)	3,000(1)	500(4)	1,500(2)
직무 B	6,000	500(3)	2,000(2)	500(3)	3,000(1)
직무 C	5,000	1,500(2)	1,000(3)	2,000(1)	500(4)
직무 D	4,500	900(4)	900(4)	1,500(2)	1,200(3)

이상에서 설명한 직무평가의 요소비교법은 〈표 2-7〉과 같은 장단점이 있다.

| 표 2-7 | 요소비교법의 장단점

장 점	단 점
• 직무평가 결과가 임금책정과 바로 연결되어 임금의 공정성 확보에 상당히 기여할 수 있다. • 직무평가의 과정이 다른 평가방법에 비해 매우 정교하게 짜여 있어 평가의 타당도 및 신뢰도 확보 면에서 우월하다. • 유사한 직무 및 기업 내 전체 직무를 평가하는 데 용이하다.	• 대표 직무가 평가요소에 대한 서열을 매길 때 주관적인 판단을 배제하기가 어렵다. • 개별 직무의 임금을 평가요소에 배분하는 과정에 주관적 판단이 개입될 소지가 높다. • 평가방법과 과정이 복잡하여 종업원의 수용성을 끌어내는 데 많은 노력이 요구된다.

이상에서 제시한 요소비교법의 단점을 극복하기 위해 기업에서는 대개 직무평가위원회를 구성하여 개별평가자의 주관적 평가를 최소화시키려 하고 있다. 또한 외부전문가를 초빙하여 기업 내 직무평가위원회와의 긴밀한 협력을 통해 평가의 타당도와 신뢰도를 높이려는 방안도 채택하고 있다. 위에서 설명한 직무평가 제 방법의 특징은 〈표 2-8〉에서 비교하였다.

| 표 2-8 | 직무평가방법의 비교

특성 \ 방법	서열법	분류법	점수법	요소비교법
비교유형요소 의 수 표준척도	직무 대 직무 없음 없음	직무 대 등급 정의 없음 직무등급을 분류한 단일척도	직무 대 점수 표 10~15개 직무요소별 점수척도	직무 대 직무 7개 미만 직무요소별 서열척도 및 임금
타 기법과의 유사성	요소비교법의 초기형태	점수법의 초기형태	분류법의 세분화된 형태	서열법의 발전된 형태

제4절 직무설계

1. 직무설계의 의의

산업화가 고도로 진전됨에 따라 직무불만족 · 노동의 소외 · 노동환경의 악화 등 생활의 질 저하가 커다란 문제로 대두되고 있다.

이러한 문제에 대한 대응책으로 사회적으로는 노동의 인간화 · 근로생활의 질 향상 등이 제기되고 있고 조직에서도 인간의 경제적 · 합리적 측면만을 보는 입장에서 벗어나 적극적으로 노동의 인간화, 근로생활의 질 향상 등에 관심을 기울이게 되었다. 조직 내에서 구체적으로 이를 실천하기 위한 분야 중의 하나가 직무설계이다. 직무는 직무수행자에게 경제적 보상뿐만 아니라 근로자로서의 의미와 만족을 부여하기 때문에 직무설계가 중요시되고 있다.

2. 직무설계의 목적

직무설계는 종업원의 욕구와 조직의 목표를 통합시키기 위해 개인과 조직을 연결시켜 주는 가장 기본적 단위인 직무의 내용, 방법, 관계를 구체화하는 것을 말한다. 직무설계는 조직목표의 달성을 위해 종업원을 동기부여하기 위한 전략으로 이를 효과적으로 수행하게 되면 직무만족의 증대, 작업생산성의 향상, 이직 및 결근율의 감소, 제품의 질적 개선, 원가절감, 훈련비용의 감소, 상하관계의 개선, 새로운 기술에 대한 신속한 적응 등 여러 가지 효과가 나타난다. 직무설계는 조직의 생산성, 종업원의 동기부여와 사기에 직접적인 영향을 미치므로 장기적인 전략차원에서 다룰 필요가 있다.

직무 재설계는 직무설계와 같은 내용이지만 기존조직에 대해서는 직무설계보다 직무 재설계라는 용어를 사용하는 것이 더 적합하다. 특정기술의 부족과 작업에 대한 종업원의 태도변화 필요성에 따라 기존조직의 직무를 충실하게 하는 새로운 직무설계방법이 모색되면서 직무 재설계의 필요성이 커지게 되었다. 기존직무에 의미있는 과업이 추가되고 더 큰 책임과 복잡성이 포함되면, 종업원의 만족이 증가한다는 가정 아래 다양한 직무설계방식이 제시되고 있다. 또한 새로운 기술에 대한 적응의 필요성이 높아지면서 직무 재설계에 대한 관심이 커지고 있다.

직무설계와 직무 재설계의 목적은 능률 및 생산성 향상이라는 조직목표의 달성과 동기부여 및 인간성 회복이라는 개인목표를 동시에 달성하려는 것이다. 이를 보다 구체적으로 설명하면 다음과 같다.

첫째, 구성원의 동기부여 향상 목적으로 직무를 개선함으로써 직무 불만족을 감소시키고 사기를 향상시키려는 것이다.

둘째, 생산성 향상을 목적으로 구성원의 동기부여 향상과 그 결과로써 생산성을 향상시키려는 것이다.

셋째, 재화와 용역의 품질을 개선하려는 것이다.

넷째, 원가절감 목적으로 생산성 향상과 재화 및 용역의 품질개선 결과 불필요한 설비, 공정 및 직무가 제거되어 능률성과 효율성을 기준으로 했을 때 보다 합리적으로 직무를 수행할 수 있다. 그 결과 불필요한 비용을 감소키실 수 있다.

다섯째, 이직과 훈련비용의 감소목적으로써 직무만족은 동기부여와 생산성에 직접 영향을 미치는 것으로써, 자발적 형태와 비자발적 형태의 이직을 감소시킨다.

여섯째, 신기술에 신속히 적응하려는 것이다. 대부분의 직무설계는 작업방법의 변화를 뜻하는 직무의 재설계이다. 따라서 직무설계는 신기술의 조건을 충족시킬 수 있는 수단을 제공한다.

3. 직무설계의 방법

1) 직무확대(job enlargement)

전문화된 과업의 수를 늘려 직무전문화로 인한 인간의 권태로움을 극복하고자 한 최초의 시도였다. 그러나 작업자의 의사결정 권한은 과업의 수가 늘더라도 증가되지 않았다. 즉 인간의 단조로움에 대한 불편함을 해소시킴으로써 동기화하고자 한 것이다. 또한 그 이면에는 기업 측에서 인력배치의 폭을 넓힐 수 있다는 이점이 있었다. 이는 작업량을 가중시키면서 종업원을 감축하는 수단으로 전락할 수도 있었다.

그러나 이 한계는 곧 드러나게 되었다.

단조로움에서 오는 싫증은 줄어들 수 있었으나 흥미 없고 단조로운 직무를 작업자에게 추가로 할당했을 때 작업자의 실망은 더욱 커질 수 있었던 것이다.

2) 직무교차(overlapped workplace)

집단을 대상으로 하는 수평적 직무확대를 말하는 것으로 반드시 직무의 일부분을 다른 작업자와 공동으로 수행하도록 설계하는 것이다. 직무수행의 단조로움을 극복한다는 차원보다는 기능이 부족한 종업원은 단순업무를 반복하게 하고 기능을 갖춘 종업원에게는 자기 부서의 직무 외에도 타 부서의 업무까지 수행하도록 하여 기업 측에서 인력을 보다 효율적으로 활용하자는 것이 주목적이다.

반면 교차된 직무를 수행하는 종업원들이 서로 직무를 소홀히 하면 생산성 저하를 가져올 수 있다는 단점이 유발될 수 있다.

3) 직무순환(job rotation)

직무순환은 종업원들에게 직무전문화의 결과인 단일업무만을 수행하도록 하는 것이 아니라, 일정한 기간이 지나면 부서 내에서 다른 업무를 하도록 하는 것이다.

기업 측에서는 직원이 다른 직무의 경험을 통해 기능 다양성을 갖추게 되고, 보다 높은 수준의 직무수행 기회를 통해 종업원의 능력을 향상시키고, 인력배치의 융통성을 높일 수 있으며 종업원 측에서는 특정직무가 오래 수행되면 많은 스트레스를 줄 수 있는데 직무순환을 통해 직무 스트레스를 분담할 수 있다. 또한 지속적인 업무수행에서 오는 단조로움을 줄이고, 매너리즘에 빠지는 것을 막을 수 있다는 장점이 있다.

그러나 이 방법은 특정 직무에 대해 종업원을 자주 교체함으로써 생산성 저하를 가져올 수 있고, 종업원이 새로운 업무수행을 원활히 할 수 있게 하기 위한 교육 훈련비용의 증가를 초래할 수 있으며, 긴밀한 인간관계적 협동시스템의 훼손을 가져올 뿐 아니라 단순직무의 수행 자체는 변함이 없으므로 결국 종업원의 직무태도에는 크게 영향을 미치지 못할 수 있다는 단점이 있다.

4) 통합적 작업팀

직무 확대가 집단수준에서 실시되는 경우 통합적 작업팀이 생겨난다. 통합적 작업팀은 기본적으로 단일과업을 수행하는 대신 다수의 과업이 한 집단에 할당되고 당해 집단은 이를 다시 구성원에게 과업을 할당함으로써 과업의 성격에 따라 구성원들 간에 직무를 교차하여 수행하도록 하는 책임을 진다. 통합적 작업팀에서는 집단활동을 통제하는 감독자의 권한은 상승하게 되지만 팀원에게는 반드시 의사결정권한이 주어진다는 보장이 없다.

5) 직무충실화(job enrichment)

직무충실화는 허즈버그의 2요인이론에 바탕을 두는 것으로, 종업원을 적극적으로 모티베이트하기 위해서 직무 자체가 동기요인(만족요인)을 충족시킬 수 있도록 재구성되어야 한다는 것이다. 즉, 직무충실화는 종업원의 직무를 수직적으로 확대함으로써 직무내용을 보다 풍부히 하는 것으로 의사결정의 자유재량권과 책임의 부가를 핵심내용으로 한다. 이는 단순히 과업의 수를 늘려 싫증을 줄이는 방법과는 달리 과업의 하나로서의 완전성을 증대시킴으로써 작업자의 단조로움과 싫증, 피로감을 줄일 수 있게 한 것이며 동시에 개인의 성장욕구와 같은 만족요인을 자극함으로써 자유재량권과 책임감 부여를 통한 창의력 개발을 기대할 수 있는 방법이었다.

그러나 문제는 사람마다 일하는 동기도 다르고 자세도 다르다는 사실을 간과한 것이었다.

어떤 이들은 일에서 성장을 찾기보다는 단순한 일을 선호하였고 또는 능력이나 기술이 그러한 양질의 의사결정을 하기에는 턱없이 부족하여 추가적인 교육훈련이 필요한 사람도 있었으며 제한된 의사결정권한을 기존의 관리자, 작업자, 타 공정의 작업자들에게 어떻게 분배할 것인가가 문제되었다.

즉, 직무충실화는 직무설계기법의 하나로서 관리기능의 일부인 계획과 통제를 종업원에게 위임하는 것이라고 말할 수 있다.

(1) 직무충실화의 목적

① 자유재량권과 책임감 부여를 통한 창의력 개발을 촉진할 수 있다.

② 직무의 완전성을 증대시킴으로써 작업자의 단조로움과 싫증, 피로감을 줄일 수 있다.

③ 작업자의 능력신장을 기대할 수 있다.

④ 근로생활의 질(QWL)을 증진시킬 수 있다.

(2) 직무충실화의 요소

① 기술수준

가장 중요한 요소로서 기술수준이 높을수록 직무의 중요성이 크고, 구성원의 능력도 더욱 많이 활용될 수 있다.

② 다양성

인위적인 업무의 세분화를 피하고 가능한 한 다양한 기술을 하나의 업무로 통합되도록 하는 것이 직무충실화의 중요한 측면이다.

③ 자율성

구성원과 집단 자체의 결정권한과 참여도가 클수록 조직체에서 구성원의 역할이 확대되며 이에 따라 구성원의 동기부여와 과업성과에 큰 영향을 주게 된다.

④ 결과 피드백

성과에 대한 피드백은 물론 직무와 과업환경에 관련된 모든 정보자료를 제공해 주는 것을 말한다. 피드백이 원활할수록 구성원의 적극적인 참여와 협조가 증진된다.

(3) 직무충실화 방안

① 통제를 없애는 반면 자율과 책임을 부여한다.
② 개인에게 어떤 완전한 작업단위를 부여한다.
③ 종업원의 활동에 부가적인 권한을 부여한다.
④ 작업자 자신에게 직접적으로 이용 가능하도록 주기적인 보고를 하게 한다.
⑤ 과거에 취급하지 않았던 새롭고 보다 어려운 과업을 도입한다.
⑥ 개인에게 특수한 혹은 전문화된 과업을 할당해서 그 분야의 전문가가 되도록 한다.

(4) 직무확대와의 관계

직무확대는 양적인 측면에서 과업의 수와 다양성을 증가시키는 것이 그 주요한 영역과 원리이며, 직무충실은 직무의 질을 개선하여 직무담당자로 하여금 계획과 통제를 종업원에게 위임하여 직무수행과정에서 만족과 보람을 얻도록 하는 것을 그 주요 원리로 한다.

직무확대를 수평적 직무부하라고도 하며, 직무충실을 수직적 직무부하라고도 한다.

(5) 문제점

① 종업원들이 양질의 의사결정을 할 수 있는 능력을 갖추게 하자면, 추가적인 교육훈련이 필요하고 따라서 많은 비용과 시간이 소요된다.
② 종업원의 개인적 차이를 고려하지 못했기 때문에 성장욕구가 낮은

작업자에게는 직무충실이 오히려 심리적으로 더 부담스러워질 수도 있고, 능력이 따라가지 못했을 때의 좌절감 또한 무시할 수 없다.

③ 관리자의 반발이 예상된다.

(6) 평가

직무충실화이론은 QWL 실현방안 및 동기부여의 유효한 방안으로서 그 유효성이 인정되고 있다. 그러나 개인 차이의 고려 부재, 투입비용만큼의 효과에 대한 의문, 충실화할 수 없는 직무의 문제 등이 제기되었다.

즉, 직무충실화 방안은 복잡한 인간 및 상황변수들을 고려한 뒤에 선택적으로 적절히 사용되어야 한다.

Chapter 03

호텔조직관리

제1절 호텔조직의 개요

1. 조직의 개념

버나드는 '조직이란 일정한 목적을 달성하기 위해 의식적으로 결합된 복수인간의 활동체계'라고 정의하였다. 버나드의 정의와 같이 외식업체는 여러 사람들이 상호 협동하여 목적달성에 공헌하고 의식적으로 최선을 다해야 한다.

또한 호텔기업은 고객에게 서비스를 효과적으로 수행할 수 있는 기능을 발휘하기 위해서 종업원 각자는 의무와 업무적 책임 및 경제적 책임을 이해하고 있어야 한다. 즉 조직의 목표와 자신의 업무관계를 정확히 파악하고 있어야 한다.

일반적으로 성공적인 조직이 성립되기 위해서는 구체적으로

① 공통목적(Common Purpose)

② 공협의욕(Willingness to Cooperate)

③ 의사소통(Communication)

등과 같은 필수조건을 충족시켜야 한다.

버나드는 위 세 가지를 조직의 요소로 규정하였는데, 이것은 가장 단순한 소규모조직에 불과한 것이다. 그러나 현대의 호텔기업은 규모가 대형화되고 복잡해짐에 따라 단위조직이 겹쳐진 복합적인 단위조직이 형성된다. 이 복합조직은 각 단위조직 상호 간을 연결하는 새로운 의도적 노력을 필요로 한다. 버나드는 이 의도적 노력을 관리적 노력이라 하고 관리적 노력만을 가려낸 체계적인 연결을 관리조직이라 했다. 이와 같이 조직은 두 사람 이상이 공통목적을 가지고 상호 협력하는 체계라고 할 수 있다.

인간은 언제나 조직에 참여해 왔고, 조직은 언제나 인간의 목적에 도움을 주어왔던 것이다. 그러나 기업이 내포하는 의미는 다음과 같이 요약할 수 있다. 오늘날 조직이란 특정한 목표를 달성하기 위해 일하는 집단의 행동을 관리하는 것이다. 그것은 호텔 서비스에서 고객의 욕구를 충족시켜 주는 것을 의미한다. 또한 종업원과 경영자에게 최대의 만족을 주는 것을 의미하며, 호텔의 경우에는 소유주에게 경제적인 이익이 돌아가게 하는 것을 의미한다.

2. 조직의 중요성

첫째, 경영조직은 구성원들로 하여금 공통목적을 갖게 한다. 조직목표의 달성을 위해 필요한 업무들을 할당하고 업무를 얼마나 담당자의 재량에 맡길 것인가를 정해주기 때문에 구성원들이 자연스럽게 공통목표를 추구하도록 도와준다.

둘째, 경영조직은 구성원들에게 협력의사를 갖도록 해준다. 사람은 혼자 일하는데 한계를 가진다. 개인적 한계를 극복하는 방법으로 조직에 참여하고 여러 사람과 더불어 협력하게 된다.

셋째, 경영조직은 인간관계의 형성 및 개선에 커다란 영향을 미친다. 사회적 존재로서의 인간은 경영조직을 통해 다른 사람들을 만나고 업무적으로 상하관계 또는 수평관계를 맺으면서 사회적인 신분관계를 형성하게 된다.

1) 호텔 조직구성의 기본원칙

호텔 식음료 조직은 다른 어떠한 기업에서와 마찬가지로 편성하는 데 명심해야 할 사항이 있는데, 이것은 다음과 같다.

(1) 기능에 따라 조직화해야 한다

인사, 총무, 관리, 마케팅, 영업 등과 같이 호텔에서 수행되는 각 기능은 조직구성의 일부가 되어야 한다. 그 기능은 분명한 목적과 존재이유가 있어야 한다.

(2) 조직은 간단하게 편성해야 한다

조직의 구성은 불필요한 직위나 편성이 없도록 간단해야 한다. 계층 간의 거리를 가깝게 함으로써 경영진과 종업원 간에 의사소통의 문이 잘 열리게 할 수 있다.

(3) 모든 직책에 대하여 업무의 책임·권한 및 경제적 책임 소재를 밝혀 두어야 한다

모든 종업원이 자신이 하는 업무의 내용을 명확히 이해해야 한다. 종업원들은 종종 자기의 업무가 불명확하기 때문에 자신의 의무와 책임을 이해하지 못하는 경우가 있다. 따라서 모든 업무는 서식으로 명확히 밝혀야 한다.

(4) 가능하면 가장 낮은 계급에게도 책임과 권한을 위임해야 한다

호텔기업의 소유주나 경영자는 책임을 위임하는 데 주저하지 말아야 한다. 어떤 사람이 주어진 업무에 대한 책임을 맡았다면 그 업무를 수행하기 위해서 동등한 권한을 가지고 있어야만 한다. 권한의 위임을 하지 않음은 물론 기업의 경영자는 부하직원들을 절름발이로 만들고, 부하직원이 하면 더 잘할 수 있는 일을 상사가 하게 만드는 경우가 있다.

(5) 조직의 패턴을 유지해야 한다

조직의 패턴이 항상 유지되어야 한다. 이것은 부하직원들에 대한 책임을 져야 하는 경영자가 종업원들에게 직접 명령을 해서는 안 된다는 것이다. 명령계통을 손상시키지 않고 계통을 밟아서 일하는 것이 바람직하다.

(6) 운영절차를 표준화해야 한다

체계화된 조직은 항상 운영의 절차가 표준화되어야 한다. 호텔의 경영자는 구인, 후생복리, 종업원의 권한과 책임, 혹은 재정적인 문자의 결정, 판매촉진 등의 문제에 대해 운영상의 표준화가 이루어지게 하는 것이 바람직하다.

(7) 집권과 분산

규모가 큰 호텔의 경우 운영에 있어 경영을 중앙집권화할 것인가, 아니면 분권시킬 것인가 하는 문제가 발생하게 된다. 권한, 업무적 책임, 경제적 책임의 위임은 관리의 효율성에 달려 있다. 또한 분권화된 경영의 책임을 수행하기 위해서는 필요한 인격과 기술 및 판단력을 소유한 경영자가 있어야만 한다.

제2절 호텔조직의 특성

1. 지배인(Manager)제도에 따른 조직

호텔기업은 경영주(자본주)와 지배인(전문경영자)을 두고 있으며, 우리나라의 관광법규는 모든 관광호텔에 있어 지배인의 역할을 중요시하여 지배인으로서의 자격과 경영관리자로서의 능력을 갖추도록 지배인 자격시험제도를 실시하고 있다.

2. 호텔조직의 부문화

호텔조직은 그 업무기능별로 부문화되어 부문별 조직이 편성되어야 한다. 호텔의 경영조직은 객실부문 및 기타 부대시설의 사업부문으로 구분되어 능률적인 경영관리의 수행과 부문별 손익계산을 할 수 있도록 해야 한다. 또한 호텔기업의 규모가 대형화됨에 따라 분권관리와 부문경영관리를 합리적으로 수행해야 한다.

3. 마케팅부문(Marketing & Sales)의 강화

호텔은 기업의 이익, 즉 관광자(고객·소비자)를 유치하고 호텔상품을 판매함에 있어 경쟁이 치열해짐에 따라 판매증진을 위한 판매촉진활동을 원활하게 수행할 수 있도록 마케팅활동을 수행해야 한다. 대규모 호텔에서는 판매촉진부서를 독립부서로 운영하고 있으며, 중소규모의 호텔은 객실판촉과·연회판촉과 등으로 운영하기도 한다.

4. 기획관리부(Planning & Management)의 강화

기획관리부서는 최고경영자의 직속하에 있는 것이 보편화되어 있으며, 회사의 미래지향적인 새로운 상품의 생산과 마케팅의 방향설정 등 내부적으로는 영업회계의 심사분석과 원가분석 및 호텔 내의 모든 관리에 관한 업무 등을 수행한다. 이는 경영자의 참모부서이고 호텔기업의 핵심부서로서 정확한 정보 및 자료분석을 통한 경영의 기획과 관리를 총괄하는 부서이나 역할과 업무범위는 호텔의 규모나 경영주의 의식에 따라 다르게 나타난다. 이 부서는 경영주의 의견과 호텔기업의 환경을 적절히 융화시키는 참모진으로서 중요하다.

5. 업무의 표준화

이는 직무분담부분과 직무명세서에 표시된 직무내용이 표준화되어 능률적인 업무를 수행할 수 있도록 해야 한다. 특히 주방의 식품조리는 식품제조명세서에 의거하여 메뉴와 작업이 표준화되어야 한다.

6. 직무분담의 공식화

호텔의 조직에 있어서 구성원들의 근무위치에 따른 직무에 해당하는 매뉴얼을 제작해 공시함으로써 그 자체만으로 종사원 상호 간에 협조와 협동(coordination & cooperation)이 잘되도록 명확히 해야 한다.

제3절 호텔의 조직체계

호텔의 경영조직은 조직을 계획・편성할 때 여러 요소에 의거하여 결정한다. 호텔조직도 경영조직의 기본이념에 입각하여 업무담당자 간에 밀접한 결합이 필요하며, 이 결합의 형태가 호텔조직으로 나타나게 된다. 그러므로 호텔 경영조직도 일반경영조직의 기능과 같이 각 종사원의 업무가 분장되어야 하며, 권한과 책임의 한계를 명확히 함으로써 직무의 분장이 전제되어야 한다. 호텔조직을 결정하는 요소로는 호텔의 입지조건과 시설규모, 호텔의 건물 및 구조, 경영층의 경영능력, 지배인의 배경과 교육수준, 소유형태, 경영방식 등이 있다.

조직의 형태는 직계식 조직과 참모식 조직으로 구별되며, 직계식 조직은 명령계통이 직계화되어 있으므로 경영방침을 부하종사원에게 가장 신속히 하달하여 집행할 수 있다. 이는 소규모 호텔조직에 알맞은 것이라고 하겠다. 반면에 참모식 조직은 최고경영자가 그의 참모들로 하여금 경영계획을 입안케 하고 자료를 조사・분석하여 그들의 조언을 얻어서 최종적인 경영방침을 결정하는 것이다. 그러므로 가장 합리적인 경영방침과 경영계획을 수립할 수 있다.

호텔조직은 호텔기업의 규모에 따라 각각의 조직을 만들 수 있다. 일반적으로 소규모 호텔의 조직, 중규모 호텔의 조직, 대규모 호텔의 조직으로 구분할 수 있으나, 이들의 기본적인 직능은 동일한 것이다. 호텔의 대・중・소

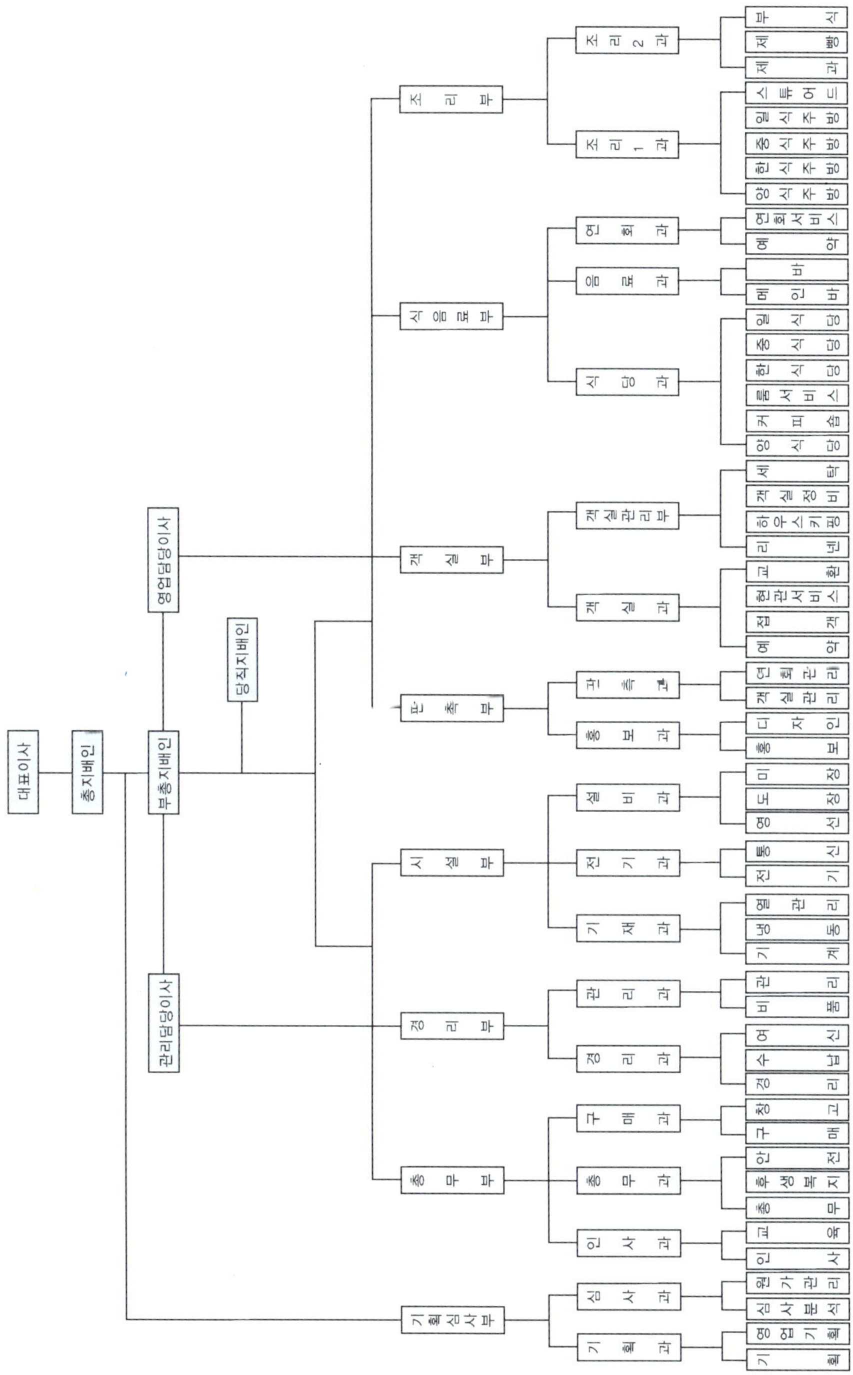
대표이사
총지배인
부총지배인
당직지배인
영업담당이사
관리담당이사
조리부
조리2과
부식
제빵
제과
조리1과
스튜어드
일식주방
중식주방
한식주방
양식주방
식음료부
연회과
연회서비스
예약
음료과
바
메인바
식당과
일식당
중식당
한식당
룸서비스
커피숍
양식당
객실부
객실관리부
세탁
객실정비
하우스키핑
린넨
객실과
교환
현관서비스
접객
예약
판촉부
판촉과
연회판매
객실판매
홍보과
디자인
홍보
시설부
설비과
미장
도장
영선
전기과
통신
전기
기계과
열관리
냉동
기계
경리부
관리과
관리
비품
경리과
여신
수납
경리
총무부
구매과
창고
구매
총무과
안전
후생복지
총무
인사과
교육
인사
기획심사부
심사과
원가관리
심사분석
기획과
영업기획
기획
〈그림 3-1〉 호텔의 조직도

규모에 의한 구분기준은 일반적으로 객실 100개 이하의 호텔은 소규모 호텔이라 하고, 객실 100~299개를 가진 호텔은 중규모 호텔로 간주하며, 대규모 호텔이라 하면 객실 300개 이상을 가진 호텔을 말한다.

호텔조직은 영업부문인 수익부문과 관리·보조작업 부서인 비수익부문으로 대별할 수 있으며, 이를 통하여 호텔조직의 체계를 이해할 수 있다. 보다 자세하게 설명하면 수익부문은 객실부문·식음료부문·부대사업부문이고, 비수익부문은 작업부서인 전기·영선·기관·도장 등의 건물유지·관리부서와 인사·회계감사 등의 경영관리부서로 각각 구성되어 있다.

그러나 호텔조직이 일반기업의 조직과 다른 점은 호텔업의 기본직능에 따른 객실부문과 음식부문의 조직이 특징이 된다는 것이다.

1. 객실부문의 조직

호텔을 경영하는 최고경영층은 회사를 직접 운영하는 대표이사와 상임이사들이다. 그러나 호텔경영을 관리하는 사람으로 널리 알려진 호텔경영자로는 총지배인(general manager)과 레지던트 지배인(resident manager)을 들 수 있다. 레지던트 지배인은 객실부문에 있어서는 하우스 매니저(house manager), 객실 부지배인(room assistant manager) 등으로 부를 수도 있다.

객실부문에 관한 서비스를 하는 모든 종사원은 지배인이나 부지배인 또는 객실부문의 책임자의 감독하에 있다. 객실부문은 현관사무실(front office)과 유니폼 서비스(uniform service) 및 하우스키핑(housekeeping)의 세 부문으로 분류되는데, 지배인의 역할이 매우 중요하다. 그러므로 지배인은 기업의 목적을 달성하기 위하여 명령의 하달 및 업무의 감독뿐만 아니라 경영의 요소가 되는 시설이나 재료·재무에 대한 지식과 의사결정을 할 수 있어야 한다. 아울러 종사원 모두가 서로 잘 융화되고 고객에게 잘 적응하도록 연구하는 것이 지배인에게 부과된 중요한 직책이라고 할 것이다.

최고경영자나 지배인은 호텔의 각 부문을 운영하는 경영지식과 그 부문을 어떻게 조직하고 육성해야 하는가에 대해서 충분한 지식을 갖고 있어야 한다.

소규모 호텔의 부지배인은 룸 클러크가 그의 근무시간을 통하여 부지배인의 업무를 대행할 수 있고, 따라서 200실 이하의 호텔에 부지배인은 없어도 좋으며, 그의 업무를 지배인이나 룸 클러크에게 분배할 수 있다. 반면에 대규모 호텔에 있어서는 프런트 오피스 지배인이나 책임자를 별도로 채용하고 있다.

프런트 오피스의 룸 클러크는 고유객실에 대한 판매상황을 프런트 오피스의 직능적 배치에 따라 설치된 룸랙(room rack)과 기타의 판매기록표에 기록한다. 인포메이션 클럭은 당일의 객실일람표를 작성할 수 있어야 하며, 빌 클럭은 숙박고객의 청구서에 판매금액을 기록할 수 있는 조직이 되어야 한다. 따라서 룸 클러크는 하우스키핑부서로부터 하우스키퍼보고서를 받자마자 룸랙으로 판매된 객실과 판매준비된 객실을 마크(mack)할 수 있는 것이다. 소규모 호텔에서는 프런트 오피스의 종사원을 일괄하여 프런트 클럭이라 부르고 있으나, 대규모 호텔에서는 프런트 오피스 종사원을 룸 클러크, 인포메이션 클럭, 빌 클럭, 키 클럭, 메일 클럭으로 분류하고 있다.

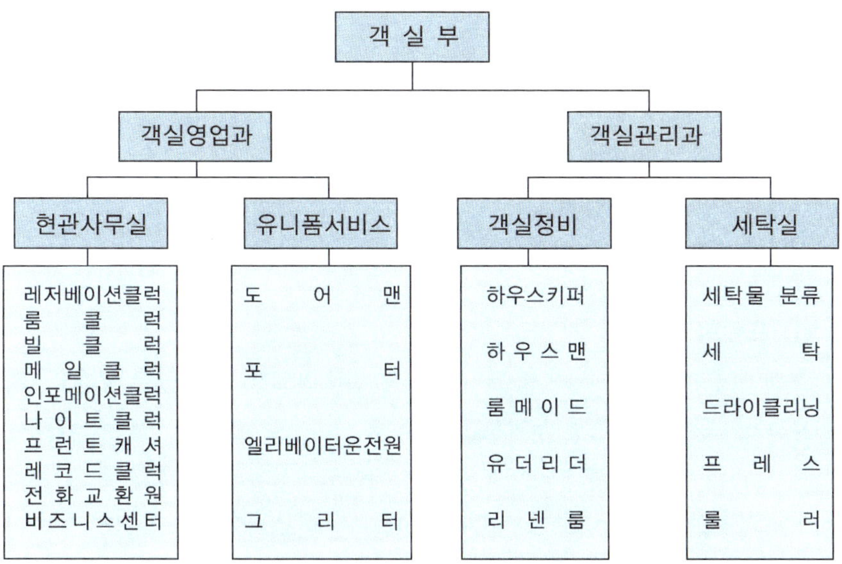

〈그림 3-2〉 객실부서의 조직도

고객으로부터 받는 요금수납업무와 각종 요금을 계산하고 그 계산서를 제출하는 것은 회계부문의 업무기능이다. 청구서를 계산하는 빌 클럭의 업무가 정확해야 프런트회계가 정확한 판매를 기록할 수 있다.

객실이 100개 미만인 호텔의 룸 클러크는 현관사무실에서 모든 업무를 동시에 할 수 있으나, 대규모 호텔에서는 업무분장이 되어야 한다. 소규모 호텔이라 해도 유니폼 서비스에 해당되는 업무는 프런트 오피스업무와 분리된 조직이 설정되어야 한다. 그리고 하우스키핑부서도 독립해야 한다. 하우스키퍼는 모든 객실과 공공 홀 및 복도의 청소를 감시하고, 객실부문에서 수선과 보수를 필요로 하는 사항은 전기・기관・영선부서에 통지해야 한다.

호텔이 기업으로서 경영활동을 유지・발전시키기 위해서는 경영의 주체라고 할 수 있는 인적자원의 조직관리가 절대적으로 필요하다. 그러나 어느 조직에서든 완벽한 조직형태는 있을 수 없으며, 호텔의 경우 제반환경을 고려한 호텔의 입지조건, 제공되는 상품의 수준, 소유권 형태, 경영진의 경영철학・경영능력, 시설물의 배치구조 외에도 상당히 많은 제반 변수를 고려하여 최적의 조직유형을 개발해야 한다. 한 호텔의 조직은 그 호텔의 성격과 형태에 따라 적합한 조직을 갖추어야 할 것이다.

1) 객실부문

객실부문은 호텔경영에서 가장 매출비중이 높은 부문으로 그 주요부서는 프런트 오피스(front office)부서, 하우스키핑(housekeeping)부서, 유니폼 서비스(uniform service)부서, 전화교환실(switchboard)부서 등으로 나눌 수 있다.

(1) 프런트 오피스

호텔에서 가장 접근성이 좋고 고객과의 접촉빈도가 가장 많은 곳이다. 프런트 데스크는 고객에게 첫인상을 주는 부서이므로 호텔의 이미지 관리에 많은 노력이 필요하다. 주요업무는 객실예약・객실판매・객실조정 및 고객의 각종 편의와 서비스를 제공하는 것이다. 현재 대다수의 호텔들이 컴퓨터 시스템을 이용하여 입숙(check-in)과 퇴숙(check-out)이 매우 빠르고 편리해졌다. 최근 호텔에 따라서는 비즈니스 여행자들을 위한 간단한 문서의 처리나 타이핑 같은 부수적인 서비스도 제공하고 있음을 볼 수 있다.

(2) 전화교환실

통신부문은 주로 전화교환업무와 텔렉스업무 등이다. 전화교환업무는 직접 고객과 대면하지 않고 목소리로 서비스를 하므로 고객에게 불쾌감을 주지 않도록 많은 주의가 필요하다. 이 부문의 주요업무는 국내외 전화교환, 각종 전보접수, 모닝콜(morning call), 기타 관련보고서의 작성·보고 등이 있다.

(3) 유니폼 서비스

유니폼 서비스는 종업원이 일정한 제복을 입고 고객에게 서비스를 제공하는 것이 특징이다. 조직은 도어맨(door man), 벨맨(bell man), 포터(potter), 엘리베이터 안내원(elevator girl), 클로크 룸 보조원(cloakroom attendant) 등으로 구성되어 있다. 도어맨은 호텔 현관의 입구에서 고객을 영접하고 여러 차량의 수차관리와 소통의 원활을 유도하며, 필요시 벨맨의 업무를 협조해 준다. 벨맨은 고객의 입·퇴숙 절차를 돕고 짐을 기동성 있게 운반하는 업무를 담당한다. 엘리베이터 안내원은 탑승한 고객을 원하는 층까지 안전하게 안내한다.

(4) 하우스키핑

이 부서는 정비책임자(house manager), 리넨 룸(linen room) 담당자, 객실청소원(room maid), 객실정비원(house man), 객실점검원(room inspector) 등으로 조직되어 있다. 객실정비는 고객들이 쾌적하고 안전하게 이용할 수 있도록 철저한 점검관리가 필요하다.

2. 식음료부문의 조직

식음료부문의 조직은 음식 및 음료를 가장 효율적으로 조리하고 종사원의 서비스를 통하여 그것을 가장 유효하게 고객에게 제공할 수 있어야 한다. 식음료부문은 케이터링부서라고도 한다. 케이터(cater)란 음식물을 조달한다는 뜻으로 해석된다. 호텔에서 식음료부문은 음식(food)과 음료(beverage) 및 서비스(service)의 세 가지를 판매한다.

식음료부문의 조직은 많은 업무의 범위와 직능을 가진 복잡한 집단으로 구성되어 있다. 이 부문에 종사하는 많은 사람들은 고객과 직접 접촉하지 않으면서 근무하는 것이다. 그리고 식음료부문의 조직은 각 부서 간에 특수성과 기술 면으로 볼 때 차이가 있으므로 각 부서의 라인(line)과 스태프의 장에게 부문의 권한을 대폭 위양하고 권한과 책임을 부여하여 직무를 수행토록 하고, 보고제도를 확립하여 내부통제제도를 이룩해야 한다.

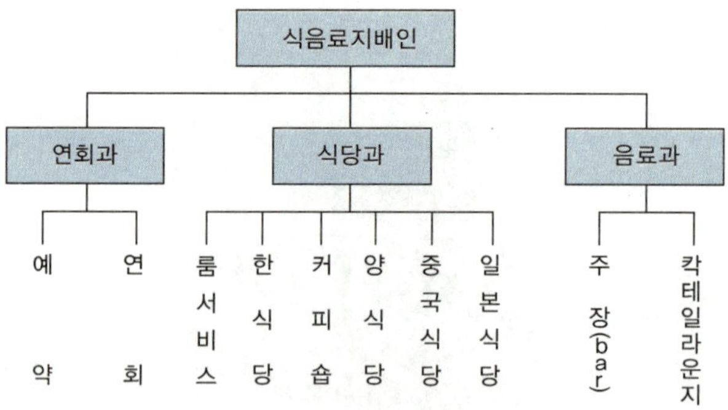

〈그림 3-3〉 식음료부문의 조직

호텔 식음료부문은 전체수입원으로 볼 때 객실 못지않게 상대적으로 높은 비율을 점하고 있다. 따라서 보다 숙련된 종사원의 질적 서비스가 필요하다. 식음료부문의 조직은 호텔의 규모에 따라 다를 수 있다.

1) 식음료부문 조직의 특성

식음료부의 조직은 경제성에 목적을 두고, 종사원은 경영목적을 달성하기 위하여 일정한 업무활동을 수행하게 된다. 이 업무활동은 상호관계를 조직화함으로써 업무를 보다 능률적으로 수행할 수 있다. 식음료부문의 조직은 각 부문 종사원의 협동활동이 경영목적에 잘 적응될 수 있도록 각 종사원이 수행할 역할과 직무의 관계를 규정하는 것으로, 식음료부문의 조직은 종사원의 능률적인 관리를 위한 수단인 것이다. 따라서 호텔 식음료부문은 호텔 경영상 충분한 부문이익을 창출할 하나의 독립된 부서로서의 조직을 갖추어야 하므로, 최근 호텔의 규모가 대형화되면서 종전에는 1개 식음료과 위주로 모든 식당 및 주장 · 연회장을 운영하였으나, 오늘날 호텔의 식음료부문은 더욱 전문성을 갖춘 부서로서 식당과 · 음료과 · 연회과로 각각 개별화된 3개 과로 나누어져 운영되고 있다.

2) 식음료부문 조직의 주요직무

(1) 식당(Restaurant Section)

식당의 주요직무는 다음과 같다.

① 양식 · 일식 · 중식 · 한식의 각 식당영업 및 고객관리
② 각 식당의 집기 · 비품 · 시설물의 보존 · 유지 및 관리
③ 각 식당의 판매 메뉴와 가격결정 및 자료작성
④ 각 식당종사원의 인사관리 및 교육훈련
⑤ 기타 각 식당의 영업에 필요한 제반사항을 주업무로 한다.

(2) 음료부서(Beverage Section)

음료부서는 음료와 주류를 판매하며 식당수익을 증대하는 데 큰 역할을

한다. 음료수익은 판매금액의 약 50%의 판매이익을 내고 있으며, 음악과 여흥비용을 포함하고도 약 35%의 부문별 이익을 창출하고 있다.

수년 전에는 음료관리를 주류담당 스튜어드(steward)가 수석 바텐더(head bartender)의 협조를 받아서 관리 및 책임을 지고 있었다. 그러나 오늘날에는 주류담당 스튜어드가 음료담당 지배인이나 음료담당 관리인으로 명칭이 바뀌었으며, 이 직원은 바(bar) 운영과 음료관리의 책임을 지고 있는 것이다. 소규모 호텔에서 식음료전담 지배인이 별도로 없을 경우 음료지배인은 일반적으로 호텔 총지배인의 관할하에서 업무를 수행한다. 또한 어느 한 식당의 경우에는 식음료지배인을 두고 있지만, 음료영업의 규모가 적어서 음료담당 지배인을 별도로 두지 않을 경우는 식음료지배인이 직접 음료부서를 운영하고 관리한다. 또한 소규모 호텔에서는 음료지배인이 식사시간이나 필요한 때에 바텐더를 대신하여 근무하는 것을 흔히 볼 수 있다.

음료 및 주류의 구입은 구매담당직원에 의하여 이루어진다.

① 로비 · 라운지 · 나이트클럽 · 메인바 등 각 주장(酒場)의 영업 및 고객관리
② 각 주장(酒場)의 집기 · 비품, 시설물의 보존 · 유지 및 관리
③ 음료판매 메뉴 및 가격 결정
④ 각 주장(酒場) 종사원의 인사관리 및 교육훈련
⑤ 기타 주장(酒場)영업에 필요한 제반사항을 주업무로 한다.

(3) 연회(Banquet Section)

연회의 주요기능은 다음과 같다.

① 각 연회장의 시설 및 집기의 운영 및 관리
② 연회사항 예약 및 행사준비
③ 연회유치 판촉활동 및 판촉부와 정보교환
④ 연회행사 메뉴 및 가격결정을 위한 조정업무
⑤ 연회 서비스 개선 및 품질관리
⑥ 연회행사고객의 안전관리

⑦ 출장연회의 종합적 관리
⑧ 연회종사원의 인사관리 및 교육훈련을 주업무로 하고 있다.

(4) 식음료조달부서

호텔에서 식품 및 음료·주류의 구매활동은 주로 호텔 구매과와 구매담당자가 수행한다. 구매담당은 소규모 호텔의 경우 주방에 속하여 있으나, 중규모 이상의 호텔에서는 구매과의 직원이다.

구매원에 의해 구매된 상품은 창고계원이나 조리사에 의해 수령되고, 지정된 검수자에 의해 물품검수를 받는 절차가 필요하다. 모든 식품 및 식품재료는 구매과의 창고나 주방의 냉장고와 저장고에 보관되며, 조리장과 식당 팬트리(pantry) 및 주장에서는 각종 식품을 청구하게 된다. 창고계원은 이들의 물품청구서에 의거한 출고전표를 받고 식품을 출고하여 준다.

(5) 식당과 바

호텔은 전문요리 식당과 커피숍(coffee shop) 및 룸 서비스 이외에도 호텔 영업에 있어서 고객의 여흥과 춤을 출 수 있는 설비를 갖춘 칵테일 라운지 등을 운영하고 있다. 이와 같은 독립된 식당이나 바(bar)는 대부분의 경우 그 식당을 개별적으로 책임지고 있는 식당지배인(dining room manager)에 의하여 운영되며, 이 지배인은 식음료지배인의 지휘를 받으며 그의 업무를 수행한다. 식당지배인을 별도로 채용할 만큼 영업이 되지 않는 소규모 호텔은 웨이터장(head waiters)이나 책임자가 있어서 이들이 식음료부문 지배인의 지시를 받으며 식당업무를 관장하게 된다.

한 호텔이 경영하는 식당의 수가 하나밖에 없든지, 혹은 수개의 식당을 운영하는 호텔이라 해도 식당운영을 성공적으로 수행하기 위해서는 다음과 같은 종사원의 업무기능이 필요하다. 이들은 헤드 웨이터(head waiter's), 웨이터(waiters), 호스티스(hostess) 혹은 접수계원(receptionists)이고, 이들의 중요업무는 고객의 영접과 접대이며, 고객이 식사나 음료를 들고 식당이나 바를 나갈 때까지 친절하고 훌륭한 서비스가 되도록 하는 것이다.

식당지배인은 식탁 및 의자의 정돈상태와 식탁의 은기류·식기류와 나이프・포크 등의 테이블 세팅의 준비상태를 점검한다. 또한 호텔에서 고객에게 제공하게 되어 있는 특수한 서비스가 있을 경우 그것은 무엇이며 어떻게 제공되고 활용되어 고객에게 더 많은 만족을 줄 수 있게 할 수 있는가를 알아야 한다.

고객이 식당에서 식사를 하고 있을 때 식당지배인이나 웨이터장은 그 식당을 돌아보며 식사와 서비스에 대한 고객의 반응을 살피도록 하고, 만일 고객의 불평사항이 있으면 그 자리에서 가능한 고객의 불평사항을 해결해 줄 책임이 있다. 식당지배인은 식당이나 바영업 및 서비스에 관하여 고객들이 평하는 내용과 그들이 관찰한 사항을 일지에 기록하였다가 총지배인과 간부회의에서 문제점을 검토토록 하여 식당경영의 개선방안을 강구해야 할 것이다.

3. 관리부문의 조직

호텔 관리부문의 직무는 영업부문과 밀접한 관련성을 지니고 있으며, 관리 및 영업 양부서의 상호협력과 원활한 업무처리를 통해서만 호텔 상품판매의 극대화를 실현할 수 있는 것이다. 즉 호텔 관리부문은 최고경영자의 의사결정을 돕기 위한 경영정보나 경영자료의 제공활동을 위한 참모적 역할을 수행할 뿐만 아니라 호텔경영을 효율적으로 집행하기 위한 경영합리화와 경영성과의 극대화를 추구하는 것이다.

호텔 관리부문은 총무부・경리부・관리부・구매부・기술부로 크게 분류할 수 있으며, 각 부문조직의 업무기능은 직제규정으로 명문화되고 부문별 업무와 책임한계를 명확히 하여 합리적인 조직을 편성해야 할 것이다. 또한 호텔 관리부문의 조직은 호텔기업의 규모와 특성에 알맞게 편성하여 원활한 업무수행이 되도록 하며, 조직원칙 중에 신축성의 원칙을 원용토록 하여 조직의 기능을 최대한 발휘토록 하는 것이 중요하다.

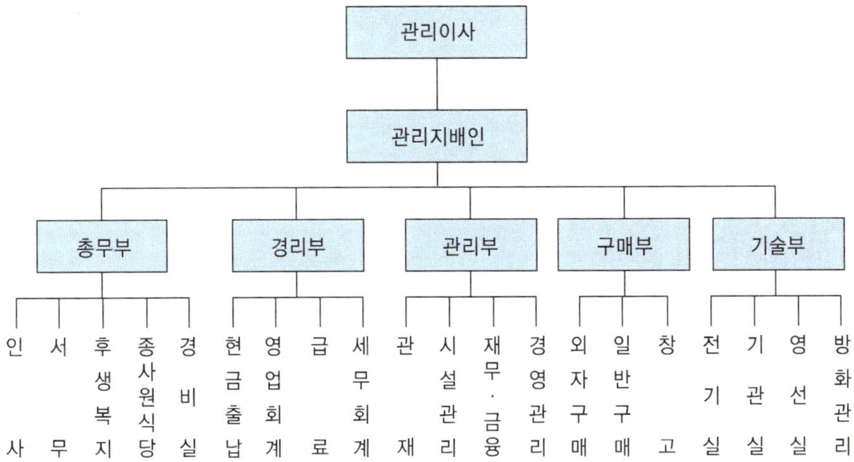

〈그림 3-4〉 **호텔관리부문의 조직**

1) 총무부의 직무

총무부는 공문서의 취급을 비롯하여 회사의 총괄적인 업무를 수행하며, 각종 행사를 주관하고, 종사원 인사관리의 업무를 담당한다.

① 총무부장(과장): 총무부장은 대표이사·관리지배인을 보좌하며, 인사·서무와 종사원의 복지후생 및 공문서 취급업무를 관장한다.

② 인사·교육담당: 호텔종사원의 인사수급계획을 수립하고, 인사교류, 인력의 적정배치에 관한 사항과 인사카드(card) 및 인사고과표의 기록업무를 담당한다. 그리고 종사원의 사내교육훈련 및 관광종사원 재교육을 실시하고 교육계획을 수립한다.

③ 일반사무: 회사의 대내외적인 공문서의 접수와 발전 및 일반 행정공문의 기안업무를 담당하고, 우편물 취급, 직인관리, 문서보관의 책임을 진다.

④ 후생복지담당: 호텔종사원의 보건·후생·복지에 관한 업무를 수행하며, 사내의 운동·오락시설과 휴게실 및 종사원식당의 운영·관리·감독을 한다.

⑤ 경비담당: 호텔의 경비는 고객의 생명과 재산을 보호하는 호텔의 기본 임무를 수행하며, 주차장을 관리한다. 또한 호텔 경비실은 호텔 내방자의 기록과 종사원의 출·퇴근에 관한 사항 및 경비관계서류를 기록하고 경비업무일지를 작성한다.

2) 경리부의 직무

경리는 영업장 수납업무와 현금출납 및 영업회계에 따른 각종 요금의 집계 및 계산을 한다. 그리고 전표의 기표와 회계처리, 장부의 기장, 재무제표의 작성과 법인의 결산업무를 담당한다.

① 경리부장(과장): 경리부장은 객실판매 보조장이나 원장들의 장부기장·보관에 관한 사항과 세무회계 및 세무대책에 관한 책임을 진다. 그리고 재무제표와 같은 각종 회계보고서 작성에 관한 책임도 지게 된다.

② 현금출납담당: 금전출납부를 기장하는 현금출납사무원의 업무와 물품대금의 지급업무를 전담하는 현금출납업무로 구분할 수 있다.

③ 영업회계: 호텔 영업현장에서 발생하는 고객의 요금계산 수납업무를 담당하는 사무원으로서 일명 캐셔(cashier)라고 한다. 영업회계는 캐셔가 집계한 요금계산의 정부(正否)를 검증하고, 원시기록을 토대로 하여 전표를 기표하며, 일기장 및 판매보조부 기장업무를 담당한다.

④ 급여 및 보험담당: 종사원의 급여 및 보험금 지급업무를 담당한다. 종사원의 정기급여계산 외에 퇴직금·상여금을 계산하고, 의료보험과 재형저축에 관한 업무를 취급한다.

⑤ 세무회계담당: 기업의 한 회계기간의 경영성과를 표시한 대차대조표·손익계산서의 작성과 법인세·부가가치세·갑종근로소득세·종합소득세 등 각종 세금의 신고·납부에 관한 사항을 담당한다. 경리부에서의 중요한 업무이며, 세무회계의 지식과 경험을 필요로 한다.

3) 관리부의 직무

관리부의 업무는 호텔의 관재업무와 각종 시설의 관리를 하는 자산관리의 업무를 수행하고, 영업관리와 재무관리에 관한 업무도 담당한다.

① 관리부장(과장): 호텔사업계획 및 호텔운영에 관한 재무계획을 수립하며, 호텔의 자산관리와 호텔의 전반적인 경영관리의 책임을 진다.

② 관재회계 담당: 호텔의 기본자산인 토지 · 건물 · 기계기구 · 비품 · 집기 등의 고정자산카드와 비품대장을 기장하고 고정자산의 감가상각회계를 담당하는 직원이다.

③ 시설관리 담당: 객실비품, 식당비품 · 집기와 주방시설, 에어컨, 텔레비전 등의 주요 기자재 · 비품에 대한 고유관리번호 및 부서별 비품대장 작성, 기자재의 수불 및 배치업무와 보관 · 관리업무를 담당한다.

④ 재무 · 금융 담당: 회사의 재무 · 금융에 관한 업무를 수행한다. 이 업무는 경리부서에 속할 수도 있으나 호텔의 전반적인 경영관리를 주도하고 있는 관리부에서 호텔 운영자금의 조달과 재무에 관한 업무를 수행하는 것이 더 효율적이라고 생각되며, 실제로 호텔에서 이 제도를 많이 활용하고 있다.

⑤ 경영관리 담당: 호텔 경영관리의 요체는 합리적인 조직의 설정과 내부통제제도를 전제로 하고 있고, 경영관리 담당자는 경영관리의 조정적인 역할을 하며, 영업의 관리업무를 담당한다. 또한 비품 및 식료품창고의 재고조사업무를 담당하고 있으며, 호텔의 기자재 및 식료품의 적정재고유지를 위한 재고관리의 책임을 진다.

4) 구매부의 직무

구매부는 호텔에서 필요로 하는 시설재 · 기계 · 기구비품 · 집기 및 식음료의 재료를 구매하는 업무이다. 상품구매는 상품의 품질이 좋고 필요한 양을 저렴한 가격으로 구매하는 것이 구매의 요체이다.

① 구매부장(과장): 구매계획을 수립하고, 상품 및 구매처 선정, 구매업무를 집행하는 권한을 지니며, 구매부 직원을 지휘 · 감독하고 통솔한다.

② 외자구매

- 정부의 수입추천품목으로서 냉동기 및 냉난방시설 등의 관광용 기자재인 시설재의 수입에 관한 업무
- 관광호텔용품센터를 통한 외국산 식품재료 및 음료수의 구매업무
- 국제관광공사의 판매창구를 통한 수입양주의 구매업무

③ 내자구매: 국내시장으로부터 구입하는 시설보수자재, 호텔용 기계 · 기구 · 비품 · 집기 및 기타 물품의 구매와 식음료의 원재료 · 부재료의 구입업무를 담당한다.

④ 검수 및 창고관리: 호텔에 구매된 물품은 제3자인 검수원에 의하여 구매청구서와 송장에 따라 품목수량 · 금액 · 품질 등을 검사하는 절차가 필요하며, 구입된 물품을 창고에 보관하고 출고하는 업무를 담당한다.

5) 기술부의 직무

호텔 객실 · 식당과 같은 영업장과 부대시설의 전기시설 · 냉난방시설 · 기계설비 등의 보수 · 수선 · 유지에 관한 업무를 담당하며, 기술부는 호텔영업을 기술적인 측면에서 지원한다.

① 기술부장(영선부장): 기술부장 혹은 영선부장은 호텔건물과 기계시설의 보수 · 유지에 관한 책임을 지며, 기술부서 종사원의 업무를 지휘 · 감독한다.

② 전기실: 호텔 전기실은 전기기사(1 · 2급) · 안전관리책임자 · 전공 · 기계기술자 · 냉동기술자 등으로 구성되어 있으며, 이들은 변전실 · 발전실 · 전기배선 · 조명시설 · 전기기계의 보수 · 유지에 관한 업무를 수행한다. 또한 각종 기계장치의 정기적인 점검을 실시토록 하여 안전관리

를 철저히 해야 한다.

③ 기관실: 기관실은 열관리사 · 보일러공 · 화부 · 배관공 등으로 구성되며 이들은 보일러 원동기급수 · 저장시설, 연료저장탱크의 안전관리와 욕조시설 · 배관시설의 업무를 담당한다.

④ 영선실: 영선실은 영선실 책임자와 목공 · 도장공 · 미장공 · 도배공으로 구성되며, 호텔의 주요시설인 침대 · 책장 · 식탁 · 식탁의자의 수선업무와 호텔건물도장 · 객실도배 등의 호텔건물 · 시설의 미화와 정비를 한다. 영선실 책임자는 매일 영선작업일지를 상사에게 보고할 의무가 있다.

⑤ 방화관리: 호텔은 안전유지를 위하여 방화관리자를 두고 있으며, 이것은 주로 방화관리자의 업무이다. 방화관리자는 자동화재경보기 · 전기누전탐지기 · 소화기 등 소방기구의 유지 · 관리와 안전점검을 실시하고, 소방훈련의 업무를 담당한다.

6) 인사관리부의 직무

호텔경영의 성공적인 열쇠는 그 호텔에 종사하는 인력자원의 질에 달려 있다. 고객의 취향에 따른 질적 서비스를 제공할 수 있는 자질을 갖춘 직원이 없다면 그 호텔이나 레스토랑은 결코 성공할 수 없다. 따라서 인사관리부서는 바로 이 노동력의 질 관리를 책임지고 있는 부서이다.

7) 마케팅부의 직무

마케팅 운영의 주된 활동은 판매 · 광고 · 판촉 등이다. 최근 마케팅에 관한 호텔업의 관심이 더욱 고조되고 있으며, 전문가에 의한 철저한 시장분석과 세분화에 따른 과학적 운영체계가 필요하다. 마케팅부문은 호텔상품을 고객(관광자) 취향에 맞도록 연구 · 홍보 · 광고하여 관광욕구를 유발 · 충족시켜 주는 조정자로서의 위치를 말한다.

마케팅부서에는 국내 마케팅과 국외 마케팅이 있으며, 국내 마케팅은 국내의 일반고객 · 여행사담당 · 항공사 또는 일반기업이나 단체를 담당한다.

국외 마케팅은 외국의 지사나 외국에서의 각종 국제회의 등을 통하여 마케팅활동을 하는 것이며, 이 전체를 담당하는 홍보·광고담당이 있다. 즉 우리나라 도심지에 위치한 특등급 상용 호텔의 경우 외국인 객실고객의 비중이 92% 이상을 차지하므로 앞에서 제시한 조직구매시장의 중요성이 더욱 큰 상태이므로 마케팅활동 중 인적 판매가 가장 중요한 촉진수단이 된다.

8) 경리부의 직무

회계부서는 경영자에게 호텔경영상태에 대한 진단자료를 제공한다. 경쟁이 치열한 환대산업경영에서 성공하기 위한 방법의 하나로 경영상태에 대한 정확하고 계량화된 재무제표는 호텔경영자의 정책결정에 매우 중요한 자료이다. 따라서 회계·재무자료를 정확히 분석·제공하는 부서의 역할은 매우 중요한 것이다. 경리부서는 일반경리와 현장수납으로 구분하고 있으며, 경리는 출납회계와 관재·세무·급여업무를 담당처리하고, 현장수납은 호텔 각 영업장의 금전출납과 업장별 영업수입을 집계하고 영업일보와 통계를 작성하여 보고·처리한다.

9) 시설관리부의 직무

시설관리부서는 호텔 내외부의 설비 및 기계에 대한 관리·유지 및 개보수를 담당한다. 작업시기에 따라 장기점검관리와 긴급작업 및 예방관리·특별점검 관리가 있다. 이 부분의 직원들은 목공·배관·전기작업, 페인트, 카펫수선, 가구손질, 각종 안전사고의 예방, 수영장의 위생관리, 호텔 내외의 조경관리까지 책임지게 된다. 그리고 규모가 큰 시설의 보수공사일 경우에는 외부기술자가 임시로 고용되기도 한다.

10) 경비부의 직무

호텔의 효율적인 안전관리를 위해서는 호텔의 건축설계과정에서부터 고려되어야 하며, 운영에 있어서는 예방적 조치가 최선이라고 할 수 있다. 이를 위해서는 무엇보다 각 부서 간의 긴밀한 협조가 절대적으로 필요하다. 예를 들어 프런트 오피스 직원은 등록된 고객 외에는 절대로 객실열쇠를 내주지 말아야 하며, 모든 직원은 항시 호텔 어느 곳에서든 조금이라도 의심스러운 행위에 대한 감시자가 되어 이상의 발견 시에는 그 즉시 책임자에게 보고해야만 한다. 또한 보안관리직원은 수시로 호텔 구내를 순찰하고 TV 감시회로 카메라의 작동 등과 같은 일련의 조치와 화재나 자연재화와 같은 긴급사태에 대비한 사전계획이 미리 준비되어 있어야 한다.

Chapter

04

호텔 인력계획관리

제1절 호텔 인력계획의 의의

1. 호텔 인력계획의 개념

인력계획(manpower planning)은 인적자원계획(human resource planning) 또는 노동력계획(workforce planning)이라고도 하는데, 이것은 사회나 조직이 추구하는 목표를 보다 효율적으로 달성하는 데 필요한 인력의 수급을 조정하는 것을 의미한다.

인력계획의 정의에 대해서는 강조점이나 표현방식이 조금씩 다르다.

베터는 "인력계획은 조직이 어떻게 하면 현재의 인력상태를 보다 바람직한 인력상태로 만들 수 있는가를 관리자들이 결정하는 과정인데, 관리자들은 이러한 인력계획을 통해서 적정한 자리에 적정한 종류의 사람들을 적정 수로 적시에 확보하고, 그들이 조직이나 개인을 위해서 최대의 장기적인 이익을 가져오게끔 하는 것이다."라고 하였다.

클링너는 "인력계획은 인적 자원에 대한 수요를 예측하여 이에 대응할 방안을 결정하며, 조직의 목적에 비추어 보아 그 효율성을 평가하는 지속적 과정이다."라고 하였으며, 리프와 크리노는 "인력계획은 주어진 임무 수행에 얼마나 많은 유자격 인력이 필요한가에 대한 추계의 과정, 조직 내에서 활용이 가능하게 될 인력 수를 추계하는 과정, 그리고 인력수요에 인력공급이 부합되게 하는 조정의 과정을 포함하는 것이다."라고 정의하고 있다.

따라서 호텔 인력계획은 호텔기업에 필요한 인적자원 수요를 예측하여 이에 대응할 방안을 결정하고, 조직의 목적에 맞는 가장 효율적인 조직을 만들어가는 과정이라 할 수 있다.

2. 호텔 인력계획의 필요성

현대의 조직들은 고도의 기술발달로 전문화되어 가고 있다. 이에 따라 조직 내의 인력도 전문화되어 가는데, 이러한 급속한 기술화·전문화로 인하여 노후인력(obsolete personnel)의 발생, 전문인력 공급의 부족 그리고 근래에는 심각한 감축관리의 문제 등으로 인하여 인력계획의 필요성을 절감하고 있다.

이러한 인력계획의 필요성은 호텔조직도 예외가 될 수 없이 매우 중요한 의미를 지닌다. 호텔조직의 규모가 점점 거대해지고 있는 상황에서 복잡한 인력집단을 형성하고 있기 때문이다. 이러한 호텔조직이 인력을 효율적으로 활용하지 못한다면 크나큰 손실이 발생하게 되므로 호텔은 유능한 인력을 동원하고 활용할 수 있는 인력계획을 반드시 세울 필요가 있다.

인력계획은 그 성격상 중장기적 계획을 내포하고 있는데, 인력에 관한 장래예측은 어려우므로 그 효과성이 의심스럽다는 비평을 받아왔다. 따라서 미국의 경우에도 인력계획에 관한 관심은 1960년대에 대두되기 시작했다. 1970년대에 들어서면서 인력계획에 대한 필요성과 중요성이 갑자기 높게 인식되기 시작하면서 급진적인 발전을 하게 되었다.

3. 호텔 인력계획의 특성

호텔 인력계획은 본질적으로 다음과 같은 특성을 내포하고 있다.

① 호텔 인력계획은 목적지향적(purpose-oriented)이다. 즉, 호텔 인력계획은 명확하게 설정된 목적에 따라 계획적으로 진행되는 과정이다. 인력계획의 주된 목적은 조직 목적달성에 기여할 수 있는 인력체제를 형성하고 발전시키는 것이라고 할 수 있다. 또한 이러한 목적을 실현하려면 목적에 맞추어 인적자원의 수요와 공급을 결정해야 한다.

② 호텔 인력계획은 미래지향적(future-oriented)이다. 즉 호텔기업에서 인력의 육성에는 상당히 긴 시간이 소요되기 때문에 인력계획에 있어서의 시간요소는 매우 중요한 의미를 가진다. 또한 인력계획은 장래의 인력문제를 예측하고 그에 대한 해결방안을 결정하여 시행한다. 따라서 호텔 인력계획은 단기적인 인력의 수요와 공급 및 인력개발을 다루지만, 중장기적인 인력계획체제의 수립도 절실하다.

③ 호텔 인력계획이 미래의 시간과 결부되어 있는 기획이므로 이러한 기획과정에는 불확실성과 위험이 따르게 된다. 호텔 인력계획은 불확실한 장래와 관계되는 작업인데다 인력과 관련된 변수가 너무나 많기 때문에 만족할 만한 계획의 결과가 나오기가 쉽지 않아 인력수급에 오차가 많이 생긴다.

④ 호텔 인력계획은 수많은 요인들이 서로 연관되고 상호작용을 하게 되므로 포괄적 관련성을 고려해야 한다. 사람・일・돈・시간 등 인력체계의 내적 구성요소들이 서로 복잡하게 연관되어 있으며, 그 외에도 과학기술의 발달, 전반적인 경제상태, 특히 노동시장의 상태 등 수많은 외적 환경요인들에 의해 영향을 받기 때문에 이 모든 것들의 상호관련성을 고려하면서 인력계획이 수립되어야 한다.

⑤ 호텔 인력계획은 인적 자원이라고 불리는 인간을 대상으로 하기 때문에 인력계획에 특별한 어려움이 따른다. 인간은 의지를 가진 존재이기 때문에 조직에서의 직무수행은 어느 정도 자유의지에 의하여 행해질 수 있다. 사람에 관한 모든 결정이 오직 외재적인 계획에 의해서만 좌우될 수는 없으므로 인력계획에 어려움이 생긴다.

4. 호텔 인력계획의 과정

호텔의 인력계획은 인력의 수요를 예측하고 실제 수요에 대처하기 위한 방안을 모색하여 시행하고, 나아가 그 결과 및 효과를 조직 목적달성의 관점에서 평가하는 일련의 단계들을 내포하는 순환적 과정이다.

인력계획이 이루어지는 상황과 접근방법에 따라 계획과정에 포함되는 구체적인 단체와 행정수단은 다를 수 있으나, 일반적으로 밟게 되는 공통적인 활동단계는 ① 인력수요 예측단계, ② 인력공급 대안단계, ③ 시행단계, ④ 평가단계로 나눌 수 있다. 이러한 단계들은 그 활동내용에 따라 다음과 같이 보다 세분화할 수 있다.

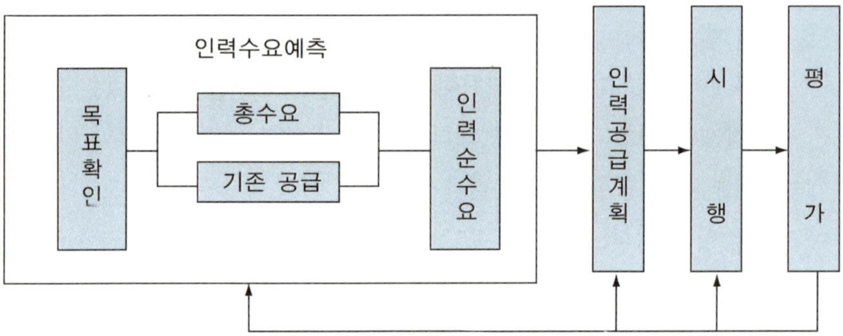

〈그림 4-1〉 인력계획의 과정

1) 인력수요 예측단계

정부기관의 인력수요를 예측하려면 제일 먼저 정부조직의 목표(생산목표 또는 사업목표)를 확인함으로써 인력수요예측의 기준을 찾아야 한다. 이러한 정부조직의 목표에 따라 일정기간 후에 정부조직이 필요로 하게 될 인력총수요를 예측하는데, 이러한 활동을 인력총수요예측이라 부른다. 그 다음에는 기존의 인력정책에 따라 필요로 하는 정부조직의 인력을 예측해야 하는데, 이것을 기존인력 수요예측이라 한다. 마지막으로 인력총수요와 기존 인력수요에 관한 예측을 비교하여 새로운 인력의 수요를 예측하게 된다. 정부부문에서의 인력수요예측에는 특별한 어려움이 따른다. 사기업체에서는 시장정보와 판매량에 대한 예측정보가 중요한 기준이 되기 때문에 산출지향적이고 내외적 예측방법을 쓰면 인력수요예측이 보다 쉽다. 그러나 정부조직은 방대하고 복잡하여 영향요인이 많기 때문에 인력수요의 예측이 어렵다. 또한 정부활동의 상당부분이 비계량적이므로 인력수요예측의 계량적 예측이 어렵기 때문에 타당성 있고 정확한 인력수요예측이 거의 불가능하다.

2) 인력공급 대안단계

이 단계는 인력의 총수요에 대응할 인력공급방안을 결정한다. 인력공급이라 하면 흔히 신규채용을 연상하지만, 그것은 인력공급의 한 가지 방법에 불과하다. 신규채용은 물론이고, 기존 인력 중에서 승진·전보·파견 등의 배치전환, 대외적 업무위탁 등이 인력수요를 충족시키는 방법들이다. 이러한 여러 방안의 선택 또는 배합을 결정할 때는 가능성 분석·효율성 분석·영향 분석 등 일련의 분석절차를 거쳐 적정한 인력공급대안을 마련한다.

3) 시행단계

시행단계는 인력수요에 따라서 계획된 인력공급방안들을 실제로 집행하는 단계이며, 여기서는 어떻게 하면 인력공급이 효율적으로 집행될 수 있는가에 대한 연구가 중요하다. 인력공급방안의 원활한 집행은 채용·승진·배치전환·퇴직관리뿐만 아니라, 심지어 노사관계·근무성적평정 등의 제반 인사정책과 긴밀하게 연관된다.

4) 평가단계

이 단계는 인력수요예측의 단계와 인력공급 대안단계에서 작용하는 수많은 요인들뿐만 아니라 계획집행의 성과를 분석·평가하여 그 결과를 인력계획과정의 적절한 단계에 환류(피드백)시키는 것이다. 평가단계의 환류는 새로운 인력계획을 유발하거나 계획내용의 변경을 가져올 수 있으므로 평가단계는 인력계획과정을 순환적으로 만드는 역할을 한다.

제2절 호텔 인력수요 및 공급 예측방법

1. 호텔 인력수요 예측방법

1) 외적한도 기준에의 의존

이 방법은 외부에서 설정한 인력의 한도기준을 수동적으로 받아들이는 것이다. 법정 정원의 한도를 인력 총수요로 받아들이는 방법으로, 이 경우 법정 정원의 한도를 조직단위별, 직급별로 정원까지 세밀하게 규정하면 능동적인 인력계획의 여지가 없어진다. 이러한 방법은 사실상 능동적인 인력계획기능을 인정하지 않는 것이기 때문에 엄격히 말하면 인력 총수요 예측방법이라고 할 수 없다.

2) 점증적 방법

이 방법은 총 예산 가운데 인건비의 비율이 일정하다는 전제하에 예산 총액의 증감에 따라 인력 총수요를 예측하는 것이다. 즉 예산 총액의 증감 비율에 정비례하여 직위 수와 인건비가 변화한다고 이 방법은 가정하고 있다. 예산 총액의 증감비율에만 의존하여 인력 수요를 예측하려는 이 방법에도 인력계획의 직접적인 기준을 제공하지 못한다는 한계가 따른다.

3) 계량적 예측방법

이 방법은 하나 또는 그 이상의 기준요소를 설정하고, 이것을 근거로 하여 소요인력을 예측하는 방법으로 과거의 추세가 미래에도 지속될 것이라는 가정하에 미래의 인력수요를 예측한다. 각종 추세분석, 회귀분석 및 시계열

분석 등 통계학적 기술을 이용해서 인력 총수요를 예측하는 방법이다. 계량적 기법들은 최근 컴퓨터기술의 활용으로 급속한 발전을 거듭해 왔다. 그러나 인력계획의 변수 중에는 계량화할 수 없는 요인들이 많기 때문에 질적 접근방법을 보완적으로 사용하는 것이 바람직할 것이다.

(1) 회귀분석(regression analysis)

회귀분석은 계량적 예측방법으로서 통계학적 기술을 이용하여 인력의 총수요를 예측하는 방법이다. 과거의 자료로부터 독립변수(X)와 종속변수(Y) 간의 변화관계를 추정한다.

독립변수의 예측치에 대하여 종속변수의 예측치를 산출하는 방법으로, 가장 보편적으로 사용하는 분석이기는 하나 몇 가지 한계점이 있다.

첫째, 과거의 자료에 의존하기 때문에 혁신적 변화에 대응한 예측에는 어려움이 있다.

둘째, 독립변수의 선정이 주관적이 될 수 있다.

셋째, 독립변수와 종속변수의 인과관계에 대한 가정에서 오류가 발생할 수 있다.

(2) 시계열 분석(time series analysis)

이 분석은 회귀분석과 같은 원리로 활용될 수 있는 기법이지만, 과거의 인력 수준의 시간대별 변화에 비추어 미래의 인력수준을 예측한다는 점에서 차이가 있다.

(3) 추세분석(trend analysis)

이 분석은 과거의 인력 수준으로부터 미래의 인력 수준을 투사하는 분석방법이다.

인적자원의 수요와 밀접한 관련을 가진 변수 중 하나를 선정하여 이 변수와 인적자원 수요 간의 관계가 과거에 어떠한 추세로 전개되었는가를 살펴봄으로써 미래의 인적자원 수요를 예측하는 통계적 방법이다.

앞의 세 가지 예측방법은 '경험치'에 불과할 뿐, '적정' 또는 '최적' 개념에는 이르지 못한다는 단점이 있다. 이에 따라 적정 인력규모를 계획하기 위한 추가적인 계량적 예측방법이 다음과 같이 활용되기도 한다.

① 가치함수 이용법

이 방법은 총정원, 현원, 특정 부서의 중요도, 특정 부서의 기존 인원수를 함께 고려한 예측 모델이다. 모든 부서장에게 자기 부서를 제외한 타 부서의 중요도를 점검하게 하는 방법을 활용하는 것이다.

> 가치함수 = 총정원 / A부서의 중요도/ A부서의 기존 인원수 * 현재인원

② 유사단체 비교법

이 방법은 지방자치단체 특정 부서의 적정인력을 산출하는 데 활용된 기법이다.

유사 지방자치단체의 인구수 대비 부서의 인원수를 수식화하여 적정인력을 산출한다.

4) 질적 예측방법

이 방법은 전문가들의 전문지식이나 판단에 의해 인력 총수요를 예측하는 기법이다. 대표적인 질적 예측방법으로는 델파이기법과 브레인스토밍이 있다. 델파이기법은 여러 전문가의 의견을 되풀이하여 수집 · 교환하고, 발전시켜 미래를 예측하는 방법이다. 1948년 랜드연구소에서 개발되어 군사 · 교육 · 연구개발 · 정보처리 등 여러 분야에서 사용된 이 기법은 인력 총수요 예측에도 상당히 유용하다.

(1) 델파이기법(delphi technique)

이 기법은 전문가집단의 의견을 집약함으로써 미래의 변화를 예측하려는 방법이다. 전문가에 대한 설문으로 신뢰도가 높고, 여러 단계의 수정 기회가 있어 미래 예측 오차를 줄일 수 있다. 몇 번에 걸쳐 전문가 의견을 묻는다는 점에서 일반 설문조사와 구별되며 전문가 간의 의견개진을 사전에 차단한다

는 점에서 브레인스토밍과 구별된다.

델파이기법에는 몇 가지 한계점이 있는데 이는 다음과 같다.

첫째, 전문가들의 주관적 판단에 의존하므로 객관성과 과학성이 결여되었다.

둘째, 누가 최고 전문가인지를 결정하기가 쉽지 않다.

셋째, 익명을 유지함으로써 무책임한 답변을 유도할 수 있다.

(2) 브레인스토밍(brainstorming)

이 기법은 예측집단의 구성원 상호 간에 직접적인 의견교환을 통해 인력 총수요를 예측하는 방법이다. 관련 전문가 간의 활발한 토론이나 상호 비판을 통해 합리적 예측을 시도하는 기법이다.

5) 기존 인력분석

이 방법은 인사카드에 기재된 인사정보를 바탕으로 기존 인력의 종류와 수 등을 분석하는 것이다. 즉 구성원의 학력, 경력, 근무성적, 보수 등에 관한 자료를 조직단위별로 조사하여 기존 인력의 상태를 파악하는 작업이다.

6) 인력 변동 예측

단순한 인력 공급과 수요의 상태를 인지하는 상황에 그치지 않고, 인력 공급과 수요의 관계를 변화시키는 요인, 즉 퇴직예측·조정예측·채용예측까지 행하는 것을 말한다. 퇴직예측은 퇴직으로 인한 인력 감소의 영향을 예측하는 것으로서 인력 변동 예측 중에서 가장 중요한 것이다. 조정예측은 직원의 배치전환, 기술변화, 계급변화 등으로 인하여 야기되는 인력변화의 영향을 예측하는 것이다. 채용예측은 기존의 일상적인 채용활동과 특별한 임용정책의 영향을 예측하는 것이다.

2. 호텔 인력공급 예측기법

1) 마르코프 분석(Markov chain analysis)

이 기법은 정해진 단위기간에 인력이 한 집단에서 다른 집단으로 이동하거나 퇴직하는 확률을 계산함으로써 일정기간 후 각 집단별로 인력의 상황을 예측하려는 방법이다. 일정기간 동안에 인력의 이동 경향이 일정하다면 분석대상인 각 집단에 얼마의 인력이 공급될 수 있을 것인가를 예측하는 것으로, 인력이 이동하는 확률이 일정하며 예측 주기는 무한대라는 수학적 가정에 입각한 것이다.

이 기법의 한계는 다음과 같다.

첫째, 인력 이동의 확률을 늘 일정하게 가정한 것은 현실성이 떨어진다.

둘째, 예측 결과의 원인에 대한 설명을 하는 데 한계가 있다.

셋째, 모델 형성을 위한 충분한 샘플이 확보되지 못할 경우 사용하기 어렵다.

2) 직위승계 계획(replacement and succession planning)

이 기법은 장차 공석이 예상되는 직위에 대하여 가능한 대체인력을 미리 점검해 보는 방법이다. 대체표를 통하여 공석이 예상되는 자리에 현 재직자의 인력정보를 기입하고 그 밑에 대체 가능한 후보자들의 인력정보를 기입해 놓는 것이다. 공석이 예상되는 모든 직위에 대하여 만족할 만한 대체인력을 확보할 때까지 반복 진행한다.

3. 호텔 인력공급 방안

1) 임용 및 교육훈련 전략

인력 수요의 변동에 대응하여 인력을 공급하는 방법에는 조직의 성장이나 기술의 변화 등으로 내부의 인력만으로 충분하지 못한 경우, 외부로부터 신규채용을 하는 외부임용방법과 기업 내부에서 승진이나 전보 등의 과정을 거쳐 필요한 인력을 충원하는 내부임용방법을 들 수 있다. 교육훈련은 업무수행능력을 향상시키기 위하여 그들의 지식, 기능, 태도 등을 교육을 통하여 변화시키는 과정을 말한다.

2) 구조적 전략

직무설계의 변경, 기술의 변경, 업무의 외부위탁 등 구조적 요인들의 변화를 야기하는 구조설계 변경작업에 의하여 인력수요에 대응하는 전략이다.

3) 정책관리 전략

조직활동에 관한 중요 정책의 변경을 통해서 인력 수요를 해소시키는 전략이다. 이것은 생산활동과 같은 조직목표의 수정을 통하여 인력 수요의 문제를 해결하는 방법이라고 할 수 있다.

인력계획에서는 인력 공급방안의 전략으로서 임용 및 교육훈련 전략과 구조적 전략, 정책관리전력을 그 조직상황에 맞게 적절히 조합해서 쓰는 혼합전략을 채택하는 것이 일반적이다.

Chapter 05

호텔 채용관리

제1절 호텔 채용관리의 의의

1. 호텔 채용관리의 정의

채용이란 호텔조직이 필요로 하는 인력을 호텔조직으로 끌어들이는 과정을 의미한다. 따라서 채용은 호텔조직의 목적달성에 기여할 수 있는 인력의 원천을 개발하고, 이들 인력으로 하여금 호텔에 관심을 갖고 호텔조직에서 일할 기회를 찾도록 하는 과정이다. 즉, 채용관리란 호텔기업이 필요로 하는 사람을 선발하기 위하여 잠재적 응모자들이 적극적으로 지원하게끔 정보를 제공하고 동기화하는 활동이라고 할 수 있다.

2. 호텔 채용관리의 중요성

채용관리는 현대 호텔인적자원관리에서 호텔기업이 존속, 성장하기 위하여 마케팅활동 등을 통하여 우수한 인력을 확보하기 위한 기업이미지의 부각과 훌륭한 직장이라는 매력을 심어주는 데 주안점을 두어야 할 것이다. 따라서 호텔조직은 필요한 인력을 확보하는 데 있어 다음의 3가지가 중요시되고 있다.

1) 내부인력의 변동

호텔조직의 인력은 항상 변한다. 퇴직, 사고, 이직 등의 자연적인 인력변동은 물론, 호텔조직의 확장과 새로운 기술의 도입 등 조직의 변화와 더불어 인력규모와 구성은 변한다. 일반적으로 조직의 인력수요는 가능한 한 내부인력으로 충원하는 것이 바람직한 것으로 인식되고 있다. 그러나 결국에는 새로운 인력이 필요한 것이 사실이고, 특히 조직이 급속히 성장하는 경우에는 소요인력을 내부인력으로만 충당시키기가 매우 어렵게 된다. 따라서 외부로부터의 인력조달에 의존하지 않으면 안 된다. 일반적으로 아직 잘 알려지지 않은 성장기업의 경우에는 급격한 수요증가를 충당하기 위한 채용활동이 특히 중요하다.

2) 외부 인력시장의 변동

외부의 인력시장구조도 항상 변한다. 대체적으로 경제발전에 따라서 인력구조가 점차 고도화되어 특히 기술인력과 관리인력의 비중이 커지게 된다. 그러나 조직의 미시적인 관점에서 볼 때, 기술인력과 관리인력에 있어서 외부로부터의 인력공급은 항상 내부의 인력수요를 따라가지 못하는 것으로 느껴지게 되고, 특히 새로운 기술인력과 고급 경영인력의 경우에는 인력수급의 문제가 더욱 심각하게 느껴지게 된다. 따라서 외부 인력시장의 동향을 분석하고 기술인력과 관리인력의 원천과 긴밀한 접촉을 유지하기 위한 채용활동이 매우 중요해진다.

3) 종합적인 장기계획

조직에서 요구되는 인력은 즉시에 공급되지 않는다. 특히 기술인력과 관리인력의 경우에는 이들 인력의 적시공급이 더욱 어렵다. 따라서 결국에는 소요인력을 확보하기 위하여 높은 임금과 프리미엄 등 특별한 조건을 제공하게 되고, 이것은 기존 조직구성원 간에 대우상의 불균형을 가져오게 된다.

그러므로 채용활동은 조직의 수요인력 예측과 긴밀한 관계하에 충분한 시간적 여유를 두고 꾸준히 전개되어야 한다. 특히 고급인력의 경우에는 조직체에서 구성원들의 경력발전과 자아실현 욕구가 충분히 충족되고 있다는 조직체에 대한 일반적인 인식과 명성이 그들에게 매우 중요한 요소로 작용하게 된다. 따라서 채용은 장기적인 관점에서 조직체의 전반적인 이미지 형성과 홍보활동과도 연결되어 종합적으로 계획, 추진되어야 할 것이다.

제2절 호텔 채용활동

1. 호텔 채용활동의 절차

1) 채용활동의 전제조건

일반적으로 호텔의 고용활동은 크게 보아서 채용, 선발 및 배치의 세 가지 절차로 구분할 수 있는데, 이 중에서 제일 먼저 전개되어야 할 활동은 채용활동이다. 그러므로 호텔인적자원관리의 구체적인 활동은 채용활동에서 시작된다고 할 수 있다. 채용활동이 보다 건전하고 합리적으로 수행되기 위해서는 채용활동에 앞서 채용방침에 대한 몇 가지 전제조건이 고려되어야 한다.

① 호텔기업이 어떠한 직종의 노동력을 얼마만큼 필요로 하는가를 분명히 알아야만 거기에 적합한 질과 양의 노동력을 구하기 위한 채용활동이 가능하다. 이 문제에 관해서는 전술한 요원청구서에 의해서 알 수 있지만, 그 외에도 호텔기업의 확장률, 조직구조, 현재의 노동이동률 등에 의해서도 짐작할 수 있다.

② 채용활동에 임하는 태도의 문제이다. 보다 우수한 종업원을 고용하기 위해 사실과는 거리가 먼 기업이나 직무에 대하여 지나치게 선전하는

예를 흔히 볼 수 있는데, 이러한 과대선전을 액면 그대로 받아들여서 취업을 하게 된 종업원이 얼마 안 가서 채용 당시의 약속이 전혀 실현될 가능성이 없다는 것을 깨닫게 되면 종업원 간에는 적지 않은 불만이 야기될 것이며, 이것이 더욱 확대된다면 조직의 안정을 해치게 될 뿐만 아니라 더 나아가서는 건전한 고용관리의 목적을 파괴하는 결과를 초래하게 될 것이다.

③ 채용방법은 종업원의 종별에 합당하도록 유의해야 한다. 채용의 대상이 되는 종업원 가운데는 반숙련, 숙련 등의 제 직종이 있을 것이며, 이는 일반노동에 종사할 사람을 채용하는 방법과 동일할 수 없다. 그러므로 각각의 직종에 가장 합당한 채용방법은 어떠한 것인가에 대한 충분한 연구가 요청되는 것이다.

2) 채용방침

호텔조직에서 필요로 하는 상시인원은 정원표에 의하여 결정된다. 정원표는 현재뿐만 아니라 장래의 어떤 시점에서 필요한 인원을 표시하는 경우도 있다. 정원과 비교하여 현재인력이 부족한 수만큼 채용과 선발과정을 통해서 보충한다. 채용과 선발은 퇴직자 충원, 조직의 성장, 시설의 확장 그리고 시장의 확대에 따른 신규인력의 채용을 위한 활동이다. 채용활동에는 몇 가지 방침을 설정할 필요가 있다.

① 계획적으로 정기채용을 할 것인가, 수시채용을 할 것인가.

② 사내채용을 할 것인가, 사외채용을 할 것인가 등 여러 문제에 관한 방침을 설정할 필요가 있다. 계획적 정기채용의 경우 장기적인 인력계획을 고려한다는 점에서 바람직하지만 신축성을 필요로 할 경우 수시채용을 고려할 필요가 있다. 사내채용은 사내승진, 업무적응, 사내 우선정책으로 사기를 올리고 안정을 활보하는 데 유리하며, 사외채용은 자극을 주고 성과를 촉진시킬 수 있는 기회를 마련하는 데 유익하다. 그러나 어느 것을 택해도 장점과 단점이 있으므로 조직상황을 고려하여

채용방침을 세우는 것이 중요하다.

③ 경쟁조직 또는 다른 조직에서 스카우트해 오는 경우가 있다. 그러나 간혹 비윤리적인 스카우트행위 때문에 사회적으로 물의를 일으키는 경우가 있다.

3) 채용활동

채용방침에 대한 대체적인 방안이 결정되면 다음으로는 채용을 위한 본격적인 활동이 전개되어야 한다. 채용활동을 전개하기 위해서는 우선 기업이 요구하는 노동력을 제공해 주는 공급원을 파악해야 하는데, 이 공급원은 ① 직업 무경험자, ② 직업 경험자, ③ 직업교육 수료자, ④ 취업자격증 보유자 등에 따라서 밝혀진다.

(1) 직업 무경험자

이 범주에 속하는 종업원의 가장 큰 공급원은 일반의 교육기관이다. 학교에서 새로 배출되는 졸업생을 당장 취업시키는 데 있이시 어려 가지로 곤란한 점이 있기는 하나, 이들은 아직도 순진하므로 부과된 직무나 사회의 방침에 잘 순응할 것이며, 젊음과 의욕이 넘치므로 직장에서 교육훈련만 잘 시키면 유능한 사원이 될 소양이 충분히 있으며, 연령 또한 적으므로 장기간 사회에 공헌할 수 있다는 장점이 있다.

(2) 직업 경험자

무경험자로서는 훌륭하게 수행될 수 없는 기능직에 대한 충원을 위해서는 아무래도 경험자를 찾지 않을 수 없다. 직업 경험자는 보통 직장생활에 익숙하므로 일처리에 대한 요령이 있고 대인접촉도 잘하는 편인 반면 의욕이나 성의가 결여됐다는 단점이 있다.

(3) 직업교육 수료자

이 범주에 해당하는 자의 주요한 공급원은 공공의 직업훈련원, 각종 기술학원을 수료한 사람들로서 훈련기간이 짧으므로 고도의 기술자라고 할 수는 없으나, 기초지식과 실기를 어느 정도 습득하고 있으므로 취업을 한다면 단시일 내로 상당한 기술자가 될 수 있을 것이다.

(4) 취업자격증 보유자

직무 중에는 일정한 자격능력을 갖추지 못하면 취업할 수 없는 것이 많다. 이러한 자격은 국가시험 또는 일정한 학교나 양성소가 아니면 줄 수 없는 것 등 여러 종류의 것이 있다. 이러한 종류의 자격은 보통 공공의 안전과 복지에 관계가 있는 의료나 위생관계의 직무, 전기, 통신, 연륜 등에 관계하는 직무에 많이 요청된다.

이상과 같이 기업이 필요로 하는 질과 양의 노동력의 공급원이 파악된다면 다음에는 이들을 채용하기 위한 구체적인 활동이 전개되어야 한다.

2. 채용방법

호텔기업의 채용은 크게 내부채용(internal recruitment)과 외부채용(external recruitment)으로 나누어진다. 내부채용은 채용의 자원이 조직 내부에 있는 내부자원을 대상으로 하고, 외부채용은 채용의 자원이 조직 외부에 있는 외부자원을 대상으로 하고 있다.

1) 내부채용

내부채용은 조직 내부에서 적격자를 찾는 방법으로 외부채용보다 간편하고, 기존 종업원의 고과기록 등을 보유하고 있어 이를 유용하게 활용하여 적합한 인물을 선발할 수 있으며, 기존 종업원이 기업을 이미 잘 알고 있어 추가적인 홍보활동이 필요 없고, 종업원들의 사기에도 좋은 영향을 미칠 수 있다는 장점이 있다. 그러나 채용범위가 제한되어 있고 사내승진과 같은 성격을 띠고 있어 승진을 위한 과다경쟁을 유발시킬 우려가 있다. 사내채용 우선의 경우 사내승진 형식으로 먼저 인원이 충당되고 그 다음의 빈자리는 사외채용을 통해 채워진다. 내부채용은 주로 다음과 같은 방법을 사용한다.

(1) 기술목록 또는 관리자 목록의 사용

각종 기술목록(skill inventory) 또는 관리자 목록(management inventory)을

참고하여 적격자를 찾는 방법이다. 기술목록은 기능직에 적합하고, 관리자 목록은 관리직에 적합하다. 컴퓨터에 입력된 목록을 활용하여 조직이 요구하는 기술과 능력을 중심으로 자격요건을 갖춘 내부인력을 빠짐없이 선정하고 채용에 응하도록 한다.

(2) 내부추천

내부구성원, 특히 부서장의 추천에 의해 좋은 사람을 확보한다. 이 경우 개인의 개입 또는 부서장의 압력으로 특정인물이 선정될 가능성이 있다.

(3) 사내공개 채용제도

사내 게시판에 공개적으로 채용공고를 내고 자격 있고, 관심있는 종업원으로 하여금 응모케 하는 방법이다. 직무게시(job posting)는 공석이 있음을 공개적으로 알리는 것이고, 직무응찰(job bidding)은 공석에 응모할 자격자에게 응모를 허용하는 것이다. 직무게시의 경우 공석에 대한 공고를 하고, 직무타이틀, 직무번호, 봉급수준, 기본직무개요, 직무수행, 자격요건 등을 명시한다. 공석에 대한 공개임용을 조직의 모는 구성원이 알도록 제시하거나 회람을 돌려 관심있는 종업원이 인사담당부서에 직접 응모하도록 한다.

일반적인 내부채용의 장단점은 다음과 같다.

① 장점

- 외부채용보다 간편하여 채용에 대한 시간과 비용을 절감할 수 있다.
- 종업원의 고과기록을 통하여 정확한 능력을 평가할 수 있다.
- 종업원의 사기와 동기부여에 효과적이다.
- 능력개발을 촉진시킬 수 있다.

② 단점

- 채용범위가 제한되어 유능한 인재확보가 곤란하다.
- 변화가 없어 조직의 경직과 침체를 가져올 위험이 있다.
- 승진경쟁으로 불편한 인간관계를 조성할 우려가 있다.
- 연고주의로 파벌주의를 형성할 우려가 있다.

2) 외부채용

외부채용은 외부의 인력시장을 대상으로 하여 공개채용, 현장채용, 광고, 직업소개소, 학교, 단체, 친지 등 다양한 방법을 사용한다. 외부원천으로는 고등학교, 직업훈련소, 전문대학, 대학, 다른 호텔, 자발적 응모자 등으로 다양하다. 일반적으로 고급기술이나 관리인력일수록 학교, 단체기능, 친지가 중요한 채용방법으로 사용되고 하위계층의 인력일수록 광고와 직업소개소가 비교적 많이 사용된다. 외부채용은 채용범위가 넓고 외부의 유능인물을 확보할 수 있는 장점이 있지만 채용 및 인력개발 비용이 들고 부적격자를 채용할 위험이 있으며 기존 구성원의 사기를 떨어뜨리는 단점이 있다. 외부채용의 방법은 다음과 같다.

(1) 광고(advertising)

호텔이 일간신문, 잡지 등에 광고를 하여 채용한다. 전문잡지에 게재하여 특정 전문집단으로부터 적격자를 채용하기도 한다. 중앙일간지에 광고할 경우 미래의 잠재적 지원자들에게 기업이미지를 부각시키는 효과가 있다.

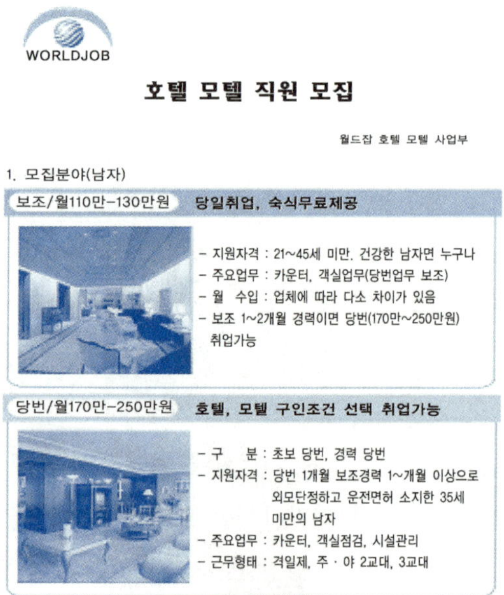

〈그림 5-1〉 호텔채용 광고 예

(2) 직업소개소(employment agencies)

직업소개소는 채용에 있어서 기업을 돕는 기관으로 공공직업소개소와 영리를 목적으로 하는 사설직업소개소가 있다. 사설직업소개소는 취업이 되었을 경우 봉급에 따라 일정한 소개료를 받는다.

(3) 현 종업원의 추천에 의한 채용(employee referral)

이를 연고채용이라고 한다. 현 종업원이 기업과 추천 대상인에 대해 잘 알고 있으므로 만족할 만한 인물을 추천받게 되면 종업원들의 사기와 공헌 의욕도 높일 수 있다. 뿐만 아니라 이 방법을 채택하면 적은 비용으로 유능한 인재를 확보할 수 있다는 장점도 있다. 하지만 기업 내 분위기에 따라 파벌을 형성하게 하는 등 문제점도 많다.

(4) 전문채용요원(recruiters)

기업에서 전문채용요원을 두어 대학교와 고등학교 등을 대상으로 채용활동을 한다. 학교 직업소개소의 도움을 받아 회사자료의 배분, 채용면접을 하여 적임자를 채용한다. 교육기관은 다양한 교육수준, 기술능력을 갖춘 인력을 기업이 원하는 대로 채용할 수 있는 장점이 있다.

(5) 특별행사 채용

단일기업 또는 여러 기업의 대표가 특정장소에 모여 일정기간 수많은 인터뷰 응모자들을 상대로 관심을 갖도록 한다. 채용직종에 대한 설명 · 인터뷰 · 접수 등을 하는 '채용박람회', 기업 공개, 공장방문 등의 방법을 주로 사용한다. 이 방법은 응모자들을 한곳에 모을 수 있고, 그들 또한 여러 기업의 채용사정을 한곳에서 알아볼 수 있는 장점이 있다. 전문직협회(예컨대 간호사협회, 세무사협회 등)와 임시인력소개소 등도 있는데, 기업들이 현재 많이 사용하는 방법이다.

(6) 실습제도(internships)

현장경험이 없으나 잠재능력을 가진 학생들에게 여름 또는 정규수업 기간에 파트타임 직무수행 기회를 주어 학생실습자로서 경험을 쌓은 다음 자격이 되면 정식으로 채용하는 것을 말한다. 미국의 '코업제도(Co-op system)'

가 여기에 해당된다. 이 제도는 산학협동제도에 기반을 둔 것으로 산업체, 정부기관 등에서 많이 활용되고 있다. 코업제도는 직무를 수행하는 학생의 현장업무성적이 학점에 반영되는 것이 특징이다.

(7) 자발적 지원

종종 전화, 편지 혹은 방문 등을 통해 입직을 희망하는 사람들이 있다. 그들은 나름대로 지원하는 기업에 대해 비교적 많은 정보를 가지고 있으며, 자발적 지원 그 자체가 보여주듯 적극성을 가지고 있기 때문에 공석의 직무에 적합한 인물일 경우 채용비용을 절감할 수 있는 장점이 있으나, 기업이 이 방법에 의존하면 필요로 하는 지원자를 적시에 획득하는 데에는 위험부담이 크다. 따라서 이러한 채용방법은 다른 방법과 병행해서 활용해야 한다.

외부채용의 장단점은 다음과 같다.

① 장점

- 채용범위가 넓기 때문에 유능한 인재를 선택, 확보할 수 있다.
- 새로운 인재는 새로운 지식과 정보를 제공할 수 있다.
- 새로운 조직분위기 형성으로 조직 활성화에 효과적이다.
- 인력개발을 위한 비용을 절감할 수 있다.

② 단점

- 채용과 인력확보를 위한 비용이 소요된다.
- 업무에 적응할 때까지 시간과 노력이 필요하다.
- 부적격자를 채용할 가능성이 있다.
- 승진기회 상실로 내부의 사기저하 가능성이 있다.
- 기존 종업원과의 갈등이 발생할 우려가 있다.

이상에서 살펴보았듯이 외부채용의 경우 크게 추천을 통한 경우와 추천을 통하지 않은 경우로 구분할 수 있다. 전자의 경우 추천인은 주로 현직 종업원, 대학 교수, 고교 교사, 기타가 되며, 후자의 경우 채용활동을 광고, 직업소개소를 대상으로 한다. 브리우는 채용방법에 따른 직무성과 간에 차이

유무를 살펴본 바 있다. 그에 따르면 전문잡지 광고를 통해 입사한 연구원이 자발적으로 입사한 연구원과 함께 작업의 질, 협동성 및 직무태도에 높은 점수를 얻은 것으로 밝혀졌고, 대학의 취업상담소가 가장 효율성이 떨어지는 채용방법으로 나타났다. 또한 특기할 점은 신문광고를 통해 입사한 종업원의 결근율이 가장 높았다는 것이다. 이러한 결과로부터 직무에 대해 보다 정확하고 안전한 정보를 소유한 사람이 그렇지 못한 사람보다 더욱 생산적이고 만족이 높다는 가정을 세울 수 있다.

3. 채용 유형

1) 기업중심주의

채용 시 기업을 행동단위로 삼고 모집·선발하는 방침으로, 이러한 관점의 기업은 자기 기업의 문화에 적합하고 장기간 근무할 수 있는 사람을 구하며, 일정한 연령에 이르기까지 그의 생활을 보장하는 관리에 중점을 두게 된다. 즉 종신고용제를 기본으로 하고 있으므로 직원들은 안심하고 업무에 몰두할 수 있다는 장점이 있으나, 반면 무사안일하기 쉽고, 작업에 대한 의욕이 감퇴되며, 능률 향상이 어렵다는 단점이 있다.

2) 직무중심주의

직무를 행동단위로 삼고 모집·선발하는 방침이다. 학력·전공에 따르지 않고 종업원 자신의 흥미나 능력의 정도에 따라 직무를 선택하게 되므로 능률의 향상을 기대할 수 있다. 그러나 특정직무에 취직한 것이므로 아무리 좋은 성과를 얻었다 할지라도 그것이 승진과 결부되는 것은 아니다. 직무중심이므로 선택의 범위가 한정되어 있기 때문이다.

3) 채용시기별 분류

채용시기별로는 정기공채와 수시채용으로 구분할 수 있다. 새로 오픈하는 호텔의 경우 또는 대기업의 계열사로서 기업채용의 일환으로 공개채용을 실시하는 경우를 제외하면 호텔업계의 채용은 대부분 수시채용의 형태를 취한다.

(1) 정기공채

2월에 졸업한 사람을 대상으로 사전에 일괄채용하는 가을 하반기 공채가 가장 일반적인 정기공채의 예이며, 8월 졸업예정자를 대상으로 하는 상반기 공채가 있다.

(2) 수시채용

필요한 인력을 적기에 보강하는 것이 경제적이며 효율적이라고 판단하는 기업이 늘어나면서 수시채용의 비중이 증가하고 있다.

4) 고용형태별 분류

크게 정규직과 비정규직으로 나눌 수 있다. 최근에는 노동시장의 환경변화로 일반기업뿐 아니라 호텔업계에서도 계약직 · 파견직 · 도급직 등 비정규직 형태의 고용이 늘고 있다.

(1) 정규직

정규직은 기간을 정하지 아니하고 정년까지의 고용이 보장되며 전일제로 일하는 직위나 직무를 말한다. 따라서 정규직은 근로계약을 맺은 후 법규 또는 취업규칙상 해고나 면직사유에 해당하는 경우를 제외하고는 함부로 고용해지할 수 없음을 의미한다.

(2) 계약직

계약직은 일정한 근로 기간 및 방식, 임금 따위를 계약을 통하여 약정하고 그 기간 내에만 고용이 지속되는 직위나 직무를 말한다.

계약직에는 계절적 임시직과 파트타이머 및 촉탁계약(정년퇴직 후 한시적 계약직) 등이 있다. 또한 현재 국내 호텔업계에서는 신입사원을 채용할 경우 계약직으로 채용하여 업무평가를 통해 정규직으로 전환하는 형태의 고용제도를 채택하고 있는 추세이다.

(3) 파견직

파견직이란 파견회사와 용역계약을 맺고 직원을 임대형식으로 고용하는 것이다. 직원에게 근무에 대한 지시·명령을 할 수는 있지만, 직원의 소속은 파견회사이므로 직접 고용계약을 맺지 않을뿐더러 호텔은 파견비용만 파견회사에 지불하고, 파견직원에게 급여를 지급하는 것은 파견회사이다. 사회적으로 고용불안을 야기할 수 있고, 업무성과가 정규직보다 못하다는 평가를 받을 수 있지만, 인건비 절감, 파견회사의 전문기술활용의 용이, 신속한 인재조달이 가능하다는 장점이 있다.

(4) 도급직

급여지급이나 신분보장에 대한 부담이 없다는 점은 파견직과 같다. 그러나 도급회사와 직무에 대한 도급계약을 하므로 근무의 지시·명령 또한 도급회사의 몫이다. 아웃소싱이 여기에 해당되는데, 부가가치가 낮은 사업이나 직무를 외부로 전환하여 비용이나 책임부담을 줄이는 것으로, 회사에서는 특정직무에 대하여 직무의 진행과 완성만 점검하면 된다는 장점이 있다. 현재 호텔업계에서는 경비분야·직원식당 등에 도급직을 활용하고 있다.

제3절 호텔 선발관리

1. 선발의 개념

선발관리란 모집활동을 통해 발굴한 지원자 중에서 직무수행에 가장 적합한 지원자를 식별하는 과정이다. 기업은 이 과정을 통해 채용 여부를 결정하게 되므로, 인력확보 활동의 핵심을 이룬다고 할 수 있다.

선발관리에서는 직무와 지원자 간 적합성이 무엇보다도 중요하다. 즉 선발자의 능력초과현상 등으로 직무불만족, 보상불만족이 생길 경우 사기저하, 이직 발생가능성이 생기며, 반대로 능력부족현상이 생길 경우 경쟁력 저하, 비용증대를 감수해야 하는 측면이 있다.

2. 선발절차

1) 지원서 접수 및 검토

① **임상적 평가** : 잘 훈련된 면접원에 의해 지원서가 임상적으로 연구되어 잠정적인 결론을 내린 후 최종 결정은 인터뷰, 시험 등에 의하는 평가 방법이다.

② **통계적 평가** : 각 지원서 항목마다 수년 동안의 통계적 결과에 따라 가중치가 부여되어 있다. 선발할 때 이러한 가중지원항목법을 사용하려면 각 직업별로 다른 가중치를 부여한 지원서를 마련해야 한다. 즉, 각 질문마다 점수가 부여되며, 지원자들은 이를 통과하기 위해 한계치 또는 합격점을 받아야 하는 것이다.

2) 선발시험

최근 들어 주로 산업심리학자에 의해 주도된 선발시험인데 거의 모든 기업에서 실시하고 있다.

3) 면접

면접은 하나의 기술이지 학문은 아니다. 그러므로 면접관의 주관적이고 변동적인 판단에 의해 인물이 결정되는 면접에는 많은 오류가 발생하게 된다.

4) 신체검사

신체검사는 직무가 요구하는 신체적 조건이 구비되지 못한 지원자를 탈락시키거나, 전염병자를 골라내어 전염을 방지하는 기능이 있다.

5) 경력조회

장래성 있는 지원자에 대해서 그 배경을 조사하는 경우를 흔히 볼 수 있다. 비록 조사비용과 시간이 필요하지만 그만한 가치를 지닌 작업이다.

6) 채용의 결정과 선발

채용후보자 등의 경력조회가 끝나면 고용결정을 하게 된다. 하지만 중요한 것은 실격자에 대해서 기업 이미지를 손상시키지 않고 어떻게 실격되었는지를 인지시키는 것이다.

3. 선발절차의 신뢰성과 타당성

1) 신뢰성

(1) 의의

신뢰성이란 시험결과의 일관성으로 어떤 시험을 동일한 환경에서 동일인이 몇 번 다시 보았을 때 그 결과가 일치하는 정도를 말한다.

(2) 측정방법

① **시험 · 재시험방법**: 동일인에게 시험을 반복 시행하여 그 결과의 오차를 평가하는 방법이다.

② **대체형식방법**: 동일인에게 유사한 내용을 동일한 난이도로 평가하는 방법이다.

③ **양분법**: 시험내용이나 문제를 반으로 나누어 각각 검사한 후 그 상호 간의 오차를 평가하는 방법이다.

2) 타당성

(1) 의의

타당성이란 시험이 측정하고자 하는 내용 또는 대상을 정확히 검증하는 정도를 말한다. 즉, 시험에서 우수한 성적을 얻은 사람의 근무성적이 예상한

대로 우수할 때 그 시험은 타당성이 인정된다.

(2) 측정방법

① **기준관련 타당성**: 현직종업원에게 시험을 실시해서 그 시험성적과 현재 그 종업원의 직무성과를 비교하는 동시타당성과 선발시험의 성적과 입사 후의 직무성과를 비교하는 예측타당성이 있다.

② **내용타당성**: 측정대상의 취지를 어느 정도 시험문제에 담고 있는가를 알아보아서 타당성을 검사하는 것이다. 내용타당성의 기초작업은 철저하고 상세한 직무분석에 있다.

③ **구성타당성**: 특정시험이 무엇을 측정하느냐 하는 시험의 이론적 구성과 가정을 측정하는 정도를 말하는 것으로서, 측정 자체보다도 측정되는 대상 또는 그 속성에 대해 보다 이론적으로 충실을 기하는 것이다.

4. 선발상의 오류

1) 제1유형의 오류

시험성적은 합격선에 미달했지만, 만약 선발되었더라면 만족스러운 직무성과를 올릴 수 있었던 지원자를 탈락시키는 것에서 발생하는 오류를 말한다.

2) 제2유형의 오류

시험성적은 합격선을 초과하여 합격은 했지만, 채용 후의 직무성과는 만족스럽지 못한 지원자를 선발하는 오류이다.

제4절 호텔 배치관리

1. 배치의 의의

종업원을 각 직무에 배속시키는 것을 배치라 하고, 배치된 종업원을 필요에 의하여 현재의 직무에서 다른 직무로 전환시키는 것을 이동이라 한다.

현대의 호텔조직은 급격한 환경변화와 이에 따른 능력주의가 요구되면서 종업원의 적재적소에의 배치가 중요해지고 있다.

오늘날 종업원의 능력에 맞는 배치와 유연적인 인사고과가 없다면 조직의 경직화와 종업원의 사기가 저하됨으로써 조직의 유효성을 달성할 수 없게 된다.

따라서 급변하는 환경에 능동적으로 대처하고 적응하기 위해서는 능력주의적인 인사관리와 이에 따른 적절한 배치가 필연적이라 할 수 있으며, 또한 이를 통한 종업원의 사기향상과 기업 내에서 자아발전을 위한 기회를 부여함으로써 중장기적으로 조직의 생산성 향상 및 조직의 유효성을 추구할 수 있을 것이다.

2. 배치의 원칙

1) 적재적소주의

호텔은 종업원의 능력과 성격 등을 고려하여 최적의 자리에 배치해야 한다. 따라서 적재적소주의는 능력본위의 인사관리를 위한 가장 기초적인 요건이라 하겠다.

2) 능력주의

능력주의란 능력을 발휘할 수 있는 영역을 제공하며, 그 일에 대해서 올바르게 평가하고, 평가된 능력과 업적에 대해서 만족할 수 있는 대우를 하는 원칙을 말한다. 여기서 말하는 능력은 현재적 능력뿐만 아니라 잠재적 능력까지도 포함하는 개념이며, 또한 배치·이동에 있어서 능력을 개발하고 양성하는 측면도 함께 고려해야 한다.

3) 인재육성주의

사람을 소모시키면서 사용하지 않고 성장시키면서 사용해야 한다는 원칙이다. 이러한 인재육성주의는 구성원의 자주성·자율성이 존중되는 현대사회에 있어서 더욱 중요시된다.

4) 균형주의

단순히 특정인만의 적재적소를 고려할 것이 아니라 상하좌우의 모든 사람에 대해서 평등한 적재적소와 직장 전체의 적재적소를 고려할 필요가 있다.

3. 성공적인 배치를 위한 전제조건

1) 합리적인 직무분석과 직무평가

적재적소 배치와 능력주의의 실현을 위해서는 합리적인 직무분석과 직무평가가 먼저 이루어져야 한다.

2) 공정한 인사고과

능력주의를 실현함에 있어 종업원의 불평·불만을 제거하고 긍정적인 조직분위기를 마련하기 위해서는 공정한 인사고과가 필연적이라 하겠다.

3) 실시기관의 확립

배치·이동의 실시 주체를 마련함으로써 조직의 체계를 확립하고 직장질서의 유지를 위하여 실시기관의 확립이 필수적이라 하겠다.

4) 조직구성원의 욕구조사

적재적소의 원칙이 이루어지기 위해서는 조직구성원의 욕구가 고려되어야 한다. 이는 배치·이동을 조직차원에서만 보는 것이 아니라 인간존중의 사고하에서 개인차원에도 중점을 두기 위한 것이다.

5) OJT의 사전실시

배치·이동이 실효성을 거두기 위해서는 배치·이동될 직무와 직무가 필요로 하는 능력에 대하여 사전에 교육을 실시할 필요가 있다.

Chapter
06
호텔 인사고과관리

제1절 호텔 인사고과의 의의

1. 호텔 인사고과의 개념

90년대를 기점으로 하여 능력주의 인사가 광범위하게 확산되면서 많은 기업에서 인사고과의 중요성이 부각되고 있다.

호텔 인사고과란 조직에서 구성원 개개인의 태도나 자질, 능력과 업적 등을 평가하는 방법을 제도화한 것으로서 조직구성원이 보유한 현재적·잠재적 유용성 및 가치를 질서 있게 체계적으로 평가하는 것을 말한다. 호텔 인사고과제도가 성공적으로 운영되기 위해서는 - 인사고과 결과가 승진과 승격 및 처우를 차별적으로 결정하는 데 활용되기 때문에 - 신뢰성과 공정성의 확보가 무엇보다도 중요하다.

2. 호텔 인사고과의 목적

호텔 인사고과의 궁극적 목적은 조직구성원의 능력과 성과가 보다 향상되도록 하는 데 있다. 인사고과의 목적은 크게 두 가지로 나눌 수 있는데,

첫째는 조직구성원에게 자신의 잠재적 능력을 깨닫고 활용하도록 도와줌으로써 구성원의 성과를 향상시키는 것이며, 둘째는 직무와 관련된 의사결정을 하는 데 필요한 정보를 구성원과 관련자에게 제공하는 데 있다.

1) 성과측정 및 공정한 대우

인사고과는 조직구성원의 성과를 정확히 측정하고 성과에 따라 공정하게 대우하는 것을 목적으로 한다. 성과를 주기적으로 측정하여 승진 · 승급 · 강등 · 징계 · 성과급 · 임금 등에 활용한다. 인사고과 결과는 상벌결정에 가장 중요한 자료로써 활용된다.

2) 인적자원의 계획

합리적인 인적자원 계획을 세우기 위해서는 인사고과가 필요하다. 인사고과는 조직구성원이 직무를 수행하는 데 필요한 기술 및 자격을 결정하고 판단하는 과정에서 중요한 역할을 담당한다.

3) 직원의 적재적소 배치

인사고과는 조직구성원과 직무를 조화시키는 데 유용한 자료를 제공한다. 즉 조직구성원의 성격과 능력에 적합한 직무내용과 직무환경을 모색하는 공식적인 계기를 마련하는 것이다.

4) 인력개발

인사고과는 조직구성원의 능력을 정확히 파악하고 이것을 인력개발 및 경력개발에 필수적인 자료로 활용한다. 인사고과는 직원의 장점과 약점을 평가하고 경력목표도 감안하여 그의 능력과 직원개발에 필요한 교육훈련과 실무경험을 하도록 하는 데 도움을 준다.

5) 성과피드백

인사고과는 구성원이 얼마나 만족한 성과를 거두고, 조직의 기대수준에 얼마나 접근하고 있는가를 알려주는 데 그 목적이 있다. 이것은 직원의 동기부여는 물론 성장을 촉진시켜 주는 역할을 한다. 성과피드백은 조직목표의 달성에 있어 관리자와 부하가 서로 이해하고 의사결정을 촉진하는 데 기여한다.

6) 조직개발 및 근로의 증진

인사고과를 통하여 직무담당자와 조직 간의 관계나 직무조건의 결함을 발견하고 개선할 계기를 마련할 수 있다. 동시에 인사고과는 직원의 성취의욕을 높일 수 있는 자극제로써 활용할 수 있다.

7) 인적자원의 연구자료 활용

인사고과자료는 직원의 기술목록과 모집 · 선발 및 개발의 타당도를 분석함에 있어서 입력자료로 활용된다. 인사고과자료는 인적자원의 자료 베이스와 인적자원 관리연구의 조사자료로써 그 중요성이 커지고 있다.

3. 인사고과의 기준

일반적으로 많은 기업들은 승진이나 전환배치의 결정 시 과거의 성과를 고려하게 되는데 과거의 성과를 고려하는 것은 충분히 이해가 되지만, 직원에 대한 직무분석을 통해 이루어진 통일적 · 객관적인 인사고과가 이루어졌는가? 그리고 인사고과의 평가가 기준에 의해 이루어졌는가를 살펴볼 필요가 있으며, 미래의 인사고과는 다음과 같은 기준에 근거하여 이루어져야 한다.

1) 신뢰성

신뢰성(reliability)이란 인사고과의 내용이 얼마나 정확하게 측정되었는지에 관한 문제로서 인사고과평가가 모든 직원들의 성과 및 기준과 비교해서 정확하게 측정되었는지에 관한 문제라고 할 수 있다.

신뢰성에 문제를 일으킬 수 있는 요인으로는 시간적 오류(recency error),

중심화경향(central tendency), 귀속과정오류(error of attribution process)를 들 수 있다. 시간적 오류란 인사고과기간 전반에 걸쳐 이루어져야 하는데 최근의 1~2년 업무평가를 기초로 평가가 이루어지는 것을 말한다. 중심화경향이란 인사고과 대상자의 점수가 평균점수를 중심으로 집중되는 경향을 말한다. 귀속과정오류란 직원의 낮은 인사고과가 직원 개인의 문제에 기인하는데도 외부적 요인으로 평가하거나 반대로 직원의 낮은 인사고과가 외부적 요인에 기인하는데도 직원 개인적인 문제로 평가하는 경우를 말한다.

이러한 문제점을 해결하기 위한 방안으로는 상대고과와 절대고과의 적절한 사용, 고과결과의 공개, 다면평가 등이 있다. 여기서 의미하는 다면평가란 다수의 평가자가 평가한 후 최고점과 최저점을 뺀 나머지 점수를 합산해서 사용하는 것으로 신뢰성을 높일 수 있다.

2) 타당성

타당성(validity)은 고과내용이 고과목적을 얼마나 적절하게 반영하는가의 문제로서 고과내용이 개별적인 고과의 목적에 부합하는 정도를 의미한다. 이러한 문제점을 해결하기 위한 타당성 증대방안으로는 목적별 고과와 고과집단의 세분화를 들 수 있다. 목적별 고과란 교육·훈련·승진·이동 등 그때그때 목적에 맞는 요소를 찾아내어 그 요소를 평가하는 것을 말하며, 고과집단의 세분화란 기업의 전체 직원을 평가하기 위한 공통적인 부분도 필요하지만 직종별·직급별로 직원을 세분화하여 그룹에 맞는 차별적인 고과요소를 적용해야 한다는 것을 의미한다.

3) 수용성

수용성(acceptability)이란 피고과자인 직원이 인사고과의 결과를 수용하는 정도를 의미한다. 이러한 수용성 증대방안으로는 구성원의 참여를 들 수 있다. 즉 인사고과요소를 선정할 때나 고과방식을 수립할 때 직원을 참여시키고 확정한 후에는 이를 공개하는 것을 말한다.

4) 실용성

실용성(practicability)이란 인사고과가 유용하게 쓰이는 정도를 의미한다. 즉 인사고과가 직원의 개발과 조직의 성과증대에 어느 정도 유용하게 쓰이는가 하는 것이다. 인사고과의 실용성을 증대하기 위해서는 인사고과에 대한 투자와 평가의 분별력을 보완해야 한다.

4. 인사고과의 저해요인

1) 직무분석의 미시행

호텔기업에서 인사고과를 저해하는 첫 번째 요인은 직무분석의 미시행을 들 수 있다. 인사고과는 직무분석을 통한 다각적·객관적인 근거를 가지고 조직구성원의 조직에 대한 공헌도와 현재 및 미래의 유용성을 평가해야 함에도 불구하고 직무분석을 하지 않고 인사고과를 하는 것이다. 즉 일정한 직무의 성질, 구체적으로는 그 직무를 수행함에 있어서 종업원에게 요구되는 수련, 지식, 능력 및 책임과 같은 직무상의 제 조건을 알아내는 과정인 직무분석을 생략함으로써 통일적이고도 구체적인 평가가 되지 못하고 고과자의 주관과 의욕에 의한 평가가 이루어진다는 것이 문제이다. 따라서 타당한 인사고과가 수행되려면 어떤 직무와 이를 수행하는 사람과의 관계가 명확히 규정되어야 하며, 인사고과는 이러한 직무의 수행결과인 피평가자의 실적으로써 평가받아야 할 것이다.

2) 고과자의 편견

고과평가자의 태도는 평가에 크게 영향을 미친다. 고과자는 피고과자에 대하여 개인적 편견이나 편파적인 감정에 사로잡히지 않는 고과가 될 수 있도록 특히 유의해야 한다. 기업에 있어서의 인사고과는 조직 내의 직무와의 관련성에서 파악되어야만 하며 객관적인 입장에서 공정하게 평가되어야 할 것이다.

3) 연공서열제의 집착

우리나라의 인사관리 기준은 일반적으로 학연과 근속연수를 토대로 한 전형적인 연공서열에 두고 있다. 이는 바로 전통적인 우리나라의 윤리관 내지 가치관에 근거하고 있으며 아직까지도 이를 탈피하지 못한 기업이 많다.

물론 연공서열적인 인사관리가 반드시 나쁘다고 할 수는 없으나 능력위주의 인사관리와 연공서열제에 있어서 어느 것이 좋은지에 대한 기준은 어떠한 제도를 채용할 때 종업원의 동기부여를 최고로 고취시킬 수 있겠느냐에 달려 있다고 할 수 있다. 우리나라도 기업경영의 대규모화, 능력위주의 조직구성원 관리 등이 확산됨에 따라 성과급의 중요성이 확대되고 있으며 이에 따라 인사고과의 중요성 또한 증대되고 있다.

5. 인사고과의 평가종류와 평가요소

무엇을 평가할 것인가는 개별기업의 인사제도가 어떻게 형성되어 있느냐에 따라 달라질 수밖에 없다.

그러나 우리나라 호텔기업의 인사고과의 평가종류는 능력고과, 업적고과 및 태도고과로 확연히 구분되고 각 종류별로 적절한 평가요소가 결정된다. 일본에서는 60년대 이후 직능자격제도가 보편화되면서 인사고과의 평가대상이 되는 평가요소로서 직능, 즉 직무수행능력의 측정에 관심이 집중되었다.

| 표 6-1 | 인사고과의 평가요소

성 과	능 력	태도 · 행동
매출액	지식	인간관계
생산량	기술	창의력
불량률	자격증	리더십
사고율	-	규정준수

1) 성과평가

인사고과요소 중 성과평과는 가장 중요한 부분이라고 할 수 있는데 일반적으로 성과평과는 양적 성과와 질적 성과로 분류할 수 있다.

양적 평가는 업무량, 업무의 질, 시간비용으로 나눌 수 있으며, 질적 평가는 유효성으로 나누어볼 수 있다. 양적 성과의 세부항목으로는 업무달성량, 정확성, 원감절감 등이 있으며, 질적 성과의 세부항목으로는 업무달성도, 공헌도 등이 있다.

2) 능력평가

능력이란 어떤 업무를 수행할 수 있는 넓고 안정적인 특징이라고 할 수 있는데 일반적으로 인사고과에 포함되는 능력으로는 대내업무능력, 대외업무능력, 성취성, 책임감, 성실성 등이 있다.

3) 태도 · 행동 평가

인사고과 평가에 있어서 성과평가, 능력평가와 더불어 태도 · 행동 평가가 있다. 직원들의 태도 및 행동은 기업의 목표를 달성하는 데 중요한 요소로서 직원들이 그들의 직무에 어떤 태도를 가지고 임하여 어떤 행동을 하느냐가 중요한 요소라고 할 수 있다.

제2절 인사고과방법

1. 전통적 자질 평정방법

피평가자를 종합적으로 평가하여 서로 비교하여 서열을 정하거나 척도를 활용하여 점수를 매기는 방법으로서 평정척도법, 서열법, 체크리스트법, 강제할당법 등이 있다.

1) 자질 평정척도법(Trait rating scale method)

미국에서 60년대까지 가장 빈번하게 사용한 자질 평정척도는 개인의 특성적인 자질을 척도를 이용하여 측정한 것으로 직무성과와 관련 있는 일반적인 인적 자질을 평가한다는 점과 평정이 쉽다는 점에서 광범위하게 활용되었다. 우리나라의 기업에서 능력 및 태도와 관련한 자질을 평가할 때 가장 많이 사용하는 방법 중 하나다. 평가자는 피평가자의 능력이나 태도와 관련한 평가항목을 3점 척도, 5점 척도 혹은 7점 척도 등으로 측정한다. 다음 H사의 자질 평정척도법 사례에서 보는 바와 같이 평가항목의 수준에 대한 약간의 착안점만 제시한 후 A, B, C, D, E의 5단계로 평정하는 경우가 많다. 평가를 쉽게 할 수 있는 만큼 오류 발생의 가능성이 크다. 따라서 일부 기업에서는 각 척도별로 착안사항이나 행동사례를 첨부하여 예시하는 경우도 있다.

평정척도법은 자질을 평가한다는 측면에서 안면타당성(face validity)이 있고, 평가하기 쉽다는 장점이 있지만, 척도를 이용하여 평가할 때 발생하는 여러 가지 오류의 발생 가능성이 높다는 단점을 지니고 있다.

| 표 6-2 | 자질 평정척도법

척도 / 평가요소	매우불만족	불만족	보통	만족	매우 만족
신뢰성	1	3	3	4	5
적극성	1	3	3	4	5
창의성	1	3	3	4	5
사교성	1	3	3	4	5
잠재력	1	3	3	4	5
23점(4+4+5+5+5)					
성명 : 홍길동					

2) 서열법(Ranking method)

서열법은 가장 간단한 평가제도로서, 피평가자의 능력이나 업적의 정도를 평가자가 서로 비교하여 서열을 매기는 방법이다. 서열법은 단순서열법, 교대서열법, 쌍대비교법 등이 있다. 단순서열법(simple ranking method)은 평가자가 피평가자의 능력이나 업적을 총체적으로 비교하여 피평가자의 순서를 단순하게 결정하는 방법이다. 피평가자의 수가 적을 때는 직관적으로 순서를 정할 수 있지만 많을 경우에는 서열을 매기는 것이 쉽지 않다. 교대서열법(alteration ranking method)은 부하들 중에서 능력이나 성과가 가장 우수한 사람과 가장 못한 사람을 정하고, 나머지 중에서 그 다음으로 우수한 사람과 그 다음으로 못한 사람을 정하는 방식으로 순차적으로 서열을 매겨 모든 피평가자의 서열을 정하는 방법이다. 한편 쌍대비교법(paired comparison method)은 교대서열법보다 좀 더 정교하게 피평가자를 2명씩 짝을 지어 서로 비교한 결과를 토대로 전체 서열을 판정하는 방법이다. 예컨대 다음 예시한 사례와 같이 6명의 대리급 사원이 있다고 하자. 이들 각자를 비교하여 누가 우수한 사원인지를 다음과 같이 판정한다. 즉 송 대리를 기준으로 이 대리와 비교하면 이 대리가 우수하고, 박 대리와 비교하면 송 대리가 우수하고, 최 대리와 비교하면 최 대리가 우수하고, 정 대리와 비교하면 송 대리가 우수하고, 김 대리와 비교하면 송 대리가 우수하다. 다음 이 대리를 기준으로 비교하고, 박 대리, 최 대리, 정 대리 순으로 비교한 결과 최 대리는 다른 5명과 비교하여 모두 우수하고, 이 대리는 최 대리를 제외한 다른 4명보다 우수하고, 송 대리는 다른 3명보다, 박 대리는 다른 2명보다, 정 대리는 다른 1명보다 우수하다. 그리고 김 대리는 누구와 비교해도 우수하지 못하다. 이렇게 짝을 지어 비교한 결과를 토대로 최 대리, 이 대리, 송 대리, 박 대리, 정 대리, 김 대리 순으로 6명의 서열을 결정할 수 있다.

서열법은 일반적으로 평가가 용이하며 관대화경향이나 중심화경향과 같은 개인 간의 항상오차(constant errors)를 제거할 수 있다. 반면에 단점으로는 첫째, 평가대상자가 20~30명을 넘을 때에는 평정이 어려워지므로, 몇 그룹으로 나누어 그 내부에서 순위를 정하여 그것을 종합하는 방법을 취해야 하며, 이와 반대로 인원 수가 너무 적을 때에는 순위를 매기더라도 별로 의미가 없다. 둘째, 이 방법은 같은 직무의 범위에서만 적용할 수 있으며, 부서 간의 상호 비교는 불가능하다. 셋째, 평가가 다만 순위만으로 표시되기 때문에 그 가치가 어느 정도 상이한가 하는 양적 차이가 불명확하고, 따라서 실제의 성적을 정확하게 표시할 수 없다. 넷째, 평가가 구체적인 기준에 의하지 않으므로 평가결과에 대한 설득력이 부족하다.

| 표 6-3 | 서열법의 평가요소

평가요소 / 평가대상	현재능력	잠재력	태도	업적	합계	순위
김태희	5	5	5	5	20	1
김하늘	4	4	4	5	17	2
이민정	5	5	3	3	16	3
공효진	3	3	3	3	12	7
신세경	4	4	3	3	14	4
하지원	5	3	2	2	13	5
문근영	3	5	3	1	13	5

3) 강제할당법(Forced distribution method)

일정한 평가단위에 속한 피평가자들의 평가성적이나 등급을 사전에 정해진 비율에 따라 강제로 할당하는 방법이다. 예컨대 개별 평가항목의 성적이나 최종등급을 수, 우, 미, 양, 가로 평정을 할 때 수는 10%, 우는 20%, 미는 40%, 양은 20%, 가는 10% 등의 형태로 비율을 강제할당한 후 평정하는 방법이다. 평정척도법을 적용할 경우 평가자의 관대화나 중심화경향이 쉽게 나타나기 때문에 이를 막기 위해 대안으로 적용하는 방법이다.

그러나 실제로 피평가자들의 능력이나 업적이 강제 할당한 비율과 일치하지 않을 수도 있고, 피평가자의 인원이 서로 다를 경우 할당비율을 공정하게 지킬 수도 없다. 위에 예시한 할당비율이 무리 없이 적용되려면 최소한 피평가자가 10명 이상이어야 하기 때문이다. 또 할당비율을 반올림할 경우 평가단위 간의 할당이 불균등할 가능성이 높다. 따라서 소규모 평가단위를 대상으로 이 방법을 적용하면 곤란해진다.

2. 육성형 행위고과방법

피평가자의 자질을 척도를 이용하여 평가하는 평정척도방법은 쉽고 편리하지만, 평가의 타당성이나 신뢰성 측면에서 많은 문제가 있다. 이러한 문제점은 미국에서 60년대 중반 이후 평등고용기회위원회의 규제로 인하여 더욱 부각되었다. 평등고용기회법의 규제를 피하기 위하여 좀 더 정확하게 객관적으로 관찰하고 측정할 수 있는 평가대안을 모색하는 과정에서 행위 중심의 고과방법이 발달하게 되었다. 우리나라의 경우 평가방법의 신뢰성과 타당성을 아직 크게 문제 삼지 않고 있으나 성과주의 보상제도가 확산되면서 이전보다 관심이 증가하고 있을 뿐만 아니라 평가를 통하여 개개인의 업무 효율을 통제할 필요성이 점차 증가하고 있다.

1) 체크리스트법(Checklist method)

고과항목을 목록으로 만들고 평가자가 피평가자를 체크하여 평가하는 방법이다. 체크리스트법이 변형된 형태로서 가중 체크리스트(weighted checklist)가 활용되기도 한다. 이는 체크리스트에 담긴 항목별로 가중치를 달리 적용하는 방법이다. 즉 일부 항목은 다른 항목들보다 더 높은 점수를 부여함으로써 총 평가점수를 환산하는 방식이다. 일반적으로 평가자에게는 어떠한 항목이 가중치가 높고 낮은 항목인지를 모르게 하는 경우가 많다. 이러한 방법을 사용할 경우 후광효과를 감소시킬 수 있다.

| 표 6-4 | 체크리스트법의 예시

항목	점수(1~5)	평가내용
1	4	부하들에게 공정한 인사를 한다
2	4	부하들에게 신망이 두텁다
3	4	문제에 부딪히면 결단력 있게 해결한다
4	5	부하들로부터 실력이 있다는 평가가 높다
5	5	부하의 심경을 읽으면서 통솔한다
6	5	다른 부서장들과 좋은 관계를 갖는다
총점 : 27점(성명 : 김지영 대리)		

2) 강제선택척도법(Forced-choice scale method)

2차 세계대전 후 미 육군에서 개발된 것이라고 한다. 이 방법은 평가자가 예시한 행동사례 중에서 피평가자가 어느 항목에 해당되는지를 선택하도록 하여 피평가자를 평가하는 방법이다. 예시한 항목은 가장 긍정적인 항목도 있고 가장 부정적인 항목도 있다. 평가자와 피평가자는 예시한 항목의 점수를 정확하게 알 수 없다. 평가자는 피평가자가 예시한 항목에 해당되는지를 선택만 하면 된다.

예컨대 대학 교수를 평가하는 강제선택척도를 예시하면 다음과 같다.

① 매년 전국 규모 학회에 논문을 발표하고 있다.
② 강의평가가 5점 만점에 3.5점 이상이다.
③ 학장의 업무협조요청을 거절한 적이 있다.
④ 대외적으로 산학협동을 한 실적이 없다.

예시한 평가항목 중 2가지는 바람직한 행동사례이고, 나머지는 부정적인 행동사례이다. 비교적 구체적인 행동사례를 보고 평가자는 선택만 하면 되기 때문에 이 평가방법은 평가자의 주관성을 배제하고 평가의 객관성을 높여주는 효과가 크다.

3) 서술법(Essay method)

서술법은 평가자가 피평가자의 직무성과(수행)에 특별한 강·약점을 진술하는 것에 중점을 두며, 이외에 문제를 해결하기 위한 행동방침을 작성하기도 한다. 서술법의 장점으로는 첫째, 평정척도법보다 훨씬 덜 구조화되어 있다. 둘째, 평가자가 성과에 관련된 이슈 또는 특질을 평가할 수 있다. 셋째, 평가기준이 고정된 방법과 뚜렷이 구별된다. 평가자는 그들이 적절하다고 느끼는 요소는 무엇이든지 평가할 수 있다. 그러므로 그 과정은 제한이 없고 매우 유연하다. 단점으로는 첫째, 서술법은 운영상 어렵고 시간이 많이 걸린다. 평가자에게는 평가기술에 있어 평정척도법보다 더 많은 노력을 요한다. 둘째, 이 기술의 가장 큰 장점(표현의 자유)은 또한 가장 큰 단점이 될 수 있다. 왜냐하면 평가자의 변화하는 평가요소를 서술하는 기술은 전체 과정을 흐트러뜨릴 수 있고 왜곡시킬 수 있기 때문이다. 마지막으루 개인이 평가결과를 객관적으로 비교하기 어렵다는 단점이 있다.

4) 중요사례기술법(Critical incident method)

중요사례기술법은 기업목표 달성의 성패에 미치는 영향이 큰 중요한 사실을 중점적으로 기록·검토하여 피평가자의 직무태도와 업무수행능력을 개선하도록 유도하는 평가방법이다. 이 방법은 여러 가지 중요사건들을 추출하여 몇 개의 영역으로 나누고 각 영역에서 현저하게 좋거나 나쁜 행동의 예를 기록하여 평가하는 것이다. 성과와 관련된 행동을 판단하고, 어떠한 행동이 능력개발이나 승진 등에 중요하고 인정되는 행동인가를 명확히 해준다. 이 방법은 중요사건이 일어난 시점에서 구성원과 토의를 할 수 있으므로 정확한 정보가 제공되어 인사평가 프로그램이 요구하는 결과를 달성할 수 있는 효과적인 방법이라 할 수 있다. 그러나 평가대상인 구성원의 중요행동을 기술하는 데 많은 시간이 소요되며, 평가결과의 계량화가 곤란하기 때문에 비교와 서열화가 곤란하다. 이 방법은 동료에 의한 기법보다는 감독자에 의한 기법으로 사용되는 경향이 높고 이때 감독자는 평가보다는 보고인의 역할을 하게 된다.

5) 행위기준평정척도법(Behaviorally Anchored Rating Scales: BARS)

표준화된 평정기준이 부족하여 평가자의 자의적인 판단에 따라 평정을 하기 때문에 평정오류가 발생한다. 이 문제를 해결하기 위한 대안으로 개발된 평가방법이 행위기준평정척도법(behaviorally anchored rating scale)이다. 일반적인 평정척도가 지닌 근본적인 문제를 해결하려면 개별과업을 수행하는 성과를 판정할 수 있는 기준(예컨대 불량률)의 정도를 다양하게 예시(예: 상위 10%, 아주 우수 등)하여 평가의 착안사항을 만들면 된다. 이러한 착안사항을 기준(anchor)으로 만들어진 것이 행위기준평정척도법이다. 행위기준평정척도는 다른 말로 기대행위척도(behavioral expectation scale)라고도 한다. 바람직하거나 기대하는 수준을 서술한 행위사례를 기준으로 평가항목을 만들기 때문이다. 예컨대 근무태도를 전통적인 평정척도로 측정하면 아주 우수, 우수, 보통, 불량, 아주 불량 등의 척도로 평가하는 반면에 행위기준평정척도는 근무태도의 수준을 구체적으로 묘사하는 행위사례를 기준으로 평가한다. 매주 5일간 꼬박꼬박 빠짐없이 일을 잘하면 7점이고, 한 달에 2~3일은 결근이나 지각을 하면 3점이고, 근무태도가 불량하여 종잡을 수 없으면 1점으로 평정함으로써 보다 정확하고 객관적인 평가를 할 수 있게 된다.

전통적인 평정척도와 비교할 때 행위기준평정척도의 가장 큰 장점은 육성형 기능을 발휘할 수 있다는 점이다. 업무수행과정에서 구체적으로 어떻게 행동하였으므로 몇 점이라는 것을 설명하면서 피평가자를 지도할 수 있기 때문이다. 그러나 이러한 장점에도 불구하고 행위기준평정척도의 단점이 지적되고 있다. 평가기준으로 활용하는 행위사례가 평가해야 할 내용을 모두 포함하기 어렵다는 점, 척도를 개발하는 과정에 주관적인 오류가 개입될 여지가 많다는 점, 평가시점에서 평가자가 판단하기보다는 일정기간 동안 피평가자의 근무행위를 지속적으로 관찰한 결과를 갖고 평가하는 것이 바람직하지만 현실적으로 그렇지 못하여 평정상의 오류가 발생한다는 점 등이 지적되고 있다.

7 매주 5일간 탈없이 근무 잘할 것으로 기대할 수 있다.
6
5 결근이나 지각을 할 경우 사전에 통보해 줄 것으로 기대할 수 있다.
4
3 한달에 2~3일 결근이나 지각을 할 것으로 예상된다.
2
1 근무태도가 불량하여 종잡을 수가 없다.

〈그림 6-1〉 행위기준평정척도 예시

3. 통합형 성과평가방법

피평가자가 달성한 업적을 목표의 달성 정도에 따라 평정하는 목표관리식 평가가 대표적인 사례이며, 실제 기업에서는 앞서 설명한 역량평가 등과 혼합한 혼합형 평가시스템을 적용하는 경우가 많다.

1) 목표관리법

목표관리에 의한 인사평가는 상사와 부하가 합의하여 목표를 설정하고, 그러한 목표에 대한 진척상황을 정기적인 면담 등을 통해 검토하여 진행시켜 나간 다음 목표 달성 여부를 근거로 평가하는 제도를 의미한다. 목표관리에 의한 인사평가는 목표의 설정, 목표달성 활동, 목표달성에 대한 평가 등 크게 세 단계로 이루어진다. 목표의 설정단계에서는 전사적인 목표에서 도출된 부서의 목표에 근거하여 평가자와 피평가자의 협의를 통해 피평가자가 일정기간 동안 달성해야 할 목표가 설정된다. 목표달성 활동단계에서는 설정된 목표를 달성하기 위하여 피평가자는 자기통제하에 업무를 수행하며,

평가자는 피평가자와의 지속적인 접촉을 통해 목표달성 상황에 대한 확인, 지도, 커뮤니케이션 등을 수행한다. 목표달성에 대한 평가단계에서는 평가자의 일방적인 평가를 탈피하여, 피평가자 자신이 평가한 본인평가 결과를 반영한 평가가 이루어진다. 실적 평가는 직무관련성이 높고, 직무개발과 인재육성이 용이하고, 설계하는 데 비용과 시간이 덜 들며, 성과를 향상시키는 데 효과적이고, 법률적으로도 문제가 없다는 장점이 있다. 반면에 피평가자가 업적달성과 뚜렷한 관련이 없을 경우 적용하기가 어렵다는 단점이 있다.

표 6-5 목표관리법의 예시(식음료바: 조재근)

목표항목	목표량	결과	달성률	가중치	점수
와인매출액	10,000원	11,000원	+10%	4	0.4
위스키매출액	20,000원	21,000원	+10%	8	0.8
커피매출액	5,000원	10,000원	+100%	2	2
칵테일매출액	10,000원	10,000원	+0%	4	0
총점 : +3.2					

2) 복합시스템(Hybrid system)

복합적인 평가시스템은 몇 가지 방법을 결합하여 실시하는 평가시스템이다. 예컨대 행위기준평정척도법이라든가 역량평가법과 목표관리식 평가법을 혼합하여 사용하는 경우가 여기에 해당한다. 전자가 일본의 능력평가에 해당되고, 후자는 업적평가에 해당된다. 복합적인 평가시스템은 단일한 평가시스템보다 인사평가의 광범위한 필요성을 더 잘 충족하고, 여러 가지 평가의 장점을 활용한다는 장점이 있다. 반면에 복합적으로 선택하여 적용하기 때문에 설계하기가 어렵고 비용이 들며, 도입하기가 까다롭다. 그리고 너무 기교적으로 만들기 때문에 평가자에게 부담을 주는 단점이 지적되고 있다.

제3절 인사고과의 오류와 개선방안

1. 인사고과 오류의 개념

모든 인사평가에서는 피평가자가 보유하고 있는 참값(true score)과 평가자가 판단한 관찰값(observed score) 사이에 오류(error)가 존재한다. 어떤 상사가 부하의 역량을 측정한 점수가 과연 참값인가는 아무도 알 수 없고 오로지 '神'만이 알 수 있을 것이다. 따라서 모든 평가(측정)에는 필연적으로 어떤 오류가 존재한다. 오류가 적으면 적을수록 평가결과는 신뢰성이 높고, 오류가 크면 클수록 신뢰성이 낮다.

어떤 평가에서도 피할 수 없는 측정의 오류는 크게 두 종류가 있다. 하나는 임의오류(random error)이고 또 하나는 체계적 오류(systematic error)이다.

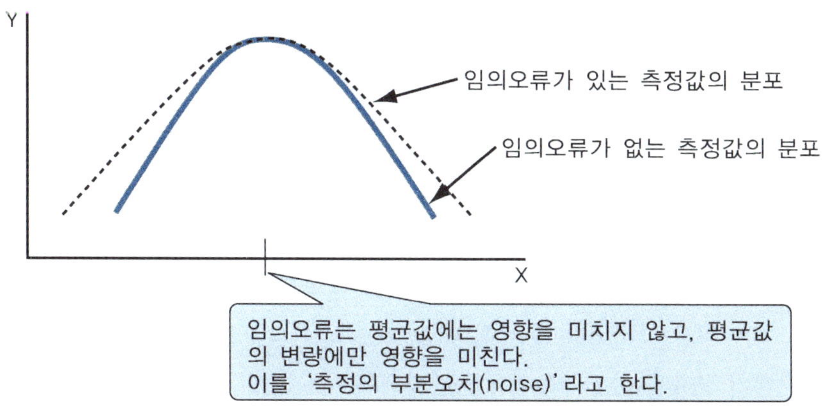

〈그림 6-2〉 부분오차

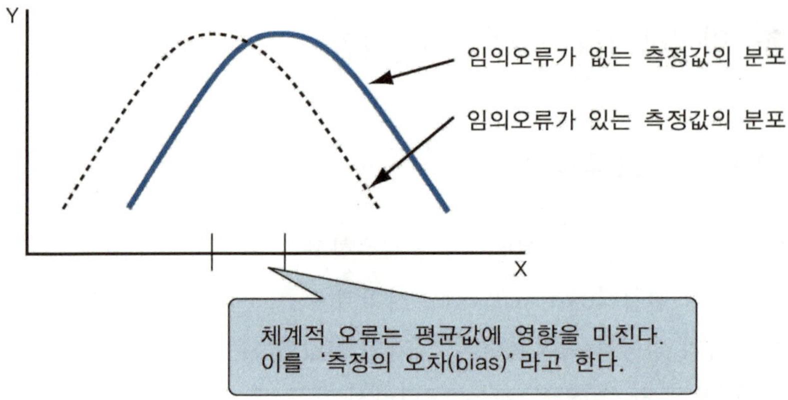

〈그림 6-3〉 **측정오차**

임의오류는 어떤 대상에 대한 측정에서 임의적으로 영향을 미치는 요인에 의해 발생하는 오류이다. 예를 들어 어떤 부서에 상사나 동료의 인간관계 등과 같은 부서 분위기에 따라 업무성과가 달라지는 두 사원이 있다고 하자. 이 두 사원의 성과는 부서 분위기가 우호적인가 비우호적인가에 따라 어떤 영향을 받기 때문에 업무성과의 측정결과가 대단히 유동적일 수 있다. 이런 오류는 다른 부서의 사원들에게도 반드시 똑같이 나타나는 현상은 아니다.

이처럼 임의오류는 측정대상 전체에 일관되게 영향을 미치지 않는 우발적이고 부분적인 오류라는 특성이 있다. 따라서 임의오류로 인하여 평가점수가 높게 나타날 때도 있고, 낮게 나타날 때도 있기 때문에 전체의 측정 평균값에는 영향을 미치지 않는다. 이를 '측정의 부분오차(noise)'라고 한다.

체계적 오류는 모든 평가대상에 체계적으로 영향을 미치는 요인에 의해 발생하는 오류이다. 예를 들어 평가가 이루어지는 시점에 경기가 갑자기 나빠져서 모든 부서의 업무성적이 나빠지는 경우가 여기에 속한다. 이처럼 임의오류와 달리 체계적 오류는 모든 평가가 좋아지거나 나빠지는 형태로 나타난다. 이를 '측정의 오차(bias)'라고 한다.

2. 인사고과의 문제점

1) 상동적 태도

사람을 하나의 독특한 특징만으로 평가하는 태도를 의미한다. 상동적 태도는 어떤 사람에 대한 전반적 지식 없이 특징에 의해서 평가하기 때문에 사람들에 대해서 나쁜 이미지를 만들어낼 수 있는 편견의 일종이다. 이것이 좀 더 일반적인 의미에서 사용되는 개념으로는 고정관념이라는 의미가 있다. 이는 경직적 편견 내지 고정관념에 의한 기준으로 평가하기 때문에 객관성이 결여되고 주관적 가치기준에 지배되기 쉬운 것이다.

인사고과 시 피고과자에 대하여 성별, 연령, 학력, 종교, 지역, 인종 등의 어떤 범주에 따라서 판단한다면 모든 사람의 능력이 최대한 발휘할 기회를 제한하는 것이다.

2) 현혹효과

인물이나 사물 등 일정한 대상을 평가하면서 그 대상의 특질이 다른 면의 특질에까지 영향을 미치는 것을 말한다. 대상의 특징적 선(善) 또는 악(惡)이 눈에 띄면 그것을 그의 전부로 인식하는 오류를 말하는 심리학 용어로서, 광배효과(光背效果, halo effect)라고도 한다.

외적 특징을 잡으면 그 특징으로부터 연상되는 일정한 고정관념에 맞추어 대상을 완전히 이해한 것으로 짐작하는 것이다. 포장이 세련된 상품을 고급품으로 인식하거나, 근무평정(勤務評定)을 산정할 때 성격이 차분한 직원에게 업무수행능력의 정확성 면에서 높은 평점을 주는 것과 같다.

이와 같은 현혹효과를 방지하기 위한 대책은 다음과 같다.

① 피평가자에 대한 선입견·편견을 버려야 한다. 즉, 인상과 선입관을 배제하고, 결과와 사실을 객관적으로 인식할 수 있도록 해야 한다.
② 분석평가를 실시한다.
③ 대상이 되는 피평가자에 대해 평가요소별로 평가를 한다.

④ 사실에 입각해서 평가하려는 마음을 갖는다.
⑤ 평가요소의 선택을 적절히 하는 것으로 평가항목을 줄이거나, 여러 평가자가 동시에 평가하는 다면평가의 활용이 필요하다.

3) 논리적 오류

논리적 오류(logical errors)는 '평가자가 평소 논리적인 사고에 얽매여 임의적으로 평가해 버리는 경우'를 말한다. 이는 각 평가항목 간 논리적인 상관관계가 있는 경우, 비교적 높게 평가된 평가항목이 있으면 다른 항목도 높게 평가하는 경향을 말한다. 예를 들어 '지식이 많은 사람은 이해력도 높다'고 평가한다거나, '영업실적이 높은 사람은 절충력이 강하다'고 평가하는 경향을 말한다.

현혹효과가 피평가자 개인의 특성에 의한 평가상의 오류인 데 반해, 논리적 오류는 평가자가 각 평가항목이 논리적으로 일치한다고 생각하는 데서 생기는 오류이다.

이의 방지대책을 살펴보면 다음과 같다.

① 추상적이거나 중복되는 평가항목을 제외한다.
② 평가항목에 대한 정의와 설명을 충분히 한다. 특히, 유사한 평가항목이 있을 경우에는 그 착안점이 다르다는 것을 명확히 한다.
③ 평가자는 인사평가의 운용기준을 반드시 지키며, 주관적인 판단이나 추측에 의하여 평가해서는 안 된다.
④ 유사한 평가항목에 대해서는 가능한 한 시간을 두고 평가를 한다.

4) 관대화경향

관대화경향(lenience tendency)은 '피평가자의 실제 업적이나 능력보다 높게 평가하는 경향'으로 정의할 수 있으며, 이와 반대로 실제보다 낮게 평가하는 경향을 엄격화경향(strictness tendency)이라고 한다.

(1) 발생원인

① 상사-부하 간 부정적인 결과를 회피하기 위한 것과 평가자의 이미지관리를 위한 것

② 평가자의 개인적인 요인(심리상태 및 특성)

③ 평가자와 피평가자 간의 관계요인

④ 피평가자에 대한 책임 정도 등

(2) 방지대책

① 구체적인 사실에 의거하여 평가한다.

② 평가요소를 통해 평가한다.

③ 절대평가를 실시한다.

④ 직무수행과정이 평가대상이 된다는 원칙을 재확인하고 사적인 관계에 대한 검정을 제거한다.

⑤ 평가자에게 평가점수에 따른 인원비율을 설정해 주어 전체 평가결과가 중간점수를 기준으로 정규분포가 되도록 요청한다.

⑥ 평가자에 대한 체계적인 훈련을 실시한다.

5) 중심화경향

중심화경향(central tendency)은 '피평가자들을 모두 중간점수로 평가하려는 경향'을 말한다. 이 오류는 평가자가 잘 알지 못하는 평가차원을 평가하는 경우, 중간점수를 부여함으로써 책임을 회피하고 안전하게 하려는 의도에서 이루어지는 오류라고 할 수 있다.

중심화는 범위의 제한과 개념상 구별이 필요하다. 중심화경향은 평가자가 연속체 양극단의 사용을 꺼리는 것을 반영한다. 따라서 평가점수들이 평가척도의 중간에 집중되는 평가상황만을 의미한다. 그러나 범위의 제한은 평가연속체의 어떤 점에서도 발생할 수 있다. 즉, 관대한 지점, 엄격한 지점, 혹은 중간지점에서 발생할 수 있다. 따라서 중심화는 범위의 제한을 의미하지만 범위의 제한이 중심화를 의미하지는 않는다.

우리나라의 경우 중심화경향은 높지 않은 것으로 나타나고 있으나, 범위의 제한은 상당히 많이 보인다. 특히 평가자 대부분의 관대화경향으로 인해 중간지점 이상의 제한된 범위에 평가점수가 몰리는 경향이 두드러지고 있다.

(1) 발생원인

① 평가자가 평가에 자신이 없는 경우
② 평가자의 피평가자에 대한 분석이 이루어지지 않은 경우
③ 평가기준이 애매모호한 경우
④ 평가방법에 대해 회의적이거나 피평가자를 잘 알지 못하는 경우 등

(2) 방지대책

① 평가자에 대해 인사평가의 구조, 평가항목 및 평가방법을 이해시키는 것
② 평가자에 대한 평소의 지도를 통해 특성을 파악하는 것
③ 분포제한을 두는 것
④ 평가척도를 세분화해서 평가점수의 분산을 고안하는 것 등

6) 대비오류

대비오류(contrast errors)는 '직무기준과 직무능력요건에 나타난 절대기준이 아닌, 평가자 자신을 기준으로 두고 자신과 부하를 비교하는 것'을 말한다. 이러한 오류를 방지하기 위해서는 직무기준(업무목표)과 직무능력요건에 비추어 평가해야 하며, 평가자 훈련을 통해 판단기준을 통일해야 한다.

7) 근접오류

근접오류(proximity errors)는 '인사평가표상에서 근접하고 있는 평가요소의 평가결과 혹은 특정 평가시간 내에서의 평가요소 간의 평가결과가 유사하게 되는 경향'을 말한다. 시간적인 근접오류의 예로는 능력평가를 하고 난

후에 곧바로 업적평가를 하면 상당한 시간이 경과된 후에 평가하는 것보다 더 유사한 평가결과가 나오게 될 가능성이 있다. 즉, 시간적으로 근접해 있으면 앞의 결과에 영향을 받기 쉽다는 것이다.

8) 인식의 차이

인식의 차이는 각자의 판단기준과 차이에서 오는 현상으로 평가자들은 자신의 업적, 가치관, 행위의 스타일을 닮은 부하를 그렇지 않은 부하들보다 우수하게 평가하는 경향이 있다. 그래서 이것을 자기 닮음의 효과라고도 한다.

9) 연공오류

연공오류(seniority errors)란 '피평가자의 학력이나 근속연수, 연령 등 연공에 좌우되어서 발생하는 오류'를 말한다. 예를 들어 대졸자와 고졸자가 있을 때 전자를 더 높게 평가하는 경향을 말한다. 이러한 연공오류는 특히 우리나라의 근무평정에 있어서 많이 발생하는 오류 중의 하나이다.

10) 시간적 오류

시간적 오류(recency errors)란 '평가자가 피평가자를 평가함에 있어서 쉽게 기억할 수 있는 최근의 실적이나 능력을 중심으로 평가하려는 데서 생기는 오류'를 말한다. 일부 평가자들은 이러한 오류경향 때문에 인사평가 시기가 다가오면 평가자에게 특히 잘 보이려고 노력하는 것을 흔히 볼 수 있다.

이러한 오류는 중요 사건법이나 목표관리법(MBO), 부정기적인 평가 등을 통해 줄일 수 있다. 또한 평가자로 하여금 평소 평가수첩에 기록하게 하는 방법도 효과적이다.

11) 이미지 평가오류

이미지 평가오류란 '부하에 대한 선입관이나 이미지로 평가해 버리는 경향'을 말한다. 예를 들면, '피평가자 A씨는 원래 업무에 대한 지식이 풍부하기 때문에, 이번에도 높은 실적을 올렸을 것이다'라고 평가해 버리는 오류를 말한다.

이미지 평가를 방지하기 위해서는 이미지가 아닌 구체적인 사실에 의거한 행위를 평가하도록 해야 한다. 즉, 구체적인 '행위의 선택'을 위해 평소 평가자의 지도·육성 노트를 활용하는 것이 도움이 된다.

12) 극단화오류

극단화오류는 '평가가 평가단계의 최상위 혹은 최하위에 집중하는 경향'을 말한다. 이를 방지하기 위해서는 중심화경향을 지나치게 의식하지 말아야 하며, 결과와 행동 및 사실에 기초를 두고 평가하는 방법과 평가단계의 선택을 정확히 하는 방법이 있다.

13) 기타 평가오류

① 일종의 '의존형 평가'로서 어차피 2차, 3차 평가자도 평정하는 것이기 때문에 적당히 평가해도 좋다고 생각하고 평가하는 무책임 평가
② 부하 전원의 평가점수를 낸 다음, 상대평가를 하기 위해 서열을 붙이고, 점수조정을 하는 '역산형 평가'
③ 평가자 자신이 좋아하는 사람에게는 사실 이상의 높은 평가점수를, 싫은 사람에게는 낮은 평가점수를 주는 '감정형 평가'

3. 인사고과의 개선방안

1) 편견요소의 제거와 고과자의 훈련

평가나 지각에 편견을 줄 수 있는 고과자의 특성과 피고과자의 특성 및 고과가 이루어지는 상황 등이 인사고과에 영향을 미치지 않도록 편견요소를 적극적으로 배제해야 한다. 이러한 인사고과의 편견은 인간을 평가하는 고과자에게 주로 나타나므로 인사고과 담당자에 대한 철저한 교육훈련이 있어

야 한다.

2) 고과 결과에 관련된 차별적 보상제도

인사고과의 결과가 결과로써 끝나고 보상제도와 아무런 관련이 없다면 그 효과는 크게 떨어질 것이다. 따라서 고과 결과는 승진, 복리후생을 비롯한 각종 보상제도와 조화 있는 연결을 구축할 때 그 효과는 더욱 증대될 것이다. 성과별 보상제도 및 능력별 승진제도는 좋은 본보기이다.

3) 인사권의 이양

인사고과에 있어서 고과자가 아무리 공정하게 부하를 평가했다 해도 인사권이 상부에 집중되어 인사고과를 통해 부하의 잠재적 유용성이나 공헌도를 승진승급에 반영시킬 수 없을 때 부하에 대한 지휘, 통솔 및 경영성과 개선에 문제가 발생하고 인사고과에 대한 효력이 떨어진다. 따라서 인사고과의 실효를 거두기 위해 인사권이 하부관리자에게 다소 이양되어야 한다.

4) 비통제적 목적의 활용 증대

지금까지 인사고과는 승급, 승진, 상여금 등 주로 통제적 목적을 위해 사용되어 왔으나, 앞으로는 비통제적인 목적으로까지 활용의 폭을 넓히고, 인사고과의 결과를 종업원의 근로의욕 향상과 능력개발을 위한 상담, 지도, 의사소통을 촉진하기 위한 목적으로도 사용해야 인사고과의 발전을 기할 수 있다.

5) 인사고과의 타당도 및 신뢰도 향상

인사고과의 각종 기법을 사용함에 있어 객관적 기준 사용, 각종 오류의 분석 및 제거, 복수고과자의 사용, 자기고과, 동료 및 하위자에 의한 고과, 평가를 정당화하는 각종 기법 등을 병행 사용함으로써 인사고과의 타당도와 신뢰도를 향상시켜야 한다.

이를 위해 고과기준을 명확히 해야 한다. 즉 인사고과의 목적, 평정방법,

평정요소, 중치, 평정척도 등의 내용이 명확해야 한다. 또한 공사를 분명히 하고 업적중시의 고과를 실시해야 한다.

6) 목표관리법에 의한 인사고과

전통적인 인사고과의 한계성을 극복하기 위하여 목표관리방식을 인사고과에 적용하려는 의도는 결과지향의 평가 또는 작업의 계획화와 검토에 의해서 종업원을 평가하려는 데 있다. 이는 이미 설정된 목표에 따라 종업원을 평가하는 성과평가의 방법으로 그 목표의 설정은 상급자와 하급자 간의 협력에 의하여 공동으로 설정된 것이다. 목표관리의 개념부터 살펴보기로 하자.

(1) 목표관리의 의의

목표관리(MBO)란 구성원 각자에게 기대되는 성과를 미리 구체적·정량적으로 설정·표시함과 아울러, 적극성과 창의성에 의한 자기통제를 중심으로 해서 그 실현을 도모하고, 한편으로는 그 실제의 성과를 측정·평가하여 그것을 각 해당부서에 피드백시킴으로써 기업의 발전과 개인의 성장을 통합시키고자 하는 것이다.

종래의 관리방식은 감독관리, 즉 인적 감독관리방식에 의한 것이었다. 예를 들면 테일러의 과학적 관리에서는 직장의 직접감독에 의하여 작업능률을 높이려 하였고, 포드의 컨베이어시스템에서는 동시관리방식에 의하여 작업능률을 높이려 하였으나, 현대에 와서는 작업목표 등이 관리자에 의하여 일방적으로 정해지고 이에 의하여 소극적으로 지시나 명령에 의하여 작업하는 방식에서 탈피하여 좀 더 적극적이고 능동적인 관리방식으로 발전하게 되었는데, 이것이 이른바 목표관리이다.

MBO는 1950년대 초 드러커가 그의 저서에서 처음으로 언급하였고, 1960년 맥그리거의 저서와 슐레의 '결과관리' 등에 의하여 드러커의 사고방식이 더욱 구체화되었다.

종래의 기업에서는 이익계획 또는 예산이라는 형식을 통하여 경영목표가 부과되어 왔으며, 이에 의하여 각 부서와 종업원들은 그것을 달성하기 위해 노력해 왔다. 그러나 이러한 경영목표는 기업 전체가 기대하는 성과를 표시하는 것뿐이며, 각 부서와 구성원에게 기대되는 목표를 표시하는 것은 아니었다. 따라서 무엇을 어느 정도 수행해야 한다는 책임성 있는 업무를 기대하는 것이 아니라, 관리자들에 의하여 미리 설정된 업무분담과 절차에 따라 구성원들은 소극적 자세로 업무를 수행하여 왔으므로 보다 높은 성과를 기대할 수가 없었다. 그러나 오늘날에 와서는 기업의 규모와 기능이 복잡화됨에 따라 구성원에게 충분히 동기부여를 하고, 그들의 업무를 조정·통제하는 기능이 필요하게 되었으며, 또한 기업목표에 맞추어 각자의 업적을 평가하는 것이 요구됨으로써 새로운 관리기법이 요구되고 있다.

이러한 MBO는 계획의 수립, 업적평가뿐만 아니라 통제시스템 및 조직목표와 개인목표를 통합하려는 보다 광범한 접근방법으로 발전하고 있다.

(2) 목표설정과정

MBO의 운영은 무엇보다도 조직목표와 개인목표를 통합하여 능동적인 관리방식을 유지하는 데 목적이 있다. 따라서 목표를 설정하고, 그 운영상의 합리성을 위하여 MBO의 과정이 중요시된다고 볼 수 있다. MBO의 전반적 계획을 위해서는 우선 MBO 구성요소의 특색을 파악할 필요가 있다.

① **목표설정:** 주로 단기적이고 추정가능한 생산적 목적의 목표를 설정한다.
② **참여:** 목표를 종업원의 참여를 통해서 설정한다.
③ **피드백:** 결과를 평가한 후 문제해결능력을 향상시키기 위하여 이를 피드백시킨다.

MBO의 과정은 기업의 특성과 개인목표의 차이 등에 따라 다르다.

이러한 MBO에서는 지시에 의하는 것이 아니고 작업자 자신이 설정한 기준과 목표에 따라 스스로 평가하는 것이기 때문에 잘만 운영된다면 전통적인 기법에서 나타나는 강압적인 성격이나 근로자의 심리적 불안감의 조성 등을 피할 수 있고, 구성원 간에 커뮤니케이션이나 인간관계의 개선효과를 증진할 수 있다.

이와 같은 MBO에 의하여 기대할 수 있는 효과의 문제점 내지 단점으로는 다음과 같은 점을 들 수 있다.

먼저 그 효과와 장점을 살펴보면 다음과 같다.

① **업적 향상**

장·단기 계획에 의하여 확실한 목표의식을 가지고 업무를 수행하기 때문에 자연히 기업의 업적이 향상된다.

② **의식구조의 개혁**

구성원 각자의 업무를 수행함에 있어서 상급자의 간섭, 통제를 받지 않고 자신이 설정한 목표를 향해 업무를 수행하고 평가하게 되므로 그 성과에 대한 책임의식을 가지게 된다. 또한 종래의 관리방식은 작업중심이었으나, MBO는 인간과 작업의 융화·통합을 기도하는 인간행동에 중점을 두었기 때문에 목표달성과정에서 자발성과 적극적인 태도가 유발된다.

③ **커뮤니케이션의 개선**

MBO는 목표달성과정에서 상급자와 하급자 간에 상호 의견을 교환하고 상의하여 목표를 설정하게 되므로 상하 간에 의사소통이 원활해지고 양호한 인간관계가 형성된다.

④ **사기앙양**

MBO는 성과중심으로 실적을 중시하며, 목표달성도에 대한 평가척도는 기업에 대한 공헌도가 되므로 개인의 능력이 평가되어 당연히 각 개인의 사기가 앙양된다.

⑤ **권한 위양이 용이**

자기통제하에 업무를 수행할 수 있도록 적절한 권한을 위양함으로써 자유재량의 여지가 많아지고, 경영목표를 향하여 진취적·창조적 능력 발휘가 가능하게 되므로 장래의 권한 위양이 더욱 용이하게 된다.

이러한 효과와 장점이 있는 반면에, MBO는 다음과 같은 단점도 있다.

① MBO 평가를 임금계획과 너무 밀접하게 묶어놓을 때는 너무나 비인간적이 될 수 있다.

② 조직목표와 개인목표를 명확히 한다는 것은 상당히 어려우며, 특히 통합목표를 명확히 한다는 것은 더욱 쉽지 않다. 그리고 최종목표와 중간목표의 상충문제도 발생할 가능성이 있다.

③ MBO는 계량적 측정을 강조함으로써 질보다는 양을 중시하는 경향이 있다. 따라서 생산성을 지나치게 강조하게 된다.

④ 기업의 유지·발전이 장기계획에 의한 결과인 데 비해 MBO는 지나치게 단기목표를 강조하는 경향이 있다.

⑤ MBO는 통합목표를 추구함으로써 상황이나 조건의 변화에 쉽게 적응하지 못하는 비신축적인 위험을 가질 수 있다.

⑥ 목표를 관리자와 작업자가 상의해서 결정하게 되므로 이는 참가에 의한 공동결정형태가 되어 관리직능과 작업직능 간의 한계가 있으며 잘못되었을 경우에는 작업자에게도 책임을 분산해야 한다는 문제성이 있다.

(3) 목표관리와 능력주의

종래의 관리방식에 있어서는 감독자에 의한 중앙집권적 권력구조의 형태에서 주어진 책임과 권한의 집행이 모호한 점이 있었지만, MBO는 상하 간에 대화를 통해서 조건이나 방침을 구체적으로 설정하게 되므로 권한과 책임의 소재가 명확해질 것이다. 요컨대 목표관리에 있어서의 권한 위양이라 함은 목표달성을 위한 갖가지 조건과 방침을 서로 명확하게 납득하는 일이며, 한편 책임이라 함은 그와 같은 조건과 방침에 적응할 수 있는 목표달성 기준에 해당한다고 할 수 있다.

이와 같이 달성기준이라고 하는 형태로서 관리자 개개인의 책임이 명확해지면 책임전가라든지 변명 따위는 있을 수 없게 된다. 따라서 목표관리는 오늘날 능력주의 인사라는 방향으로 이행되어 가고 있고, 또한 그렇게 하지 않으면 기업이 격변하는 환경변화에 적응해 갈 수 없다.

종업원의 의욕과 능력을 개발하고, 그 총력을 집중시켜 조직의 유연성을 지니게 하자면 상하좌우로부터의 충분하고 솔직한 의사소통을 통한 관리자의 우수한 '리더십'이 필요하다.

목표설정의 과정에서 상사는 그것이 매우 중요한 사항이 아니라면 가급적 종업원에 대한 간섭을 하지 않음으로써 부하는 자기의 재량과 책임을 가지고 자기통제를 하게 되는 것이다. 그러나 목표달성의 과정에서 궤도를 벗어났을 경우, 혹은 커다란 장애에 봉착했을 경우에는 상사가 개입하지 않을 수 없는데, 그와 같은 경우는 상사의 개입방법의 여하가 부하가 이룩하는 업적에 대해서 크게 영향을 준다는 점에 주의해야 할 것이다. 즉, 이와 같은 관리체제하에서는 부하가 자기의 목표를 달성하는 주인공이 되고, 상사는 다만 그 원조자에 불과하다는 점에 주의해야 할 것이다. 이와 같이 참다운 이해와 납득을 통한 목표가 설정되어야 비로소 부하들은 참여의식을 느끼고 달성하고자 하는 욕구를 가지게 되는 것이다.

이와 같이 목표관리는 개인의 능력을 평가하는 능력주의에 의한 인사를 가능케 하여 종업원의 능력을 정확하고도 객관적으로 평가할 수 있다는 여러 가지 이점에 의하여 오늘날 새로운 인사고과제도로써 부각되고 있다.

Chapter 07

교육훈련관리

제1절 교육훈련의 개념

1. 교육훈련의 의의

교육훈련은 호텔기업에 있어 중요한 경영관리활동의 하나로 조직목적을 달성하기 위해 고용한 종업원의 자질을 개발하고 업무처리능력을 개발하는 데 직접적인 역할을 한다. 즉 종업원의 자질을 개발하고 업무에 대한 적응력을 높여 보다 능률적인 업무처리뿐만 아니라 보다 우수한 자격을 겸비할 수 있도록 조직적이고 체계적으로 유도한다. 뿐만 아니라 교육훈련은 조직과 개인, 그리고 직장 내의 대인관계에서도 긍정적인 역할을 한다. 따라서 호텔의 관리자들은 교육훈련이나 인적자원개발을 일종의 투자개념으로 생각해야 한다. 왜냐하면 그러한 투자는 구성원과 조직, 그리고 여타의 이해당사자 모두에게 이익이 되기 때문이다.

호텔에서 가장 중요한 것은 인적자원 개발이다. 왜냐하면 인간은 기계와는 달리 교육훈련을 통해 얼마든지 잠재능력을 개발할 수 있고 개인의 발전을 통해 조직의 발전을 도모할 수 있기 때문이다. 따라서 호텔의 장기적인 성패는 인적자원의 능력수준과 이의 효과적인 활용에 달려 있다. 그러므로 호텔기업은 인적자원의 잠재능력을 최대한 개발하고 이것이 조직체의 성과 달성과정에서 발휘되도록 해야 한다. 호텔이 성장하고 발전할수록 인적자원의 개발은 더욱 필요해지고 그 중요성 또한 더욱 커진다. 그리고 성과가 높은 우수한 호텔일수록 인적자원의 개발을 중요시하고, 인적자원개발을 경영이념화하여 모든 관리자에게 중대한 책임으로 이를 강조한다. 세계적인 우수기업들은 교육훈련에 엄청난 비용과 시간을 투자하고 있으며, 많은 기업들이 이들 우수기업들의 관행을 본받고 있는 실정이다. 오늘날과 같이 산업이 고도화된 사회에서는 고도의 전문적인 지식・기능을 가진 인력이 요구되며 노동력 또한 무한히 공급된다는 사고도 변하게 됨에 따라 인적자원 개발의 중요성은 어느 때보다 강조되고 있다. 결국 교육훈련의 목적은 호텔조직의 궁극적 목적인 조직의 생존과 발전을 위하여 조직구성원을 교육시킴으로써 그들의 발휘능력을 극대화하는 데 있다.

교육훈련은 각 분야에서 다양하게 정의되지만 호텔기업에서의 교육훈련이란, 호텔기업에서 경영 및 생산 활동에 필요한 인재를 육성하기 위하여 사내의 근로자를 대상으로 행하는 교육이라 정의되어진다.

2. 교육훈련의 필요성

호텔기업에서 교육훈련의 필요성은 조직적 측면, 직무적 측면, 개인적 측면으로 나누어 설명할 수 있다. 조직적 측면에서 살펴보면 첫째, 호텔의 내부인력을 혁신함으로써 필요한 지식이나 기능을 유지시키는 데 훈련과 개발이 요구되고 있고, 둘째, 호텔조직의 경영전략, 조직의 장・단기 목표, 조직에 영향을 미치는 환경, 조직 분위기나 이미지 등을 고려하여 새로운 모델의 정립, 태도형성, 행동수정을 위한 프로그램을 마련하는 것이 있다.

직무적 측면으로는 현재의 직무나 앞으로 담당할 직무에 필요한 지식, 기능, 태도, 행동과 현재 종업원이 소유하고 있는 지식, 기능, 태도, 행동에 차이가 있을 경우 이러한 차이를 보완하기 위한 훈련과 개발이 필요하다.

마지막으로 개인적 측면으로는 종업원들은 훈련과 개발을 통해서 자신의 능력을 개발함으로써 승진이나 임금상승을 기대할 수 있게 된다. 또한 훈련의 성과를 측정·평가함으로써 새로운 훈련과 개발의 목표를 설정할 수 있다. 따라서 호텔경영자는 개인적 욕구의 차이를 훈련과 개발 프로그램에 반영해야 할 것이다. 여기서는 인사고과의 결과를 중요한 판단기준으로 한다.

교육훈련을 개인, 직무, 그리고 조직수준별 필요성에 입각하여 체계적으로 운영하면 다음의 효과를 거둘 수 있을 것이다.

첫째, 교육을 통하여 신입사원들에게 그들이 알아야 할 전반적인 정보, 즉 정책, 절차, 관행 및 규정 등과 그들이 담당할 직무에 대해 알게 함으로써 조직에 빨리 적응하게 할 수 있다.

둘째, 신입사원들에게 그들이 담당할 직무의 요건에 대한 지도를 해줌으로써 단시일 내에 질과 양의 모든 측면에서 표준생산이 가능하게 되어 기업의 수익증대를 꾀할 수 있을 것이다.

셋째, 교육훈련의 부수적 효과로 업무상 사고, 불량품, 기계나 설비의 손상 등을 최소화할 수 있을 것이다.

넷째, 종업원들은 교육훈련을 통하여 성취감 및 자신의 잠재능력에 대한 이해심을 높임으로써 직무만족을 높이고 불만족, 불평, 결근, 이직 등을 크게 감소시킬 수 있다.

다섯째, 기존 종업원들의 기술향상이 가능하므로 내부이동이나 승진을 위한 자격과 능력을 갖출 수 있게 한다.

마지막으로 지속적인 교육훈련은 종업원들의 학습능력을 개발하여 새로운 작업방식이나 새로운 설비 등에 적응할 수 있게 하며 직무내용 및 작업관계의 중요한 변화를 조정하는 데 기여한다.

이상의 효과에서 알 수 있듯이 교육훈련은 신규 채용된 종업원에게만 한정된 것은 아니고 기존의 종업원들에게도 직무를 전환하거나 승진할 때 또는 신기술 도입을 위해서도 수시로 요구된다.

3. 교육훈련의 목적

교육훈련이 인사관리상, 나아가 경영관리상 왜 필요한가, 즉 교육훈련의 목적을 3가지로 요약할 수 있다.

첫째, 인재육성을 위한 기술축적이다. 즉 인재육성을 통하여 당해 호텔의 기술이 축적되고 전문화가 이루어진다는 것을 의미한다. 이는 현재 평생직장이 없는 무한경쟁사회에서 인재를 체계적으로 훈련시키는 교육훈련프로그램을 통하여 당해 호텔의 가치를 높이는 계기를 마련해 준다는 것을 의미한다.

둘째, 커뮤니케이션의 원활화를 통한 조직협력이다. 교육훈련을 통하여 예전 관료제의 틀을 벗어나 구성원들의 화합을 이끌어낼 수 있다는 것을 의미할 수 있다. 한 가지 예로 멘토링을 들 수 있다. 직무의 기술만을 가르쳐 주는 코칭을 벗어나 사람과 사람의 관계까지 영역을 넓혀서 인간적인 관계를 중점으로 두는 멘토링이 바로 구성원들의 가족 같은 분위기, 화합화를 이끌어낼 수 있는 것이다.

셋째, 자기발전의 욕구충족을 통한 동기유발이다. 고학력사회가 되면서 자기발전을 하지 않으면 안 되는 사회가 되었다. 위에서 간단히 언급한 관료제사회에서는 자기 발전의 노력을 하지 않더라도 연공과 근속연수를 감안해 어느 정도 시기가 되면 다음단계로 올라갈 수 있는 기회가 주어졌지만, 현대는 자기의 책임을 늘리고자 한다면 그만큼의 역량을 키워야만 하는 것이다. 대학에서 배운 학업적 능력(ability)만으로 평생을 사는 게 아니라 자신이 직업전선에서 물러나는 순간까지 더 크게 말하자면 자신이 눈을 감는 날까지 자기개발을 해야만 하는 사회가 된 것이다.

이러한 목적에 따라 행해지는 교육훈련으로 기대할 수 있는 효과는 다음과 같다.

종업원이 지닌 다양한 욕구의 실현, 인사이동 · 결근 그리고 사고 등의 인사상 문제해결의 용이, 종업원 능력개발을 통한 자기발전의 가능성, 조직구성원의 능동적 근무태도로의 변화 유도, 직무수행능력의 향상 및 숙련도의 증가, 이의 실현을 위해 필요한 학습시간의 단축화 등이 있다.

이와 같이 교육훈련을 실시하는 목적은 품질을 개선함과 동시에 생산성을 향상시키며 효율적인 인적자원의 계획을 수립함과 동시에 종업원 개인의 성장을 도모함으로써 최종적으로 조직유효성의 증대를 꾀하는 것이라고 요약할 수 있다.

4. 교육훈련의 발전과정

기업교육훈련에 있어서 역사적으로 신기원(innovation)이라고 부를 만한 패러다임의 변화는 크게 세 번 있었다.

교육훈련 패러다임의 변화	혁신기법	주요내용	시작연대 (미국 기준)
제1의 물결	감수성훈련 (T-group)	조직구성원들 간의 대면 접촉을 통한 마음의 벽 허물기, 조직개발	1940년대
제2의 물결	구조적 피드백 (Structured Feedback)	교육훈련의 전이 중시, 이해관계자들로부터의 피드백에 의한 교육평가	1950~70년대
제3의 물결	행동을 통한 학습 (Action Learning)	직무상황에서의 행동과 실제경험을 통한 학습	1980년대

제1의 물결은 T-group훈련으로 '감수성훈련(sensitivity training)'이라고 부른다. 이 훈련은 조직구성원들이 다른 구성원과의 대면접촉을 통해 타인에 대해 관심을 가지고, 그들의 처지나 입장을 이해함으로써 마음의 벽을 허물고 인종, 지역, 학력, 출신 등의 차이를 극복하고 협동하게 됨으로써 조직이 활성화되고 이를 통해 조직성과가 향상된다는 것이다.

이 훈련은 개인별 훈련에 초점을 두고 있던 당시로서는 혁명적인 기법으로 받아들여졌다. 또한 많은 기업에서 큰 효과를 거두었다.

제2의 물결은 구조적 피드백으로 학습이론에 있어 중요 개념인 강화 및 피드백 개념을 교육훈련에 도입한 것이다. 이 훈련기법은 조직 내 인간행동은 그 결과에 대해 자신을 둘러싼 상사, 동료, 부하직원, 고객, 주주 등 이해관계자들의 평가에 의해 끊임없이 피드백을 받는다는 개념이 핵심이다. 이 훈련기법은 후세에 다면평가 등으로 발전하였다. 이 물결의 기본사고는 교육훈련에 있어서 중요한 것은 교육훈련을 통한 전이(transfer of training)이며, 이것은 이해관계자들의 피드백 반응으로 추정된다는 데 있다. 이 두 번째 흐름은 이미 기업교육의 주된 흐름으로 자리 잡았고 우리나라에서도 인사평가와 교육훈련의 다면평가가 대기업을 중심으로 10여 년 전부터 정착되어 가고 있다.

그리고 제3의 물결은 기존의 교육훈련 패러다임을 근본적으로 흔드는 획기적인 것으로서 현재 미국과 유럽은 물론이고 우리나라에도 상륙하여 요원의 불길처럼 번지고 있는 것이다. 행동을 통한 학습(Action Learning)에 관한 정의로 간주되는 것은 Burke의 정의인데 “조직 내 시시각각 발생하는 실무적 문제를 해결하는 데 있어서 개인학습의 원리를 동원하여 문제해결을 보다 효과적으로 그리고 협동작업을 통해 추진함으로써 조직의 학습과정을 획기적으로 개선하는 것이다. 즉, 이것은 학습을 학습하는 것(learning about learning)”을 말한다. 다시 말하면, 행동을 통한 학습(Action Learning)이란 조직 내 문제를 해결하는 데 있어 학습을 활용하는 것이며 이러한 과정을 통해 조직 및 구성원들의 학습능력을 향상시키는 실질적인 행동위주의 교육훈련방법이라고 이해할 수 있다. 또한 현재는 e-learning, mentoring 등 다양한 방법으로 교육훈련을 실시하는 기업들이 많이 있다.

제2절 교육훈련의 체계와 내용

1. 교육훈련의 체계

교육훈련이 지닌 본래의 목적을 달성하기 위해서는 먼저 그 대상과 방법이 명확히 정해져야 한다. 교육훈련의 실천단계에서 교육훈련을 누가 담당하며, 대상은 누구인가 그리고 무엇을 가르칠 것인가를 선정하는 것이다. 즉, 교육훈련의 실시는 기업의 규모, 신규 종업원의 채용방침, 필요한 종업원의 확보 정도, 직무수행의 안정성, 훈련의 내용에 따라 달라진다.

1) 대상별 훈련체계

이것은 피교육자 즉, 훈련대상에 따른 분류체계로서 그 기준이 되는 것은 조직 내의 신분이나 계층이다.

(1) 신분에 의한 분류

신분에 의해서는 입직 훈련(orientation training)과 종업원 훈련(employee training)으로 구분할 수 있다. 입직 훈련이란 신규채용된 신입종업원들에게 채용 직후 일정기간 회사의 제반사항, 직무요건, 근무태도 등을 훈련시키는 것으로 친밀감, 애사심 등을 심어줄 수 있다. 입직 훈련은 기업에 대한 초보적인 설명, 직무에 관한 상세한 설명, 사후검토를 위한 면접 등으로 나눌 수 있는데 이는 뒤에서 다시 한번 살펴보기로 한다. 종업원 훈련은 직업학교 훈련, 도제 훈련, 실습장 훈련, 직장 훈련 등으로 구분할 수 있는데 자세한 내용은 역시 뒤에서 언급하기로 한다.

(2) 계층에 의한 분류

교육훈련은 계층에 따라 경영자 훈련(program for executive, management development program), 감독자 훈련(program for supervisor, supervisory training), 일선 종업원 훈련(program for worker, employee training)으로 나눌 수 있다.

먼저 경영자 훈련은 최고 경영자 관리 프로그램(ATP), 최고 경영자 프로그램(AMP), 경영게임법, 사례연구방법, 인-바스켓 훈련 등으로 나누어진다. ATP는 최고 경영자를 대상으로 하고 Off-JT, 토의방법 등을 사용하여 이루어진다. AMP는 중간 관리자들을 후보로 선정해 8주 정도의 사내 프로그램과 2주 정도의 경영자 연수원교육, 리더십, 문제해결기법, 동기부여기법 등 중요 상위 관리직에 적합한 잠재력을 갖춘 후보를 선정한다. 경영게임법은 기업경영을 모의연습해 보는 것이다. 근본적으로 경영게임은 한 기업의 운영 특성들을 기술한다. 이러한 기술은 결정이 내려진 후에 작성되는 등식의 형태를 띤다. 이러한 게임들은 컴퓨터의 사용이 확대됨에 따라 대중화되었다. 사례연구방법은 사례를 제시한 후 토론해 이론과 실제를 연결하는 것이다. 인-바스켓 훈련은 갑자기 닥친 문제해결의 연속이라는 현실을 실험화하여 관리자의 잠재적 능력 또는 통찰력, 사고력, 분석력, 창조력 등을 향상시키려는 것이다. 이 방법이 사용될 때, 참가자들은 관리자의 책상 위에서 자주 발생하는 일에 관한 메모, 보고서, 전화 메시지 등과 같은 많은 업무용 자료를 받게 된다. 어떤 특별한 순서 없이 제시된 이 자료들은 긴급한 일에서부터 일상적으로 처리하는 일에 이르기까지 매우 다양하다. 참가자는 이 자료에 포함된 정보에 따라 행동하도록 요구된다. 이외에도 연할연기법, 코칭, 회의식 방법, 인턴십, 시청각 학습, 프로그램식 학습, 컴퓨터보조학습, 강의 등이 사용될 수 있다.

감독자 훈련은 기술력과 통솔력을 동시에 보유하게 하여, 우수한 기술자, 유능한 관리자, 탁월한 통솔자로서의 역할을 수행할 수 있도록 교육시키는 것인데, 여기에는 JIT와 TWI가 있다. JIT는 지도요원의 교육을 말하고 TWI는 일선 감독자를 훈련시키기 위한 단기훈련방법으로 작접지시(JI), 작업방법(JM), 작업통솔(JR)을 말한다. 이에 대해서는 다음 주제에서 자세히 살펴본다.

마지막으로 일선 종업원 훈련에는 직업학교 훈련, 도제 훈련, 실습장 훈련, 직장 훈련 등이 있다. 직업학교 훈련은 외부의 직업학교에서 훈련받는 것을 말하고 도제 훈련은 작업장에서 감독자의 지시를 받거나 숙련공 또는 선임공원의 작업을 직접 보조하면서 기능과 지식을 습득하는 것을 말한다. 실습장 훈련은 회사에 설치된 실습장에서 실습설비를 이용해 훈련하는 것이고, 직장 훈련은 기본적인 내용을 설명하고 난 후 정해진 프로그램에 제시된 문제의 해답을 피훈련자가 가려내도록 하여 성과에 따라서 기능훈련의 정도를 높여가는 방식을 말하는데 이에 대해서도 다음 주제에서 자세히 살펴보기로 한다.

2) 장소별 훈련체계

훈련이 실시되는 공간이 사내인가 사외인가로 구분된다.

(1) 직장 내 훈련

직장 내 교육훈련(On the Job Training)은 현장의 직속상사를 주축으로 한 교육훈련방식이다. 즉, 직장에서 구체적인 직무에 임하여 직속상사가 부하에게 직접적으로 개별지도를 하고 교육훈련시키는 방식을 말한다. 사내교육훈련은 엄밀히 말하자면 '일' 중에서 지도, 교육훈련을 하는 것이다. 그러므로 이는 실무상의 교육훈련으로서 기회교육이며 체험학습인 것이다. 상사는 자기 부하에 대하여 일상의 모든 기회와 장소를 이용하여 계획적으로 직무수행에 필요한 지식, 기능 및 태도에 대한 교육을 실시함으로써 부하의 능력개발 향상을 위해 노력해야 한다.

OJT를 효과적으로 실시하기 위해서는 우선 'OJT를 수행하는 체제'를 확립할 필요가 있다. 이러한 체제 확립에는 다음 4가지가 유의되어야 한다.

첫째, 최고경영자가 OJT의 중요성을 인식해서 그것을 기본방침으로 삼고 그의 중요성을 전 종업원에게 인식시켜야 한다. 둘째, OJT의 계획적인 실시방법을 전문적으로 지도 촉진하는 OJT 프로그램을 설정하여 감독자 및 관리자 OJT의 계획을 구체적으로 지원해 주어야 한다. 셋째, OJT를 감독자 내지 관리자가 구체적으로 계획하고 실시할 수 있도록 사업부 내의 분위기를 조성해야만 한다. 넷째, 감독자 및 관리자의 OJT 실시상황을 인사고과의 항목으로 반영하여 감독자 및 관리자에게 OJT를 적극적으로 실시하도록 동기부여를 해야 한다. OJT의 방법은 정형직과 비정형직의 OJT와 일과 인간중심의 OJT로 구분해서 생각할 수 있다. 정형직 OJT에는 일 중심의 OJT 중 특히 업무분장형이 적합하고, 비정형직 OJT에는 일 중심의 OJT 중 문제분석형과 인간중심의 OJT방법이 적합하다.

직장 내 훈련은 추상적이 아니고 실제적이며, 사외교육훈련보다 실시가 용이하며 훈련으로 진보를 알 수 있어 종업원의 동기를 유발시킬 수 있고 상사나 동료 간의 이해와 협조정신을 강화, 촉진시킬 수 있으며 저비용으로 할 수 있다는 장점이 있다. 하지만 우수한 상사가 반드시 우수한 교사는 아니며 일과 훈련의 양쪽이 철저를 기하지 못할 가능성이 있고 다수의 종업원을 한꺼번에 훈련할 수 없으며 통일된 내용, 정도의 훈련을 할 수 없다는 단점이 있다.

현재 우리나라에서 OJT가 실제적으로 잘 뿌리내린 조직은 적다. 그 이유는 OJT가 형식적이고 전시적으로 전개되어 왔기 때문이다. 또한 OJT가 모든 계층에 동시적으로 적용하려 했기 때문이다. 이제 OJT가 단순한 기법뿐만 아니라 정신적인 면을 포함했을 때 조직에 성공적으로 정착될 수 있다고 본다. 이러한 기법과 정신적인 면을 합친 OJT방법이 연구되고 있으며, 또한 OJT는 교육방법의 기본이기 때문에 기본에 충실한 OJT가 새로운 교육방법, 경영기법으로 다시 떠오르고 있다.

(2) 직장 외 훈련

직장 외 교육훈련(Off-JT)은 다른 말로 직무 외 훈련이라고도 한다. 교육훈련을 담당하는 전문 스태프의 책임하에 이루어지는 것으로서 직장 내 교육훈련 이외의 모든 훈련을 말하는데, 기업 내의 양성소나 연수원 등과 같은 특정의 교육훈련시설을 통해서 또는 정기적 내지 부정기적 강습회나 강연회의 개최 혹은 기업 외의 전문적인 훈련기관에 위탁하여 시행하는 경우도 있다. 따라서 내용적으로 볼 때 이는 집합교육의 성격을 갖는다고 할 수 있다. 이는 현장과 작업은 직접적인 관련을 갖지 않는 보편적인 내용, 예컨대 일반적인 작업에 대한 사고방식이나 작업의 개선방식 및 인간관계의 중요성 등을 교육훈련하는 데 적합하다. 이런 직장 외 교육훈련은 현장작업과 관계없이 예정된 계획에 따라 훈련할 수 있다는 장점을 가지고 있으나, 그 결과를 현장에서 곧 활용하기 어렵고 작업시간의 감소, 훈련시설의 설치 등으로 경제적 부담이 크며 잘못하면 고비용 저효율의 교육훈련이 될 수 있다는 단점이 있다.

일반적으로 직장 외 교육훈련(이하 Off-JT)은 세 가지로 분류할 수 있다.

첫째, 계층별 교육훈련이란 신입사원, 중견사원, 중간관리자, 고급관리자, 경영자과정 등으로 대별하는 교육훈련으로 각 계층에 필요한 기본적인 능력을 중점적으로 배양하는 능력향상과정이며 각 계층의 승진대상자를 위한 승진대상자 훈련도 계층별 교육에 포함된다. 이 과정들은 거의 대부분이 집단합숙훈련으로 실시되며, 각 과정이 대부분 40~60시간의 과정으로 정형화되어 있다.

둘째, 직능별 교육훈련이란 영업부, 생산부, 자재부, 경리부, 인사부 등 각각의 직능에 필요한 업무수행능력을 기르기 위한 교육훈련이다. 이 훈련은 각 사의 특성이나 각 직능의 특성에 따라 필요한 능력이 아주 다양하기 때문에 영업부문 이외에 정형화된 과정은 거의 없다. 그러므로 각 사의 실정에 맞는 프로그램을 작성하기 위한 교육훈련 필요점 조사가 선행되어야 한다. 현재의 업무를 수행하는 데 있어 미달되는 능력은 주로 선배나 상사들 중에서 사내감사에 의존하는 경우가 많고, 합숙훈련보다는 연구회, 발표회, 분임토의 등의 사내활동이 많으며 미래의 업무를 수행하기 위한 예비훈련은 사외 전문가에게 의존하는 경우가 많다.

셋째, 과제별 교육훈련이란 계층별 및 직능별 교육훈련에 포함되지 않는 내용으로서 호텔기업의 특별한 과제를 수행하기 위해서 필요한 능력을 배양하기 위해 실시하는 교육훈련이다. 예로써 노사협력과정, 창의력과정, 경영방침공유과정, 현지화과정, 팀워크증진훈련과정 등이 과제별 교육훈련에 속한다.

Off-JT는 장소의 제한, 시간의 제한, 재정의 제한으로 인하여 많은 한계가 나타나고 있다. 그러한 Off-JT의 한계점을 타파하기 위한 방법으로서 Off-JT와 On-line교육을 접목한 블렌디드 교육방법(Blended Learning)이 연구되고 있다. 즉, 지식적인 것은 On-line으로 하고 태도적인 것, 정의적인 것은

Off-JT로 하는 방법이다. 또 Off-JT는 기본적인 내용, 핵심적인 내용을 습득하기 위한 방법으로 많이 활용되고 있다.

3) 시기별 훈련체계

이것은 교육훈련의 대상이나 장소에 관계없이 교육훈련이 필요하다고 여겨지는 때에 실시되는 성격에 의해 분류할 수 있다. 참고로 일본 노동성의 분류체계는 신규 채용자 훈련, 종업원 재교육, 승진 · 전직교육, 교환교육으로 이루어져 있다.

2. 교육훈련의 내용

이상에서 살펴본 다양한 교육훈련의 체계 중에서 입직 훈련, 일반 종업원 훈련, 감독자 훈련 등에 대해 자세히 살펴보자.

1) 입직 훈련

입직 훈련의 내용에 대해서는 호텔의 역사, 규모 및 업장 등에 따라 교육내용이 달라질 수 있으므로 일일이 열거하기는 어려우나 일반적으로 다음의 내용으로 구성된다.

(1) 호텔에 대한 초보적인 설명

① 회사의 역사, 조직, 경영, 업장, 메뉴
② 인사관리상의 방침 및 제 규정
③ 복리후생 및 종업원의 제 활동
④ 고용조건
⑤ 회사의 편의시설 및 부대시설
⑥ 노동조합
⑦ 조직과 구성원, 업무내용, 근무시간, 임금 및 승진의 기회

(2) 직무에 관한 상세한 설명

① 관련있는 동료나 상사의 소개
② 해당 부서에서 지켜야 할 제 규칙
③ 직장의 견학
④ 직무에 대한 구체적인 설명
⑤ 신입사원의 동료에 대한 소개

(3) 사후검토를 위한 면접

① 회사의 방침이나 여러 절차들에 대한 질의응답
② 회사의 방침이나 규율 중에서 특히 중요한 점의 재설명
③ 여러 가지 임의가입제도 참여 여부에 대한 의사 타진
④ 호텔 견학
⑤ 배치의 적합성이나 훈련의 진척상황에 대한 검토

2) 일선 종업원 훈련

(1) 식업학교 훈련

직업전문학교(Berufsfachschule)는 전일제 학교로 1년 내지 3년 과정이며 직업활동에 필요한 교육을 제공한다. 특히 커피, 조리, 조주, 상업, 사무직의 경우가 해당된다. 기간은 최소 1년이고 그 이상일 경우에는 부분적으로 실습교육기간에 가산되거나 이를 완전히 대체할 수도 있다.

또 다른 직업교육체제는 실업학교를 졸업한 학생들을 받아들이는 전문고등학교(Fachoberschule)이다. 이 학교의 교육과정은 2년(도제과정을 마친 경우에는 1년)이다. 1년은 학교의 작업장에서, 또한 호텔에서 실습생으로 전공에 필요한 실질 교육을 받고, 다음 해에는 학술적·이론적인 수업만을 받는다. 수료하면 공과대학의 일종인 전문대학(Fachhochschule)으로의 진학자격이 주어진다.

(2) 도제 훈련

실무기술에만 치중하지 않고 신뢰성, 지도성 있는 종업원을 양성하기 때

문에 학과를 보다 중시하여 훈련한다. 작업장에서 감독자의 지도를 받거나, 숙련공 또는 선임공원의 작업을 직접 보조하면서 필요한 기능과 지식을 습득하고 여기에 작업장 밖에서의 강의실 학습을 병행하는 것이다. 작업장이나 일정한 교육장소에서 상사와 피훈련자 간에 일대일로 훈련하는 방법으로, 사제 간의 의미가 강하기 때문에 직장 밖에서 받은 교육에 비해 자신의 직속상사에게 직접적으로 개인훈련을 받는다는 의미이다. 교육자로부터 일대일학습이 가능하기 때문에 피훈련자의 경험학습효과가 크며 피훈련자가 직무현장에서 근무하면서 배우기 때문에 소정의 임금을 받을 수 있다. 교육자와 피훈련자 간의 지속적인 상호작용으로 시간이 지남에 따라 새로운 업무기술을 창출하는 시너지효과가 있다.

(3) 실습장 훈련

호텔에서 설치한 실습장에서 실습용 설비 등을 이용하여 작업방법을 습득하고 기능훈련을 하는 것이다. 호텔 내 작업장과 별도의 공간에 설비를 갖추어 교육대상자에게 주로 기능을 전수시키는 훈련기법인데, 해당 생산작업장에서 상사가 훈련을 실시할 여력이 없을 때 이런 기법을 이용한다. 많은 사람을 일시에 훈련시킬 수 있다는 장점이 있고, 훈련에만 몰두할 수 있어 학습효과가 높으나 훈련내용과 실무와의 연결에 종종 문제가 생기고 학습효과가 예상보다 낮게 나타나게 될 경우 훈련 실시자와 일선 작업자의 상사 간 갈등이 야기될 수 있다는 단점이 있다.

(4) 직장 훈련

OJT로, 종업원들은 즉시 현장의 실무에 배치되어 작업을 하는 과정에서 경험과 지식이 풍부한 숙련공이나 감독자에 의해서 직무의 전반에 관하여 지도를 받는다. 직장 내 종업원 교육훈련방법의 하나로, 집합교육으로는 기본적·일반적 사항밖에 훈련시킬 수 없다는 반성에서 나온 것으로 피교육자인 종업원이 '업무수행의 중단 없이 업무수행에 필요한 지식·기술·능력·태도를 교육훈련받는 것'을 말하며, 직장훈련·직장지도·직무상 지도 등이라고도 한다.

모든 관리자 · 감독자는 업무수행상의 지휘감독자이자 업무수행과정에서 부하직원의 능력향상을 책임지는 교육자여야 한다는 생각을 기반으로 직장 상사나 선배가 지도 · 조언을 해주는 형태로 훈련이 행하여지기 때문에, 교육자와 피교육자 사이에 친밀감을 조성하며 시간의 낭비가 적고 기업의 필요에 합치되는 교육훈련을 할 수 있다는 장점이 있다.

그러나 지도자의 높은 자질이 요구되며 교육훈련 내용의 체계화가 어렵다는 등의 난점이 있다. 이에 따라 OJT의 대상은 비교적 기술직을 대상으로 하지만, 관리직이나 전문직에도 점점 적용시켜 나가고 있다. 또한, 점점 정형화되고 있는 것으로는 특정의 선배종업원(스폰서)이 새로 들어온 종업원을 각각 나누어 맡고, 스폰서가 새로 들어온 종업원의 훈련에 책임을 지는 스폰서 시스템이 있다.

OJT와 대조적인 개념으로, 직무수행을 중단 또는 직장배치 전에 다른 장소에서 실시되는 직장 외 교육훈련을 오프제이티(Off-JT)라고 한다. 이 Off-JT가 관리자나 감독자에게 실시되는 경우, 그 교육훈련의 내용은 OJT를 통해 실제로 직장에서 활용되어 직접적으로 작업자나 집무자의 업적에 반영되는 효과를 가져오게 된다. 선진국의 통계에 의하면 기업 내 교육훈련의 90%는 OJT에 의거하는 것으로 나타나고 있다.

3) 감독자 훈련

감독자는 현장에서 작업자를 직접 지휘, 감독하는 자를 말하며, 이들에게는 우수한 기술자, 유능한 관리자, 탁월한 통솔자로서의 역할을 수행하는 데 필요한 지식(즉 ① 기능 및 기술의 향상, ② 사고력, 판단력, 응용력, 부하를 지휘하는 통솔력의 배양 등)을 습득시키는 데 초점을 두고 있다. 감독자에 대한 훈련기법으로 JIT와 TWI가 있다.

JIT(Job Instruction Training)란 미숙련공을 훈련시킬 지도요원의 교육을 위해 고안된 방식이고 TWI(Training Within Industry)란 주로 생산부문에 있는 일선 감독자를 조직적으로 훈련시키기 위한 단기훈련방법으로 JI(Job Instruction: 작업지시, 작업지도), JM(Job Method: 작업방법, 작업개선), JR(Job Relations:

작업관계, 작업통솔)로 구성되어 있으며 주로 토론식 교육방법을 사용한다.

감독자 훈련은 일선 감독자를 대상으로 한 기본 교육훈련인 TWI(Training Within Industry)교육을 그 뿌리로 보고 있다. 이 교육은 본래 2차 세계대전 당시 작업현장을 대상으로 한 전쟁 시 긴급훈련방식으로 미국 정부에 의해 개발된 것이다. 기업의 조장, 반장 등 감독자들이 기본적 기능에 숙달케 하고 감독능력을 발휘케 한다는 데 목적을 둔 정형적 교육훈련프로그램으로 미국에서 개발된 업무지침(JI), 업무개선방법(JM), 업무상 인간관계(JR)의 3가지와 안전작업방법(JS: 일본에서 개발)을 실습을 중심으로 훈련하게끔 되어 있다. 부하직원의 지도감독 요점이 실무를 중심으로 정리돼 있고 실습을 중시하기 때문에 지금까지도 많은 기업에서 실시되고 있다. 이 밖에도 급변하는 환경변화의 인식을 통해 생산현장에서의 품질, 생산성 향상에 관련된 속성을 이해시켜 현장에서의 원가절감방법과 연계시킴으로써 개선방안을 찾을 수 있도록 구성된 과정도 있다.

감독자 훈련은 결국 현장조직의 모든 구성원들을 활성화하고 공장혁신을 유도하여 구체적인 Output을 높이는 것으로 귀결된다.

감독자 훈련의 예로 구마모도 공장의 사례를 들 수 있다. 일본 전기의 구마모도(熊本) 반도체 공장은 다른 공장보다 불량율이 높아 고민을 하고 있었다. 소장 이하 전 사원이 모여 여러 가지 궁리를 하였지만 좀처럼 불량률이 줄어들지 않았다. 그러던 어느 날 교대제 근무를 하던 여공 한 명이 회사 출근길에 화물차가 지나가는 바람에 건널목에 서 있었다. 그날따라 유난히 긴 화물차량이었던지라 좀 오래 기다리게 되자 평소에 느끼지 못했던 열차의 진동을 느꼈다. '혹시, 이 진동이 우리 회사의 반도체 작업에 영향을 준 것은 아닐까?'라는 생각을 하였다. 이러한 생각을 회사의 조장에게 전하고, 이 말을 들은 조장은 열차가 지나가는 시간에 작업을 멈추고 주의 깊게 살펴보았다. 하지만 아무런 진동도 느낄 수가 없었다. 그런데도 조장은 이 여공의 말을 묵살하지 않고 공장장에게 보고하였다. 공장장은 곧 '그럴 법도 하다'라고 생각하여, 열차 선로와 공장 사이에 구덩이를 파고 물을 채워서 진동의 흡수장치를 만들었다. 아니나 다를까 불량률은 그날로 뚝 떨어져 일시에 어느 공장보다 높은 생산성을 기록하게 되었다.

본 훈련은 어려운 경쟁시대를 맞이하여 관리감독자가 회사의 문제를 함께 고민하고 해결하여 품질과 원가에 관련된 관리능력을 향상시키는 데 탁월한 성과가 있을 것이라고 확신한다.

제3절 교육훈련계획

1. 교육훈련계획의 입안

기업의 전 부문에 걸쳐 발생하는 문제의 해결, 예방이나 성과의 향상을 위하여 행하는 교육훈련이 항상 최선의 길이라고는 할 수 없다. 그러나 사업계획에 상응한 인재양성을 위하여 교육훈련의 계획을 입안해야 한다.

먼저, 교육훈련의 실시목적과 이유가 타당하며 정말 필요한가를 파악할 수 있는 실제적인 문제의 근거는 무엇인가를 살펴야 하며 그 문제의 핵심이 되는 원인이나 이유로써 관계자의 능력, 예컨대 지식, 기능, 태도 등의 부족이나 미비점이 확연히 드러나는가를 살펴야 한다. 그리고 문제의 해결을 위하여 교육훈련 이외의 최적의 대안은 없는가의 여부와 그 대안들과 교육훈련 실시와의 비교우위를 고려해야 한다. 이러한 검토 후에 실시하게 될 교육훈련은 내용 면에서 필요하고 충분한가, 또한 효과적이고 경제적으로 실시되고 있는가 등을 검토해야 한다.

그 다음 교육훈련프로그램의 계획입안에서 검토되어야 할 사항은 회합이나 면접 등으로 피훈련자 수나 소요시간 수가 많은 교육훈련에 대하여 그 이유, 목적을 듣고 그에 관한 문제를 파악해야 하며 그 원인의 조사에 있어서 사실에 근거를 두고 조사하여 증거를 뒷받침할 수 있는 근거를 찾아야 한다.

교육훈련의 목적이 구체적이고 명확하지 않으면, 교육훈련이 과다하거나 부족하기 쉽다는 사실을 고려하여 계획을 입안해야 한다.

2. 단기교육훈련계획의 기획입안순서

교육훈련계획에 입각한 과정별 프로그램을 작성하거나 입안하는 방법은 각 기업마다 차이가 있다. 일반적으로 기술할 수 없으나, 아래와 같은 순서가 보편화되어 있다.

① 과정별 교육자료의 준비
② 교육참가자의 선정
③ 교육참가자는 직속상사와 참석관계 협의
④ 교육일자 선정
⑤ 교육장소의 사전조사 및 확보
⑥ 강사의 선정
⑦ 교육계획서 작성
⑧ 직속상사의 승인
⑨ 사내 PR
⑩ 교육훈련 실시
⑪ 교육평가 및 결과보고 등

1) 교육계획서의 내용

이는 최소한 5W1H(When, Where, Who, What, Why, How)가 포함되어 있으면 충분하지만, 다음 사항을 체크하는 것이 바람직하다.

① 교육명(예: 종업원 능력개발과정)
② 목적, 취지, 계획을 입안하게 된 배경
③ 훈련항목과 교재
④ 참가자의 소속부서명과 명단작성
⑤ 기간, 일자, 진행일정표

⑥ 훈련방법, 훈련에 사용되는 기법
⑦ 교육장소(지도), 방 배치도
⑧ 강사선정(강사명, 학력, 경력, 저서)
⑨ 교육담당자 및 책임자명
⑩ 훈련에 관련되는 참고문헌 및 사전학습자료 소개
⑪ 합숙 시의 주의사항
⑫ 교육예산 확보
⑬ 교통수단 강구(버스, 자가용)
⑭ 구급약품 준비

2) 교육장의 선정

호텔의 규모를 막론하고 호텔들의 집합교육(Off-JT) 실태를 보면, 대다수의 호텔은 호텔 내의 연회장을 연수원장으로 활용하거나 교외 리조트 연회장을 빌려 교육훈련을 진행하고 있다.

호텔기업들은 부정기적으로 각종 사내 강사나 외부 호텔관련 전문가를 초빙하여 강의식(Lecture-Method), 토의식(Discussion-Method), 실습식(Practise-Method), 요약식(Summary-Method) 등 산업교육의 기본교육 진행요령에 의거해서 교육을 실시하고 있는데 교육장소는 자사 호텔, 교외수양관, 또는 대기업의 연수원을 임대하여 사용하고 있다.

교육장은 가급적 빠른 시일 내에 선정하는 것이 바람직하다. 자사 호텔의 경우에도 신속하지 못하면 호텔 연회장 이용객의 기예약에 따라 교육훈련을 연기하거나 타 교육장을 이용해야 하기 때문이다. 또한 쾌적하고 좋은 타사의 교육장도 빨리 예약하지 않으면 이용할 수 없으므로 신속한 조치가 필요하다. 교육훈련 실시 이전에 교육장의 구조와 교육훈련장비를 조사해 두어야 교육 당일에 혼란을 예방할 수 있다.

당일 교육장에 사용할 체크항목을 열거하면 다음과 같다.

① 교육장과 상대방의 연락자, 성명 확인

② 참가예정인원과 숙박인원
③ 객실의 확인(인원과 넓이의 확인)
④ 비용의 지불방법
⑤ 식사나 음료수의 제공방법
⑥ 대중교통 이용방법
⑦ 강사 교통수단 강구(강사 직접 운전, 연구소 부담, 회사 부담 여부)
⑧ 교육장의 부대시설 확인(빔 프로젝트, 화이트보드, 보드펜, 지우개, 재떨이, 냉·난방 여부, 안내판, 차트걸이 등)
⑨ 마이크, 녹음기(Tape-Recorder) 대출 유무
⑩ 복사기 사용 유무
⑪ 동일 교육장소의 타사교육 예약 여부
⑫ 교육환경과 분위기(단체객, 소음: Hotel이용 교육 시)
⑬ 인근 관광지

3) 교육참가자의 선정

① 교육참가자의 List-Up
② 참가자의 상사와 긴밀한 연락, 조정, 타협
③ 교육목적, 효과 등의 설명
④ 교육 시 참가복장

4) 자료준비

① 참가자에 대한 안내장 또는 통지서
② 배포자료 준비
③ 노트
④ 모조지와 매직펜
⑤ 필요한 규정집
⑥ 궤도

⑦ 카메라

⑧ 기타(참가자 현황: 연령, 학력, 호봉, 근무연수, 직위, 소속별 DATA 등)

5) 사내홍보(PR) 강화

사내 교육훈련의 풍토조성, 과정별 교육의 관심도 및 분위기 조성이 중요한 역할을 한다. 홍보방법은 교육 전과 교육 후로 나누고, 사내홍보지, 사보, 회람, 게시판, 발표회 등에 게재하는 것이 바람직하다.

특히, 종업원 전원에게 알리기 위해 시각에 호소하는 방법에 대한 연구가 필요하다. 여기에 포함시킬 내용으로는 다음과 같은 것이 있다.

① 회사의 경영이념, 경영방침

② 교육훈련 목적

③ 교육훈련 규정

④ 연수풍경의 사진

⑤ 참가자의 감상문, 소감문서 등

6) 과정별 교육훈련계획작성 시의 유의사항

① 과정별 교육훈련프로그램(program)을 작성할 때는 다음과 같은 내용을 기입한다(괄호 안은 예).

② 과정별 교육명: (호텔종업원 서비스 향상 교육)

③ 교육훈련 목적: (취지, 계획을 입안하게 된 배경 설명)

④ 교육기간: ('01.5.5~'01.5.8)

⑤ 교육장소: 연회장 412호

⑥ 교육대상: (입사 2년 이상자 또는 본사, 지점, 영업소 근무자로서 입사 1년 이상의 대졸자)

⑦ 교육훈련비: (교육직접비, 교육간접비, 총액, 명세서 등)

⑧ 교육시간표: (정신교육 %, 이론 %, 실습·토의 % 등)

⑨ 교육과정별 평가서

7) 교육훈련비 산출표(교육비 항목)

① 식대
② 강사료(내・외부)
③ 문구비
④ 간식비(간담회)
⑤ 사진촬영비
⑥ 특수훈련비(극기훈련 O.L)
⑦ 교통비(버스, 택시)
⑧ 관광경비
⑨ 세탁비(교육복)
⑩ 의무비
⑪ 시상비
⑫ 교재작성비
⑬ 시청각 교육기자재 대여비(O.H.P, VTR, 녹음기)
⑭ 예비비

8) 기타 사항

① 강사카드(강사소개 내용)
② 교재
③ 과정별 교육준비(Check-List)
④ 연수원 규칙사항 또는 교육일지
⑤ 강의요청서

3. 교육훈련 담당자

교육훈련 담당자는 호텔의 규모와 경영방침 등에 따라 상이하다. 소규모 호텔의 경우 별도의 교육담당부서를 확보하기 어렵기 때문에 외부기관에 위탁하는 반면 대규모 호텔의 경우에는 독립된 교육담당부서에서 전문교육담당자를 통해 교육훈련을 실행한다. 교육담당자는 교육하려는 대상자에게 교육주제에 대한 충분한 지식과 경험을 갖고 피훈련자들로부터 존경과 신뢰를 받아야 한다. 아울러 교육담당자는 능력 면에서 탁월한 교수법을 지녀야 하며 정신적인 면에서 교육에 대한 열의를 지닌 사람이어야 한다.

교육훈련 시 교육내용과 진행방법이 단순할 때에는 사내의 숙련자를 통한 교육이 가능하나 업무수행방식이 고도화, 분업화, 전문화된 경우에는 사내의 숙련자 및 상사가 직접 부하를 훈련시키기가 어렵다. 그러므로 교육담당부문의 훈련전문가에 의해서 행하는 것이 비용이나 시간적 측면에서 보다 효율적이다. 따라서 대규모 호텔에서는 조직적인 교육담당자의 육성이 필요하다.

4. 교육훈련시기와 장소

1) 교육훈련의 시기

전반적으로 보아 대개의 경우 다음의 점들을 고려하여 교육훈련시기를 결정함이 타당할 것이다.

먼저 교육훈련의 시기는 승진, 배치, 이동제도의 변경 그리고 새로운 설비의 설치, 결원, 보충 등의 상황에 맞추어 실시하는 것이 좋다. 그리고 훈련기간은 피훈련자가 충분히 교육내용을 이해하고 습득할 만한 기간이어야 하며 그 종료시기는 노사분규, 예산편성 등의 기타 경영계획과 일치하는 시기를 피하여 실시하는 것이 바람직하다.

2) 교육훈련의 장소

집단훈련 혹은 개별훈련에 관계없이 일반적으로는 다음의 점을 고려하여 교육훈련의 장소로 이용하는 것이 바람직하다. 먼저 쾌적한 분위기로 소음과 타인으로부터 방해를 받지 않는 장소여야 한다. 그리고 모든 피훈련자가 집합하기에 편리한 장소여야 하고 직장 내에서 교육이 불가능할 경우에는 직장과 유사한 장소여야 한다. 또한 직장에 설치되어 있는 기계, 도구, 재료를 사용할 수 있는 장소여야 한다.

5. 훈련의 설계

훈련 및 개발은 기본적으로 지식, 태도, 기능 등에 관한 적극적인 변화를 시도하는 것이며 이 변화가 작업상황에 비교적 장시간 유지되도록 해야 한다.

1) 학습능력과 학습동기

훈련이 효과적으로 이루어지기 위해서는 피훈련자의 학습능력과 학습동기가 필요하다.

2) 학습과정과 학습원리

(1) 학습의 과정

고정적인 과업의 학습은 명시적 지식의 습득, 지식의 종합, 절차적 지식의 습득이라는 3단계를 거쳐서 이루어진다. 호텔 서비스 매뉴얼의 훈련이 여기에 해당된다.

(2) 성인학습

대부분의 훈련기법은 주로 유아교육에서 나온 것인 반면 조직에서 실시하는 훈련은 성인들을 대상으로 하고 있다. 따라서 조직의 훈련은 성인학습의 원리에 따라서 이루어져야 한다는 주장이 제기되고 이에 대한 논란이 분분하다.

(3) 실습

실습은 학습속도를 증가시키고 학습의 3단계 중 마지막 단계인 절차학습을 촉진시킨다. 특히 발생빈도가 낮지만 매우 중요한 과업의 경우 반복실습을 통해서 과잉학습을 유도해야 자동적인 반응행위가 나올 수 있다.

(4) 피드백

훈련 및 개발의 결과에 대한 정보를 제공함으로써 피훈련자가 왜 틀렸고 앞으로 그의 행동이 어떻게 수정되어야 하는가에 대하여 의사결정을 하게 하는 것이다.

(5) 폐기학습

폐기학습의 촉진은 과거의 습관이나 학습이 새로운 학습을 저해하는 경우에 필요하다.

3) 훈련의 전이

훈련 및 개발프로그램의 유용성을 평가할 때 우선적으로 고려되는 사항이 훈련의 전이성, 즉 훈련에서 학습된 행위가 실제 직무에 적용될 수 있는가 하는 점이다.

훈련의 전이를 촉진시키는 방법은 다음과 같다.

① 학습장을 실제 작업현장과 최대한 유사하게 설계한다.
② 실제 직무와 관련된 예를 많이 들거나 실제 직무상황과 유사한 학습자료를 사용한다.
③ 기초원리를 주지시킨다.
④ 충분한 시간을 투입하여 반복학습을 유도한다.
⑤ 현장에 복귀해서 학습장에서 습득한 내용을 실제로 연습해 볼 기회를 제공한다.
⑥ 동료나 감독의 지원이 있어야 한다.
⑦ 팀원들이 동시에 훈련을 받는다.

6. 교육훈련프로그램 개발

프로그램은 교육훈련 대상자의 지식, 기술, 능력, 태도, 가치관, 대인관계 등의 변화를 유도하기 위한 기술이다. 효과적인 교육훈련프로그램을 개발하기 위해서는 처음에 개발하거나 중간에 수정, 보완하는 것에 관계없이 프로그램의 목표를 명확히 설명하고, 프로그램의 내용을 결정하며, 교육훈련의 유형과 종류를 선정해야 한다.

프로그램의 목표는 교육훈련을 통해 달성해야 할 구체적인 강의 목표에 따라 설정하는데, 지식수준, 기술수준, 태도수준, 행동수준, 조직성수준 등이 그것이다. 지식수준은 교육훈련프로그램을 이수하고 참여자가 숙지해야 하는 것을 말하고, 기술수준은 프로그램을 통해 습득하고 실기로 보여줄 것이 기대되는 것을 말하며, 태도수준은 프로그램을 이수한 후 참여자가 내면화하고 있어야 할 것을 말한다. 또 행동수준은 근무지로 돌아가서 실제 근무활동 중에 나타나야 할 것을 말하고, 조직성수준은 프로그램을 통해 변화를 기대하는 서비스의 질, 효율성, 이직률 등을 말한다.

프로그램의 개발과 내용은 교육훈련 중에 가르칠 교과목의 종류와 그 강의내용을 말하는데, 프로그램 내용은 문제해결 중심으로, 예를 들면 수요조사, 분석검토, 개발의 순서로 구성한다. 그리고 강의는 상호작용이기 때문에 강의내용은 교육훈련 참여자들의 학습능력에 맞추어져야 한다.

이렇게 개발된 프로그램에는 체계가 있어야 한다. 여기서 프로그램 체계란, 교육훈련 실시기관에서 교육훈련대상의 규모, 기간, 장소, 교수 요원, 합숙 및 체육시설 등 모든 관리차원의 문제를 효율적으로 운영하기 위해서 모든 프로그램을 어떤 기준에 따라 분류하고 이들 간의 유기적 관계를 유지시키는가를 말한다.

제4절 교육훈련방법

훈련의 성과와 목표를 효과적으로 증대시키는 데 중요한 관건은 훈련계획 집행자가 피훈련자에 따라 훈련방법을 선정하는 것이다. 훈련방법의 선택은 피훈련자를 중심으로 대상자의 배경, 필요한 지식의 정도와 대상자 수,

이용 시간 그리고 전체적으로 발생하는 경비 등을 충분히 고려한 다음에 결정해야 한다. 호텔에서 일반적으로 많이 이용하는 훈련방법은 다음과 같다.

1. 시청각교육

시청각교육이란, 시청각적 교육매체를 교육과정에 통합시켜 적절하게 활용함으로써 교수·학습활동에서 최대의 효과를 얻고자 하는 교육이다. 입직훈련으로서 회사의 제품을 설명하고 원격지의 판매원에게 정보를 제공하고 복잡한 기계의 조작방법을 보여주기 위한 경우에 사용될 수 있는 교육방법이다.

시청각적 교육매체는 실물·지도·표본·모형·괘도·레코드·테이프레코드·라디오·영화·텔레비전 등이며, 전시(展示)·연극·견학 등에 의한 교육도 포함된다.

과거에는 시청각교육의 이론적 근거를 구체성 및 추상성과 관련지어 간각경험을 중심으로 하였으나, 최근에는 관점을 돌려 시청각교육의 이론과 실천을 교육공학적인 입장에서 다루고 있다. 미국의 교육통신공학협회(Association for Educational Communication & Technology: AECT)에서는 시청각적 통신의 개념을 '학습자의 모든 가능성을 개발시키기 위해 필요한 커뮤니케이션의 모든 방법과 미디어의 효율적인 이용'을 목적으로 한다고 하였다. 학교에서는 시청각교육을 통하여 교수학습 능률을 높이기 위해 시청각교재와 교구를 최대한으로 활용할 수 있도록 설비하며, 일반교실에서도 시청각교재와 교구를 활용하여 수업에 임하도록 하고 있다.

일반적으로 수업에서 각종 시청각교재를 수용할 때 필요로 하는 시청각교구를 세분하면, 시각교구·청각교구·시청각교구로 구분할 수 있지만, 시각과 청각의 다감각(多感覺)에 의한 시청각교구가 보다 효율적인 교구로 인정받고 있다. 시청각교구에는 영사기(motion picture projector), 슬라이드 프로젝터(slide projector), 필름스트립 프로젝터(filmstrip projector), 오페이크 프로젝터(opaque projector), 오버헤드 프로젝터(overhead projector), 라디오, 텔레비전, 레코드(record), 녹음기(tape recoder), 비디오 테이프 녹음기(Video Tape Recorder: VTR) 등이 있다. 최근에는 더욱 다양한 형태의 시청각교구가 제작되고 있는데, 특히 시뮬레이터(simulator)·언어연습실·티칭머신 등이 중점적으로 개발되고 있다.

영사기란, 운동을 순간적으로 분석·기록한 영화필름의 화상을 연속적으로 영사막에 비추고 눈의 잔상현상을 이용하여 운동이 연속적으로 이루어지는 것처럼 느끼게 하며, 동시에 기록된 음향을 재생하는 기계장치를 말한다. 필름스트립이란 35mm 필름에 연속된 슬라이드 또는, 일련의 정지화면효과를 나타내는 데 사용되는 단편필름이나 일정한 길이의 프레임을 말한다. 따라서 움직임의 환영이 아니라 음의 동조화를 통한 정사진으로 화면에 비춰지며 대개 시청각교육용이나 상품판매용으로 사용된다. 오페이크는 컬러인쇄나 사진 등의 제판에서 필름을 수정하거나 그 화상의 일부 또는 화상의 주위에 칠하여 빛의 투과를 막는 데 사용하는 불투명한 그림물감이다. 이에는 수성과 유성이 있으며 경우에 따라서는 먹으로 대용하기도 한다. 투명한 슬라이드와는 달리 사진이나 인쇄물과 같이 실물 환등기(opaque projector)가 아니면 투사할 수 없는 것을 가리키기도 한다.

2. 강의식 교육

강의식 교육은 정보나 학습내용, 아이디어 등을 설명이나 해설에 의해 학습자에게 전달하는 수업방식이다. 설명을 통하여 학습자는 지금까지 몰랐던 부분을 이해하게 되고, 혹은 불명확하게 알고 있던 부분을 분명하게 알 수 있게 된다. 즉, 미지의 사실이나 불명확하게 알고 있는 지식 또는 정보를 자세하고 명확하며 알기 쉽게 설명한다. 이와 같은 설명은 개념이나 지식의 획득에 유용한 방법이며, 그중에서도 체계적인 지식과 정보를 습득하는 데 특히 유효한 방법이다. 주로 스태프부문의 전문가, 라인의 관리자, 혹은 특정부문에 고도로 숙련된 자가 피교육자들을 한곳에 집합시켜 일방적으로 강의하고 피교육자는 이것을 경청하는 방법이 사용된다.

설명의 방식을 귀납적 설명법과 연역적 설명법으로 나누어서 보면, 먼저 귀납적 설명법은 예제를 먼저 제시하고 그 예제를 해결하는 가운데서 원리나 법칙을 찾아내는 방법이다. 예를 들어 중력의 법칙을 설명하기 위해서 사과가 떨어진다든지 동전이 떨어진다든지 하는 중력에 관련된 여러 가지 물리학적 실례를 든 다음 중력의 원리를 설명하거나 찾아내도록 하는 방법이다. 이러한 방법은 반드시 설명식 수업에만 적용되는 것은 아니다. 연역적 설명방법이란 어떤 원리나 법칙에 관해서 먼저 충분한 설명을 거친 다음, 보다 올바른 이해를 위해서 그 원리나 법칙에 관한 실례를 드는 것이다. 이것은 설명식 수업에 흔히 이용되는 방법으로 위의 예에서 본다면, 먼저 중력의 법칙을 설명하고 난 다음 중력에 관한 예를 통하여 학습자들의 이해를 분명히 하는 것이다.

설명은 주로 교수의 말을 중심으로 진행되기 때문에 언어중심적인 측면에 빠지지 않도록 해야 한다. 즉, 시범이나 실습이 필요한 부분인데도 말로만 끝내는 설명은 피해야 한다는 것이다. 그리고 학습자의 수준에 맞지 않는 어려운 개념이나 용어를 나열한다든지, 같은 말의 반복으로 학습자를 산만하게 하고 강의의 초점을 흐리게 하지 않도록 특히 주의해야 한다.

실제 강의에서 효과적으로 활용될 수 있는 설명방법은 정의 또는 일반적인 서술을 사용하거나 비교형식을 사용하여 설명하는 것이다. 또 실례나 사실을 제시하든가 지적하면서 설명하거나, 증명을 사용해서 설명하거나, 통계를 사용하여 설명할 수 있으며 시청각에 호소하여 설명할 수 있고 반복해서 설명할 수 있다.

강의식 방법은 단시간 내에 많은 사람들을 교육시킬 수 있다는 장점이 있는 반면 수강자의 참여의식이 약하고 문제해결능력을 기르기 힘들며, 수강자의 이해정도를 파악하기 어렵다는 단점이 있다.

3. 위원회 배치

위원회 배치는 조직 내에서 필요한 전반적 지식을 획득할 수 있는 기회를 제공하고 타인들과 함께 일하는 태도를 훈련시키는 방법이다.

4. 회의식 교육

주제에 대한 지식과 경험을 정리함으로써 강의식과 같은 일방적인 훈련방법에 의해 야기되는 이해의 불충분한 점을 교정하려는 것이 주목적인 훈련방식이다. 강의식 교육 등의 방법에서 나타나는 피훈련자의 부족한 이해력을 보충하기 위하여 특정 주제에 관하여 지식과 경험을 정리함으로써 피훈련자 스스로 배우고, 깨닫고, 사고할 수 있는 자기연수방식으로 교육이 이루어진다.

이 방법은 현대의 교육방식이 지식을 강제로 주입하는 것이 아니라 스스로 배우고, 깨닫고, 생각한다는 자기연수방식으로 이행됨에 따라서 그 중요성이 점차 강조되고 있다.

이 방식을 더욱 세분하면 ① 자유토론법(free discussion), ② 심포지엄(Symposium), ③ 분임토의(buzz discussion), ④ 공개토론회(forum), ⑤ 콜로퀴(Colloquy), ⑥ 패널 토론회(panel discussion) 등으로 분류되지만 토의식 훈련방법과는 실제로 차이가 없다.

자유토의는 의회에서 행하여지는 정부에 대한 질문이나 정당정책의 비판 등 국정에 관한 자유로운 토의를 말한다. 의회의 의사절차에 관한 방식의 하나로, 자유토론이라고도 하는데, 의제로써 특정한 안건을 제시하지 않고 각 의원이 국정에 관하여 국민이 관심을 가지는 어떠한 문제든지 마음대로 의제로 삼아 자유롭게 토의하는 것이다. 이 제도는 영국 의회정치의 발전과정에서 생긴 것으로, 국민의 관심을 끄는 국정상의 문제를 의회의 전 의원들에게 주지시킬 목적으로 행하여진다.

영국에서는 '자유토의는 의회정치의 생명'이라고까지 말하고 있으며, 일주

일에 2회는 반드시 자유토의를 하도록 제도화되었으나 최근에는 주요 안건의 증가로 자유토의시간이 감소되고 있다. 한국에는 이러한 제도가 없으며, 제2차 세계대전 후 일본은 3주일에 1회의 자유토의를 하도록 법제화하였으나 1950년에 폐지하였다.

심포지엄은 공중토론의 한 형식으로서, 원래 그리스어의 심포시아(symposia: 함께 술을 마시는 것), 심포시온(symposion)에서 라틴어의 심포지엄(symposium)으로 옮겨진 말이다. 오늘날에는 향연이라는 의미 외에도 화기애애한 분위기에서 진행되는 학술적인 토론회나 그 밖에 신문·잡지 등에서 특정한 테마를 놓고 2명 또는 그 이상의 사람들이 각자의 견해를 발표하는 지상토론회의 뜻으로 널리 통용된다. 요즈음 하나의 큰 유행처럼 된 심포지엄의 정신적인 전형은 플라톤의 초기 저작에 속하는 『향연(Symposion)』에서 찾을 수 있을 것이다. 플라톤의 『향연』에서, 처음에 '사랑'은 '아름다움'에 대해 육체미를 초월한 정신미로 향하는 심정이지만, 이윽고 이론미로 향하게 되고, 마침내 행동미를 지향하게 된다. 이와 같은 사랑에 대한 플라톤의 선례에 따라, 생활 또는 학술상의 중요한 문제를 공동의 장소에서 철저하게 토론하는 것이 심포지엄의 정신이다.

분임토의는 사람 수가 많고 참가자 전원의 능동적인 발언참가를 통해 교육효과를 올리려 할 때 쓰는 학습기법이다. 구체적으로는 연수자 전원을 6명 정도씩 소그룹으로 나누고 각 소그룹은 주어진 테마에 대해서 5분에서 20분간 다 함께 자유롭게 토의하여 결론을 낸다. 각 소그룹의 대표는 자기 그룹의 결론을 전원에게 발표한다. 리더는 그것을 참고로 해서 전체 토의를 행한다. 6명씩 한 그룹으로 하고 6분간 토의하는 '필립스 6.6방식' 등이 있다. 리더에 의한 세션진행이 좋으면 앞서 행한 버즈토의에서 각자가 문제를 잘 이해하게 되고, 자기의 의견을 제안하게 되며, 팀 의식도 높아져서 그룹 사이에 바람직한 경쟁관계가 생기기 때문에 활발한 토의가 전개될 수 있다. 학습자 즉 집단구성원 모두 직접토의에 참여할 기회가 제공되며 따라서 학습효과를 높일 수 있다. 분임토의는 전체집단이 논의할 대주제가 여러 개의 하위주제 또는 소주제로 나뉘어 토의됨으로써 보다 심층적이고 다양한 논의가 이루어질 수 있고, 분과집단과 전체집단에서의 역동적 상호작용을 경험하여 공동체의식과 협동심을 기를 수 있다. 또 분과집단에서의 토의는 상대적으로 비공식적이고 자유로운 분위기에서 진행되기 때문에 보다 창의적이고 다양한 의견이 개진될 수 있으며 분과집단에서의 다양한 논의를 통한 의견수렴과 이에 기초하여 전체집단에서 최종적인 판단을 내림으로써 민주적인 의사결정능력을 기르는 데 기여할 수 있다. 하지만 토의진행과 학습효과가 사회자와 분과장의 능력에 따라 크게 좌우되고 몇몇 소수 학생들의 주도적, 독점적 행위가 통제되지 않을 경우 어려운 상황에 처할 수 있다. 그리고 발표보다는 침묵 속에서 사고하기를 즐기는 학습자에게 분과집단에서의 토의가 너무 부담스럽고 학습에도 부정적 효과를 가져올 수 있다.

공개토의(포럼)는 약 25명 이상의 집단구성원과 1명 이상의 전문가나 자원인사가 사회자의 진행하에 대략 15~60분간 공개적으로 토의를 진행하는 방식이다. 발표자인 전문가나 자원인사에게 학습자들이 질의응답하고 의견을 개진하며 직접적으로 토의에 참여하는 과정에서 학습한다. 포럼은 대체로 다른 교수-학습방식(강의, 심포지엄, 패널 등)에 의한 토의에서 제기된 문제나 주제에 대해 후속 논의나 탐구가 요구되는 경우에 활용된다.

포럼은 학습자들이 토의에 직접 참여할 기회를 갖게 됨으로써 토의주제나 문제에 대해 적극적이고 능동적으로 탐구하는 자세를 갖게 되고 따라서 효과적인 학습이 가능하다. 또 학습자들의 질의와 의견을 중심으로 진행되기 때문에 학습자들의 욕구와 필요를 반영할 수 있으며, 학습자들의 다양한 의견을 수렴함으로써 집단적 지혜를 구할 수 있다. 그리고 학습자들의 질문과 의견개진이 전문가나 자원인사의 발표 후에 이루어지기 때문에 보다 체계적이고 깊이 있는 학습이 가능하다. 하지만 다수의 학습자들과 1명 또는 소수의 전문가 사이에서 토의가 이루어지기 때문에 이를 효율적으로 진행할 수 있는 유능한 사회자가 필수적인데 그런 사회자를 구하기가 쉽지 않고, 다수의 학습자들을 동시에 효과적으로 상대할 수 있는 유능한 전문가나 자원인사가 필요하지만 그런 인사를 물색한다는 것 또한 쉽지 않다는 단점이 있다. 또한 바람직한 토의기법에 익숙하지 않은 학습자의 경우 아무 때나

끼어들거나 발언을 독점하려 하는 등 효율적인 진행에 지장을 줄 수 있으며 학습자의 수가 많기 때문에 개인별로 충분한 발언시간을 확보하기가 어렵다. 마지막으로 토의주제나 문제에 대해 관심이 없는 학습자의 경우 참여기회를 제공하기가 어렵다

콜로퀴, 즉 대담토의는 패널이나 청중반응팀의 수정된 형태이다. 보통 6~8명으로 구성되는데 3~4명의 학습자대표, 3~4명의 전문가나 자원인사, 그리고 1명의 사회자에 의해서 운영된다. 토의주제에 대한 전문가나 자원인사들의 의견발표와 학습자대표들의 질문 및 의견개진 형식으로 진행되는데 청중학습자들도 사회자의 진행에 따라 질문하거나 의견을 개진할 수 있다. 대담토의는 학습자대표와 외부전문가가 대등한 수로 구성된다는 점과, 학습자대표나 청중학습자들이 직접 토의에 참여하여 쌍무적 의사교환을 한다는 점에서 패널과 다르다. 청중학습자들이 토의에 참여할 수 있고 한 사람이 아닌 3~4명의 전문가가 참여한다는 점에서 청중반응팀과 차이가 있다. 대담토의는 학습자들의 직접적인 참여기회를 제공함으로써 학습동기와 흥미 및 참여를 제고할 수 있다는 장점을 갖는다. 전문가의 다양한 관점과 의견을 접할 수 있고, 토의주제와 관련된 학습자 자신들의 의문점과 문제를 신속하고 용이하게 해결할 수 있다. 또한 사회자의 진행능력에 따라 상당한 융통성이 발휘될 수 있다. 하지만 유능한 사회자를 구하기가 쉽지 않고 학습자대표나 청중학습자들이 자원인사에게 핵심적인 질문을 할 능력이 갖추어져 있어야 한다는 단점이 있다.

5. 역할연기법

현실에 근접한 상황을 설정하여 참가자에게 특정역할을 연기하게 하는 것으로서 일상생활 속에서 수행하지 못하거나 수행하기 곤란한 역할행동 때문에 이상행동을 하고 있는 내담자에게 현실적 장면이나 극적인 장면을 통하여 역할행동을 시키고 그것을 연습시킴으로써 이상행동을 적응행동으로 바꾸는 기술, 역할・입장의 이해, 현실에 맞서는 주체성과 창조성을 높이기

위한 체험기법이다. 역할연기의 단계는 분위기조성, 역할수행, 피드백, 일반화(4단계)로 이루어진다.

이 훈련방법의 기본적인 전제는, 인간은 정해진 역할을 통하여 자신에게 부여된 임무를 실제적인 능력보다 향상된 수준에서 이행할 수 있다는 것이다. 역할연기를 통하여 인간관계에 대한 이해의 폭을 향상시킬 수 있음은 이 방법의 중요한 장점인데 이외에도, 실연자는 동료들 앞에서 자신을 의식해야 하는 까닭에 일상생활에서의 태도와 상이한 관점에서 자신을 보게 되며, 이때 타인의 연기를 통해서도 자신의 항동양식으로 인한 영향을 인식할 수 있다.

역할극의 과정은 〈표 7-1〉과 같다.

| 표 7-1 | 역할극의 과정

1단계 문제규명	문제는 연기자와 관찰자에게 똑같이 중요한 것이어야 한다. 문제의 규명은 간결해야 하며, 그 초점이 역할극의 목적에서 벗어나지 않도록 한다. 사전계획 없이 실시되는 역할극에는 개요가 필요없지만, 계획된 역할극에서는 연기자들이 목표에 적절하도록 자기 역할에 맞추어 연기한다.
2단계 상황설정	역할극 상황은 참여자와 집단구성원 모두에세 실감나는 내용으로 구성되어야 한다. 또한 참여자와 집단에게 공통된 방향을 제시하고 통찰할 수 있어야 한다. 문제상황의 설정은 각자의 경험이나 견해에 따라 서로 다르게 생각하고 행동할 수 있는 갈등상황으로 학습자들에게 친숙해야 한다.
3단계 사전준비	선정된 상황에 대해 사전에 이해할 수 있도록 흥미와 동기를 유발하고, 역할극을 위한 무대 등 물리적 여건을 준비한다.
4단계 참가자 선정	자발적 참여를 원칙으로 하되 상황에 따라 돌아가면서 선정할 수도 있고, 교수자가 주제에 맞게 선정할 수도 있다. 연기자는 그 역할에 심리적으로 관련된 사람으로 2인 이상을 배정한다. 배역 결정은 매우 중요하므로 심사숙고하여 그 역할을 가장 잘 수행할 수 있는 사람에게 맡겨야 한다. 따라서 배역은 지도자가 결정할 수도 있으나 집단 성원에 의해 결정되기도 한다.

5단계 관찰자의 자세 준비	연기자는 물론 관찰자가 얻는 교육효과도 무시할 수 없으므로 관찰자들도 주의 집중하도록 자세를 준비시킨다.
6단계 역할연기 시행	청중들은 실연된 역할들이 어떤 것인지 사전에 모르는 것이 좋다. 연기는 신중하게 시간을 조절해 가면서 실시하며, 모든 연기자들은 중단하라는 지시가 있을 때까지 계속해서 연기하는 것이 좋다. 주의사항은 다음과 같다. ① 연기자는 배우가 아니므로 기술적인 면보다는 자연스럽게 연기하도록 유도한다. ② 문제상황에 초점을 맞추도록 주의한다. ③ 연기자가 연기 중에 당황스러운 상황이 발생하면 잠시 중단하고 토의로 주의를 환기시킨다. ④ 연기하는 동안 관찰자들이 지속적으로 주의를 집중하도록 유도한다. ⑤ 분위기가 산만해지면 잠시 중단하고 문제를 논의한다. ⑥ 역할연기의 초점이 모호해지면 다시 시도한다.
7단계 중단	역할극이 너무 빨리 끝나거나 지나치게 길어지면 그 효과는 감소하므로 역할극을 중단하는 시기는 매우 중요하다. 역할극은 참여한 집단이 현 상황과 앞으로의 방향을 분석하기에 충분할 정도로 연기가 진행되었을 때 곧 중지시키는 것이 좋다.
8단계 평가 및 토론 또는 재실시	역할극의 최종단계인 토론은 연기자들에 대한 평가보다는 연기를 하면서 나타난 사실이나 원칙에 초점을 맞추어 진행한다. 먼저 연기자들 스스로가 느낀 점을 이야기하도록 한 후, 지도자가 역할극과 토론을 통해 제시된 사실과 함께 문제해결을 위한 결론들을 정리한다. 토론에서 제시된 의견들을 수렴하고 새로운 아이디어가 있으면 다시 역할극을 하는 데 반영한다.

극에서 중요하게 다루어지는 것은 개인적인 문제들이다. 역할극에서 역할은 개인이 아니라 역할의 특성에 의해 맡겨지며, 반드시 훈련된 지도자의 지도에 의해 실시되어야 한다. 때로는 역할극이 사회극과 혼용되어 사용되는 경우도 있다. 사회극은 개인과 개인 또는 집단과 집단 간의 상호작용을

다루는 것이다. 보통 2명 이상의 사람들이 포함되며, 이들은 대부분의 집단 구성원들이 공통적으로 가지고 있는 문제를 다루는 역할을 수행한다.

대부분의 역할극에서는 대본을 사용하지 않지만, 이야기의 주된 내용과 진행계획은 미리 개발될 수 있다. 역할극은 주로 2~5명의 참여자가 간단한 장면을 실생활에서 일어나는 것처럼 연출함으로써 집단이 학습하고자 하는 상황을 연출한다. 역할극에 소요되는 시간은 대개 10분 이상 걸리지 않는다. 역할극의 지도자는 극화된 문제에 대한 토의를 진행하기에 충분할 만큼의 행동이 발생한 시점에서 장면을 중단하고, 바로 토의에 들어간다. 역할극의 지도자는 각 단계를 정확히 파악할 수 있어야 하며 집단구성원들에 대해서도 잘 알고 있어야 한다.

역할극은 집단구성원 간의 친근감을 증대시킬 수 있고 융통성 있게 진행할 수 있으며, 연습도 가능하다. 역할극 연습을 통해서 얻는 교육적 효과도 크다. 또 역할을 연기해 봄으로써 심리적인 억압의 해소가 가능하다. 다른 토의기법을 사용할 때보다 역할극에는 집단구성원들이 더욱 활동적으로 참여할 수 있다. 그리고 학습자 집단에게 설명하기 어려운 인간관계에서 발생하는 문제들의 사례를 실연할 수 있다. 연기자들이나 관찰자들에게 극적으로 현실감 있게 상황을 소개할 수 있다. 또 집단구성원이 가지고 있는 지식과 경험을 지적인 차원에서 정서적인 차원으로 유도할 수 있다. 그리고 특정 문제에 대한 관심을 촉발하고, 이를 명료화함으로써 해결책을 모색할 수 있다.

역할극을 실시할 때에는 다음과 같은 사항에 유의해야 한다.

역할극의 기획과 연출에는 상당한 준비와 기술이 필요한 반면, 역할극의 교육효과에 대한 정확한 예측과 평가는 쉽지 않다. 또 애초에 의도했던 교육효과 대신에 다른 결과가 나타날 수 있다는 사실을 인식해야 하고, 항상 문제상황에만 초점을 맞추어야 한다. 효과적인 역할극은 대개 그 길이가 짧고 역할극을 오래 진행하면 그 효과가 떨어지므로 짧은 기간 안에 적절한 시점에서 멈추도록 한다. 역할극의 내용으로는 집단구성원들에게 구체적인 문제로 인식될 수 있는 것만을 포함해야 하고 참여자의 능력과 자질에 적합한 역할을 연기하도록 해야 한다. 그리고 역할극을 진행하면서 참여자들을 불편하게 할 경우는 역효과를 얻을 수 있으므로 주의가 필요하다.

역할극은 집단구성원들의 감정이나 의견의 표현이 원활하지 않을 때 효과적이다. 또 집단구성원들이 스스로의 욕구 및 장애요인 등에 대하여 정확히 파악할 필요가 있을 때나, 역할극 연기자들의 대인관계가 원활하며 집단구성원들 앞에서 자기 노출을 개의치 않을 때, 집단구성원들의 감정을 완화시킬 필요가 있을 때, 집단의 이질성으로 인해 공통적 상황을 발견하기 어려울 때 효과적이다.

6. 감수성 훈련

감수성 훈련은 건강하고 행복한 인생을 살기 위한 기본 인성 훈련과정으로 인간존엄성을 되찾으며, 사람의 마음을 회복하고 선하고 정직한 사랑의 마음을 소유하며 살아가는 심성훈련과정이다. 감수성 훈련은 예비 상담자들은 반드시 받아야 할 필수과정으로 과거 감정의 상처에서 벗어나 현재의 나를 느끼며 자신의 감정을 조절하는 훈련으로, 상담자가 되기 위해 거듭나고 깨어나는 과정이다. 본 과정은 상담자의 마음과 임상적인 마인드를 갖기 위해 노력하며 심리적 내면의 힘을 키워 상담자 홀로 서기를 위한 훈련이다. 감수성 훈련은 지금 여기(now and here)에서 참가자들에게 건강한 감수성을 갖게 하고 감성능력과 자신의 다양한 감정에 대한 민감성을 향상시킨다. 또한 과거의 아픈 상처에서 벗어나 현재의 나를 발견하고 다른 사람을 이해하고 수용하며, 인간관계를 보다 효율적이고 건강하게 하는 인간관계 훈련이다.

즉, 피훈련자와 동료들의 행동패턴에 대한 감수성과 인식을 개발하기 위하여 개인의 감수성을 훈련과정을 통해서 다양한 외부의 자극에 의해 개발시키는 훈련방법이다. T그룹훈련이라고도 불리는 이 방법은 서로 알지 못하는 10명에서 20여 명의 참가자들이 1주에서 2주간의 집단생활을 통하여 참가자 상호 간의 대면학습과정에서 이루어진다. 이 과정에서 기대되는 효과는 개방성의 증대, 동료 간의 관계개선, 개인차를 인정한 포용력의 증대, 타인에 대한 편견감소, 집단행동의 이해, 청취기술의 향상, 신용과 지지의 증대 등이다. 이 방법은 집단훈련과 실무를 연결할 수 있고 리더십의 향상 및 자기 실현능력을 체득하는 데 유용하다. 반면 동일기업 내에서 실시하기가 곤란한 결점이 있다.

감수성 훈련(Sensitivity Training)이란 잘 느끼는 훈련으로 사람들의 민감성, 센서를 발전시키며 예민하게 느끼는 감각을 향상시키는 훈련으로 무엇인가 사물에 대해 청명하고 바르게 느끼는 훈련이다. 지금 현재의 나를 발견하는 훈련으로 현실적인 나를 알기 위해서는 나는 누구이며, 그동안 어떻게 살아 왔는지, 지난날의 나의 역사를 알아봄으로써 자신의 현재 생활에서 나타나는 행동에 대해 이해하게 하는 훈련이다. 이는 자기발견과 성장을 위한 훈련이다. 그리고 상대방의 감정과 생각을 파악하는 훈련이다. 즉, 민감성은 내담자의 생각과 느낌을 파악하는 훈련으로 내담자의 핵심감정을 파악하고 적절하게 치유적이며 효율적으로 대응해야 한다. 감수성 훈련은 참자기로 거듭나고 깨어나는 과정이기도 한데, 먼저 자신을 지키기 위해 만들어진 자기방어의 갑옷을 벗고 순수한 자기가 살아나며 왜곡된 거짓자기 이론에서 참자기로 깨어나는 과정이라고도 할 수 있다. 또한 감성, 느낌을 살리는 훈련으로 과거 감정의 상처에서 벗어나 현재를 느끼고 자신의 감정을 조절하는 훈련이며 자신만의 고유한 창조성, 감성을 풍부하게 살리는 훈련이다. 그리고 정직성 향상을 위한 훈련으로써, 현재 자신의 마음속에서 일어나는 감정을 솔직하게 표현하는 능력을 향상시키는 데 도움을 줄 수 있다.

감수성 훈련은 믿는 마음으로 서로의 인생을 존중하며 구성원들의 만남과 관계 속에서 현재 나의 감정을 표현하고 억압된 감정들을 표출하고 자각함으로써 현재의 나를 발견하고 다른 사람들을 이해하고 수용하는 것으로 무조건적인 수용과 공감을 목표로 하는 것이 좋다.

감수성 훈련의 주요 목표로는 현재 자신의 느낌을 살리는 대화능력, 자신의 감정과 행동의 일치성, 자기감정의 정직성, 투명성 향상, 감정의 주관과 객관적 능력, 타인을 공감하고 수용하는 능력, 갈등해소 및 문제해결능력,

인간관계 향상능력, 자각능력과 타각능력의 향상 등이 있다.

감수성 훈련의 목적은 다음과 같다.

① 자기 자신을 더욱 깊이 이해한다.
② 유능한 리더십을 갖추기 위하여 자신 및 타인을 이해하는 경험을 한다.
③ 인간관계에서의 공감을 체험한다.
④ 체험학습 및 통찰과 관련된 이론을 학습하고 그 실천방식에 대하여 실험해 본다.

감수성 훈련을 실시할 때 유의사항은 다음과 같다.

① 철저한 예비진단이 필요하다.
② 참여자는 반드시 훈련에 자발적으로 참여해야 한다.
③ 참여자는 훈련의 목적, 내용 및 절차에 대해 자세한 설명을 들은 후에 참여하도록 한다.
④ 훈련의 진행은 숙련된 전문가가 담당한다.

감수성 훈련은 대개 2~3주가량 소요되며 최소한 일주일 정도의 훈련기간이 필요하지만, 최근에는 보다 단기적으로 3박 4일 정도의 과정도 제공된다. 훈련장소는 주로 사회생활에 영향을 받지 않도록 지리적 · 심리적으로 차단된 장소를 택한다. 그 이유는 인간은 심리적 · 사회적으로 고립될 때 비로소 가식 없는 본연의 모습으로 있는 그대로를 토로하게 되기 때문이다. 훈련내용은 훈련집단인 T-Group과 실험집단인 E-Group, 그리고 일반화를 위한 시간으로 이루어진다.

T-Group은 현대사회를 살아가는 인간이 점차 소외되고 고립되어 불안해진다는 위기의식에서 비롯되었다. T-Group은 실험적 집단 분위기에서 상호작용적 관계를 통해 자기인식과 타인 행동에 대한 감수성을 증가시키는 집단훈련이다. 인간성의 회복을 통하여 소외와 불안을 타개하는 방안을 모색하기 위해 등장한 것으로 감수성 훈련의 핵심이 되는 훈련이다. 이 훈련의

가장 큰 특징은 'learning by doing'으로서 실제로 행함으로써 배운다는 뜻이다. T-Group은 10~20명의 자발적 참여자를 대상으로 보통 3박 4일 이상 함께 지내며 성격과 태도의 변화를 모색하는 집단이다. 자유롭고 모든 구성원이 평등하게 존중되는 분위기 속에서 솔직한 대화와 상호작용을 통해 집단과 자신에 대한 이해가 깊어지게 되는 것이 특징이라 할 수 있다. T-Group은 보통 1, 2명의 진행 도우미의 지원을 받아 하루 3, 4회에 걸쳐 약 2시간씩 진행된다. T-Group은 대인관계 기술 및 감수성 증진을 목표로 하며 다음의 요소들을 강조한다.

표 7-2 감수성 훈련

지금 여기 **now and here**	바로 지금 여기서 경험하고 있는 것이 학습의 교재가 된다.
피드백 **Feedback**	구성원들 간의 의사소통 수준 및 발언자의 의도를 이해하는 정도를 확인하는 현장검증방법이다.
해빙 **unfreezing**	구성원의 고정관념이나 선입관, 또는 관습적인 행동패턴이 무너지는 과정을 말한다.
심리적 안정감	해빙과정에서 구성원들에게 불안하거나 위협적인 분위기를 조성하지 않고, 보다 적극적인 학습욕구가 유발될 수 있도록 심리적으로 안정된 분위기가 형성되는 것이 무엇보다 중요하다.
참여를 통한 관찰	구성원이 진행에 깊이 참여하여 전 과정을 주의깊게 관찰할 때 가장 알차게 학습할 수 있다.
인지적 구조화	훈련을 통해 경험한 것들에 관해 사고하는 과정이다. 이 과정을 통해 경험과 관념을 연결함과 동시에 문화적 수준과 현실 속의 행동도 연계시킬 수 있다.

E-Group은 체험학습을 통해 인간관계에 관한 경험을 분석·요약하고, 인간관계에서 발생하는 문제해결에 필요한 기술을 훈련하는 과정이다. E-Group에서는 10명 내외로 새로운 그룹을 편성하여 역할극이나 집단토의 등의 방법을 통해 토론한다.

일반화 시간은 T-Group과 E-Group의 소집단 훈련 외에 참가자 전원이 참여하는 집단생활 시간을 말한다. 일반화 시간 동안에는 앞의 소집단 훈련에서 체험한 내용을 함께 모여 정리・검토한 후 이에 대한 의의를 부여함으로써 이론을 형성하게 된다. 보통 진행자를 중심으로 패널이나 버즈그룹의 방식으로 진행된다. 이는 참여자들로 하여금 체험학습을 통해 겪은 심리적인 충격과 독특한 경험을 일반화 시간을 거치면서 정리하고 안정을 꾀하려는 것이다.

7. 특수방법

특수방법으로 JIT와 TWI, MTP, 브레인스토밍 등이 있다. JIT는 지도요원의 교육을 말하고 TWI는 일선 감독자를 훈련시키기 위한 단기훈련방법으로 작업지시(JI), 작업방법(JM), 작업통솔(JR)로 나누어진다. MTP는 직장 외 교육훈련의 대표적 방법으로 TWI뿐만 아니라 관리자로서의 직책을 수행하는 데 필요한 항목들 포함한다.

JIT는 Job Instruction Training의 약자로, 2차 세계대전 중 미국의 전시노동력 위원회에서 미숙련공을 훈련시킬 지도자의 교육용으로 고안한 방식으로서 4단계로 구성되어 있다. 1단계는 피훈련자의 준비단계이고 2단계는 작업방법에 대한 설정, 3단계는 실제일의 수행, 4단계는 사후 검토이다.

TWI는 Training Within Industry의 약자로, 생산부문의 일선 감독자의 훈련을 위해 고안되었다. 2차 세계대전 중 미국의 전시노동력위원회에서 고안한 내용으로 교육, 심리, 사회분야의 전문가들이 공동 연구하여 고안한 대표적인 사내 훈련방식이다. 감독자의 필요조건은 작업과 직책에 관한 지식을 가지고 있어야 하는 것인데 직접지시의 기능을 수행하여 직접 일을 지켜보며 작업 개선의 기능을 수행한다.

MTP는 Management Training Plan의 약자로 관리자의 훈련계획이다. 이는 미 공군에서 중급 관리자의 관리기술 지도를 위한 훈련방식으로 사용되었다.

Brain Storming이란 두뇌충격법으로 아이디어 개발을 위한 기술개발 훈련이다. 소집단 내에서 일정시간 동안 자유롭게 어떤 과제에 대한 목표를 제출케 하고 이를 종합 검토함으로써 독창적인 목표를 얻어내는 기법으로 종업원의 사고력, 창조성 개발에 이용하거나 신제품 작업방법, 관리방법 개선에 이용한다.

제5절 교육훈련의 평가

1. 교육훈련평가의 개념

교육훈련의 평가란, 교육훈련이 잘되었는지, 잘못되었는지 그 여부를 정해진 교육훈련의 목적과 관련지어 측정하는 것으로 무엇 때문에 교육훈련이 잘되었는지, 잘못되었다면 무엇 때문인지를 알아내어 검토하고 다음의 교육을 보다 잘 하도록 하기 위해 피드백하는 것을 말한다.

2. 교육훈련평가의 필요성

교육훈련평가는 교육프로그램이나 과정의 개발 또는 폐지 여부의 결정에 필요한 교육필요점을 조사하기 위해, 교육을 통한 지식 · 기술 · 태도 등의 획득과 활용의 정도를 확인하기 위해, 교육의 특정과목 또는 프로그램이 처음 의도하고 기대했던 성과가 달성된 정도를 확인하기 위해, 특정과목 또는 프로그램이 그 목표를 달성하기 위해 수정 · 보완 및 개선사항을 탐색하기 위해, 기업의 성장 및 발전을 위한 교육의 역할과 기능의 결정에 필요한 정보를 제공하기 위해 필요하다.

3. 교육훈련평가의 기능

학습진행 · 실시결과의 진단 및 개선기능과 교육과정 · 학습방법의 개선기능을 가지고 있다. 또한 동기유발기능이 있으며 인사자료 활용기능이 있다. 그리고 교육환경 및 강사평가기능이 있으며 학습촉진기능이 있다.

4. 교육훈련평가의 원칙

교육훈련평가의 원칙은 타당도, 신뢰도, 객관도, 변별도, 실용도 등의 다섯 가지로 나누어져 있다. 먼저 타당도(Validity)는 평가목적을 제대로 측정했는지에 대한 정도를 의미하고 '무엇을 평가하고 있는가', '평가할 것을 어느 정도 충실하게 평가하고 있는가'를 측정한다. 다음 신뢰도(Reliability)는 정확성과 일관성의 유무를 의미하고 '어떻게 평가하고 있는가', '평가의 오차는 적은가', '정확하게 평가하고 있는가'를 측정한다. 그리고 객관도(Objectivity)는 철저한 채점기준을 의미하며 '평가자의 편견이나 감정에 좌우되고 있지 않은가', '평가자의 주관적 판단의 오류를 범하지 않도록 과학적인가'를 측정한다. 네 번째로 변별도(Discrimination)는 '잘하고 있는 학습자를 가려내고 있는가'를 측정하고 마지막 실용도(Usability)는 '시간과 비용 및 인력을 적게 들이고 쓸 수 있는가', '과중한 부담과 복잡한 절차는 없는가'를 측정한다.

5. 교육훈련평가의 단계

첫 단계로 평가목적을 확인한다. 이는 평가목적과 목표를 탐색, 진술, 분류, 결정, 확인하는 단계이다. 두 번째 단계는 평가전략을 수립하는 단계이다. 여기서는 어떤 정보 또는 자료를 누구의 책임하에, 언제, 어디서 수집할 것인가를 검토하는 단계이다. 세 번째 단계는 평가도구를 선정하는 단계로 어떤 평가도구를 이용하여 필요한 정보 또는 자료를 수집할 것인가를 검토, 선정하는 단계다. 네 번째 단계는 평가도구를 작성하는 단계로 타당도와 신뢰도를 확인하고 검토하는 단계라고 할 수 있다. 다섯 번째 단계는 평가설계의 선정인데, 보다 체계적으로 평가결과를 분석, 비교할 수 있는 방법을 확정하는 단계이다. 여섯 번째 평가계획 실행단계는 필요한 시설, 예산, 인력, 시간을 확보하여 실질적으로 평가를 실시하고 분석 및 보고방법을 탐색하는 단계를 말한다. 일곱 번째 평가결과 분석 단계는 수집한 자료에서 필요한 정보를 체계적으로 추출하고 정리하기 위해 평가결과를 분석 · 처리하는 작업을 한다. 마지막 여덟 번째 단계는 평가결과를 분석한 자료를 토대로 보고서를 작성하여 관계부서에 보고하고 그 결과에 대한 관련부서의 반응을 조사 · 분석하는 단계이다.

또한 프로그램의 효과성을 평가하는 효과성 평가단계가 있다. 이는 교육훈련프로그램 개발과 실시에 대한 평가를 의미하며, 평가는 피교육자의 반응평가와 교육훈련의 실시가 개인이나 조직에 미친 영향을 평가하는 교육훈련의 평가성 평가로 구분된다. 일반적인 평가기준으로는 교육훈련 목적에 대한 피훈련자의 인지 정도, 교육훈련에 대한 참여동기의 적절성 정도, 교육훈련의 목적과 수요와의 상관관계, 교육훈련의 목적에 대한 교과내용의 적절성, 교육훈련방법의 타당성, 교육훈련 내용의 실용성, 교육훈련 내용의 구체적 적용 정도, 교육훈련의 내용에 대한 피훈련자의 심리적 수용도 및 변화도, 피훈련자의 행동변화에 대한 조직 내에서의 지지도, 피훈련자의 행동변화가 행정기관의 목적달성에 기여하는 기여도 정도가 있다. 평가자료로는 훈련성적 평정, 근무성적 평정, 직무수행의 관찰, 인사기록, 감사보고서, 생산비용 등에 관한 운영자료, 피훈련자에 대한 의견 조사, 감독자 · 관리자 · 인사담당자 등에 대한 의견조사 등이 쓰인다. 피교육자의 반응평가는 피교육자의 교육훈련에 대한 전반적인 평가를 말하며, 평가대상으로는 교수 요원, 강의방식, 훈련시설, 프로그램 자체 등이 포함되며 평가자료 수집방법으로는 설문지를 가장 많이 이용한다. 교육훈련 효과성 평가는 목표기준에 대한 달성도보다는 교육훈련이 실시되고 난 후에 생긴 변화를 교육훈련의 효과로 간주한다. 여기서 효과성을 평가하려면 목표가 명확하게 설정되어야 하며, 지식 · 기술 · 능력 · 태도 · 행동 · 조직성 등의 측면에서 계량적 측정이 가능한 자세한 목표기준이 설정되어야 하지만 실제는 계량적 목표설정 수립이 어렵다. 교육훈련의 효과는 2단계로 구분할 수 있는데, 1단계는 교육과정 수료와 동시에 나타난 지식 · 기술 · 능력 · 태도 · 행동의 변화이며, 2단계는 교육훈련을 마치고 직장에 돌아가 1차적 개인변화가 조직성에 어떻게 전이되어 나타나는가 하는 것이다. 학습의 효과는 지식, 기술, 능력 등의 평가요소에 대하여 시험, 설문지, 관찰 등의 방법을 동원하여 측정한다. 전이효과는 근무성적 평정, 이직률, 결근율, 직장 내에서 대인관계, 주민의 행정서비스에 대한 만족도, 안전사고율 등을 주로 관찰 내지 측정한다. 효과성의 원인을 분석해 보자면, 교육훈련 평가는 그 결과가 프로그램은 물론 교육훈련 수요조사에 피드백되어 교육훈련 전반의 잘못된 점을 시정하고 개선하는데 그 목적이 있으며 효과성 원인분석은 효과성에 영향을 미치는 요인들이 무엇인지 확인하고 이들 요인에 대한 질적 분석을 수행하는 것이다. 교육훈련의 순효과를 측정했을 때 그 속에는 교육훈련을 구성하는 여러 요소들이 영향을 미치게 되고 크게 예산과 상황적 요인으로 대별할 수 있다. 여기서 상황요인에는 직무분석상태, 근무성적 평정의 관행, 연공서열주의, 교육에 대한 개선관리자의 인식 등이 포함된다.

6. 교육훈련의 평가요소

교육훈련의 효과를 평가하기 위해서는 먼저 객관적인 평가기준이 마련되어야 한다. 그러므로 다음 요소들이 고려되어야 할 것이다.

첫째, 훈련의 필요성에 대하여 교육자나 피훈련자들이 제대로 인식하고 있는가?

둘째, 교육훈련의 내용이 훈련방식과 수단을 통하여 피훈련자에게 충분히 전달되었는가?

셋째, 새로운 정보, 지식, 기능 등이 제대로 습득되었는가?

넷째, 교육훈련의 내용(지식, 기능 등)이 직무의 관련부서에서 구체적으로 적용되었는가?

다섯째, 교육훈련의 대상자가 관리자인 경우 피훈련자의 태도변화가 부하나 동료들로부터 지지를 받고 있는가?

여섯째, 관리자가 교육을 받은 후 그의 행동변화가 부하의 행동에 긍정적인 영향을 주고 있는가?

일곱째, 교육훈련의 결과로써 업적이 향상되었는가?

이상의 요소들은 로쉬의 경제이론적 평가기준보다 피훈련자들의 행동변화 및 그 결과들을 보다 광범위하게 평가할 수 있는 요소들일 것이다.

7. 교육훈련 평가방법

교육훈련계획의 효과를 평가할 때에는 신뢰성과 타당성을 갖춘 방법을 선택해야 할 것이다. 효과를 측정하는 경우 기업에서 측정하고자 하는 피훈련자의 행동은 결과변수로서 종속변수가 되며, 이 종속변수를 설명하는 데 필요한 조건, 즉 교육훈련의 실시는 원인을 제공한 변수로서 독립변수가 된다. 독립변수와 종속변수의 측정과 아울러 피훈련자들의 내부상태를 설명하는 것, 즉 그들의 심리적 움직임의 과정이랄 수 있는 학습의 상태를 매개변수라 부르며 이 세 변수를 포괄적으로 측정할 수 있는 방법들이 요구된다. 교육훈련의 평가방법에는 전후비교법, 테스트법, 평균비교법 등이 있다.

전후비교법에 대해서 알아보면, 교육훈련의 효과를 측정함에 있어서 기본적인 문제는 교육훈련으로 인한 변화가 실제로 교육훈련이라고 하는 경험에 의해서 발생하였는가이다. 이러한 의문에 대한 해답은 훈련 전의 피훈련자의 상태와 훈련 후의 그것을 비교함으로써 알 수 있을 것이다. 물론 이 경우에 파악하는 것은 해당훈련에 의해 달성되리라고 예상되는 사항에 관한 것이어야 하며, 이때 통제집단과 실험집단을 통해 그 가능성을 검토할 수 있다.

테스트법은 교육훈련의 목적이 특정한 기술이나 지식의 습득인 경우, 교육훈련의 실시 후 목적이었던 지식이나 기능에 대한 검정시험을 실시하여 성과를 측정함으로써 교육훈련의 성과가 어느 정도 달성되었는가를 파악하여 목적달성의 여부를 판정하는 것이다.

평균비교법은 교육훈련의 실시 횟수가 여러 번이며 교육훈련의 내용이 동일할 경우 지금까지 훈련받은 집단들에 나타난 훈련효과를 비교함으로써 집단의 질적 차이가 훈련효과에 미치는 영향을 파악하는 것이다.

어느 기업에서든 신입사원부터 최고경영자에 이르기까지 훈련과 개발의 효과는 명확히 나타난다고 인정되고 있다. 하지만 종업원에 대한 교육훈련이 일정한 계획에 따라 실시된 후에는 반드시 그 성과의 정도를 평가해야 한다. 훈련의 평가는 피훈련자의 반응, 피훈련자의 학습정도, 현장에서의 행위변화, 조직의 객관적인 성과라는 4가지 수준에서 이루어진다. 피훈련자의 반응은 훈련프로그램에 대한 종업원들의 느낌을 말한다. 이에 대한 정보는 훈련 도중이나 훈련이 끝난 직후 대체로 설문지를 통해서 얻어진다. 그러나 종업원들이 재미있었다고 평가하는 강좌가 반드시 조직에 유용하다는 보장은 없다. 또한 종업원들이 일상적인 직무에서 벗어나는 것만으로도 대부분 훈련프로그램을 긍정적으로만 평가하는 경향이 있다는 점에 주의해야 한다.

제6절 교육훈련의 실행

1. 교육훈련의 실행

참가자들이 훈련프로그램의 장점에 몰두하지 않는다면, 완전하다고 생각한 훈련프로그램도 실패할 수 있다. 즉, 참가자들이 그 프로그램이 가치 있으며 자신의 개인적 · 전문적 목표를 달성하는 데 도움을 준다는 사실을 믿어야 한다. 또한 훈련 및 개발프로그램의 수행에서 어려운 경우가 발생한다. 이는 많은 관리자들이 행동지향적이며 너무 바빠서 훈련에 노력을 기울일 수 없기 때문이다. 또 다른 어려움은 자격 있는 훈련자를 활용해야 한다는 점이다. 의사소통능력과 함께, 훈련자들은 기업의 철학, 목표, 공식 및 비공식 조직, 그리고 훈련프로그램의 목표 등을 잘 알고 있어야 한다. 훈련·개발 담당자에 대해서는 다른 인사담당 전문가들보다 더 높은 창의성이 요구된다.

2. 교육훈련에 대한 저항

교육훈련을 저항하는 이유로는 크게 세 가지를 들 수 있다. 첫째, 입법부의 비우호적 태도이다. 공무원은 원래 채용될 때 그 직무에 대해 교육을 받았거나 또는 직무수행능력이 있는 사람을 선발해야 하기 때문에 이들을 대상으로 다시 정부의 국고를 사용하여 교육시킬 필요가 없다는 생각 때문이다. 둘째, 교육훈련의 효과를 확신시킬 만한 계량화된 근거가 미약하고 교육의 내용이 너무 이론적이고 비실제적이라고 생각하여 저항할 수도 있다. 관리자, 감독자의 저항 및 비협조적 태도 역시 저항 이유가 될 수 있는데, 이 경우는 업무상 지장이 올 것을 우려하거나 부하직원의 능력향상에 대한 시기심과 잠재적인 도전에 대한 우려를 이유로 들 수 있다. 셋째, 피훈련자의 저항이다. 일반적으로 피훈련자는 교육훈련 발령을 자신의 능력에 대한 불신이나 불리한 인사조치로 이해하는 경향이 있고 인사관리에 크게 유리하지 않다는 생각을 많이 하고 있다. 그리고 장기간 교육 시에는 보직에 대한 불안감이 따르고 물질적 혜택 감소에 대해 우려하기 때문이다.

이러한 훈련저항에 대한 해결방안으로 교육훈련의 유용성에 대해 홍보하는 방법이 있다. 또 참여에 의해 교육훈련계획을 수립할 수 있는데, 이 경우 피교육자와 관리자, 감독자가 모두 참여해야 한다. 또한 피교육자, 관리자, 감독자 등의 교육훈련을 확립해 스스로 유용성을 인식할 수 있도록 도와준다. 다음으로 피훈련자의 참여적 선발을 통해, 교육훈련 대상자를 선정할 때 본인의 의사를 반영할 수 있도록 해준다. 그리고 훈련방법의 개선을 통하여 자율적인 훈련방식을 도입하는 등 훈련저항에 대한 노력을 기울여야 할 것이다.

3. 교육훈련관리 절차서 예시

1. 적용범위

본 절차서는 전 임직원을 대상으로 한 사내외 교육/훈련 및 자격관리에 대하여 적용한다.

2. 목적

본 절차서는 임직원의 자질을 향상시키고 품질 수준을 높이는 데 필요한 교육/훈련을 명확히 하는 절차를 확립하고 검증에 관련되는 유자격자를 관리하는 데 목적이 있다.

3. 용어의 정의

3.1 사내교육

당사에서 주관하여 실시하는 자체 교육을 말한다. 단, 직무교육과 신입사원교육으로 구분할 수 있다.

3.2 사외교육

당사 이외의 업체나 기관에서 주관하는 교육을 말한다.

3.3 감사원(Auditor)

감사를 수행하기 위한 자격을 소지한 사람을 말한다.

3.4 검사자

수입검사, 공정검사, 최종검사에 대하여 합격, 불합격 판정을 할 수 있는 유자격자를 말한다.

4. 책임과 권한

4.1 교육담당자는 임직원에 필요한 사내외 교육에 대하여 교육/훈련 계획서를 수립하고 기록을 유지, 보관할 책임과 권한이 있다.

4.2 교육담당자는 자격부여가 필요한 인원에 대하여 교육/훈련 계획을 수립하고 실시할 책임과 권한이 있다.

4.3 사장은 내부 품질감사를 통해 규정된 교육/훈련이 제대로 이행되고 있는지를 확인할 책임과 권한이 있다.

5. 절 차

5.1 교육/훈련 계획

5.1.1 교육담당자는 매년 다음해의 부서원의 사외 교육/훈련 계획서 (SIS-QF-0601-01)를 수립하여야 한다.

5.1.2 교육/훈련 범위는 다음과 같으나 이에 국한된 것은 아니다.

1) 품질시스템 교육
   ① 품질경영매뉴얼
   ② 품질절차서
   ③ 부속문서
      ⓐ 작업표준서
      ⓑ 검사기준서
      ⓒ 구매사양서

2) 해당직무 교육

3) 신입사원 교육
   ① 일반적인 각종 규정
   ② 회사의 일반적인 사항 규칙
   ③ 각종 안전

4) 자격부여 교육
   ① 감사방법
   ② 검사방법

③ 설계방법

5) 안전교육 및 기타

5.1.3 교육/훈련 계획서에는 다음 사항이 포함되어야 한다.

1) 교육과정
2) 교육 내용 및 방법
3) 교육시간
4) 일정

5.2 교육/훈련 실시

5.2.1 교육/훈련 방법

교육/훈련은 교육/훈련 계획서에 따라 다음의 한 가지 방법을 적절하게 사용하여 수행할 수 있다.

1) 강사에 의한 강의 형식
2) 교재의 회람 또는 자습에 의한 형식
3) 현장 작업 개시 전 지시
4) 책임자의 지도하에 실습
5) 현장 실무교육(OJT : On the Job Training)
6) 사외 위탁교육

5.2.2 품질시스템 교육

1) 교육계획 또는 경영자 지시에 의해 전사적인 교육은 교육주관부서에서 실시하여야 한다.
2) 품질시스템 제정 및 개정 시 품질문서의 교육을 받아야 하며 이에 대한 교육은 해당 제정 및 개정 담당자가 실시한다.
3) 각종 교육 시 불참자는 반드시 재교육을 실시하고 기록을 남겨야 한다.

5.2.3 신입사원 교육

신입사원의 교육은 아래사항을 실시하여야 한다.

1) 신입사원은 회사의 일반적인 규칙 및 규정(사규)에 따른 관련사항의 교육을 받아야 한다.
2) 신입사원이나 신규로 보직된 인원에 대하여는 직무가 부여되고 해당 부서에서 해당 부서의 교육을 받아야 한다.(안전교육 및 직무교육)
3) 품질시스템의 교육은 해당 부서에서 실시하여야 한다.

5.2.4 직무교육(OJT)

직무교육은 아래 사항을 해당 책임자가 실시하여야 한다.

1) 해당 부서의 부서원은 교육/훈련 계획서에 따라 해당 직무에 대한 교육을 받아야 한다.
2) 1차 교육 후 직무 및 절차가 변경되었을 경우에는 별도의 교육/훈련을 받아야 한다.
3) 주요직종에 종사하는 직원에 대하여 해당 전문직종에 관련한 직무교육을 받아야 한다.
4) 신규 채용된 직원에 대하여는 직종에 관련된 직무교육과 안전교육을 받아야 한다.

5.2.5 안전교육 및 기타

1) 국가법률로써 규정하는 안전교육과 전사적으로 실시되는 자기개발교육 또는 기능훈련교육 등은 해당 직무교육/훈련으로 대치할 수 있다.
2) 교육담당부서에서 전사적으로 교육/훈련이 필요하다고 인정될 때에는 사장의 승인을 득하여 교육/훈련을 실시할 수 있다.

5.3 교육/훈련. 문서

5.3.1 사내교육

1) 사내에서 실시되는 교육/훈련사항은 교육/훈련기록표(갑지), (을지)(SIS-QF-0601-02, 03)에 기록하여 해당 부서에서 유지, 관리한다.
2) 자격부여에 관한 교육을 실시하였을 경우에는 교육/훈련 완료 후 사본을 제출하여야 한다.
3) 회람식 교육을 실시하였을 경우에는 배포한 문서의 갑지에 회람자 서명과 날짜를 기록한 것으로 교육/훈련 기록을 대신한다.

5.3.2 사외교육

1) 교육/훈련 완료 후 사본을 제출하여야 한다.
2) 교육/훈련 관련 자료를 제출하여야 한다.
3) 필요시 교육/훈련 보고서를 제출하여야 한다.

5.3.3 교육훈련의 평가

교육훈련 효과성의 평가는 시험(필기, 실기), 인터뷰, 관찰, 리포트 제출, 설문서, 교육 참여열의 확인 등의 방법 중 적합한 방법을 선택하여 평가하고 교육/훈련기록표(갑지), (을지)(SIS-QF-0601-02, 03)에 기록하여 해당 부서에서 유지, 관리한다.

5.4 자격관리

5.4.1 자격인정 방법

1) 감사원 자격요건

감사원은 다음 1), 2)항을 포함하여 세 가지 항을 만족하여야 하며 사장이 승인한 경우에 자격이 있다.

① 감사원교육을 이수한 자
② ISO 9001 품질시스템 교육을 4시간 이상 이수한 자
③ 당사 입사 후 2년 이상 근무한 자
④ 사외 교육기관에 감사자 교육을 이수한 자
⑤ 내부감사를 한 경험이 있는 자

2) 검사자의 자격요건

검사자는 다음의 해당 자격요건 중 1)항 포함하여 세 가지 이상에 해당될 경우 자격이 있다.

① ISO 9001 품질시스템 교육을 4시간 이상 이수한 자
② 검사관련 교육을 2시간 이상 이수한 자
③ 검사 부문에서 만 1년 이상의 경력이 있는 자
④ 입사 후 근무기간이 1년 이상인 자
⑤ 생산 조장 또는 반장으로 동종업계에 1년 이상 경력이 있는 자

3) 설계자의 자격요건

설계자는 다음의 해낭 자격요건 중 1)항 포함하여 두 가지 이상에 해당될 경우 자격이 있다.

① ISO 9001 품질시스템 교육을 4시간 이상 이수한 자
② 당사 입사 후 2년 이상인 자
③ 기술개발부서에 근무 중인 자

5.4.2 자격의 부여

1) 감사원 자격요건에 해당하는 자 중에서 자격인정현황표(SIS-QF-0601-04)를 작성하여 검토 후 사장이 선정, 승인해야 한다.
2) 검사자 자격요건에 해당하는 자 중에서 자격인정현황표를 작성하여 검토 후 책임자가 승인해야 한다.

5.4.3 자격 유지관리

1) 감사원은 아래와 같은 방법 중의 하나로 그들의 자격을 유지해야 한다.

① 연 1회 이상 내부 품질감사에 참여

② 감사와 관련한 교육/훈련 참가

2) 유자격자는 자격부여 관리대장(SIS-QF-0601-05)에 등록하여야 한다.

5.5 유지관리

본 절차서에서 언급된 모든 문서와 기록들은 기록관리 절차서(SIS-QP-0402)에 준하여 유지, 관리되어야 한다.

6. 관련문서

6.1 기록관리절차서(SIS-QP-0402)

7. 품질기록 보존기간

양 식 명	양식번호	보존기간	보존주관부서
교육/훈련계획서	SIS-QF-0601-01	3년	주관부서
교육/훈련기록표(갑지)	SIS-QF-0601-02	3년	주관부서
교육/훈련기록표(을지)	SIS-QF-0601-03	3년	주관부서
자격부여 현황표	SIS-QF-0601-04	퇴사 시까지	주관부서
자격부여 관리대장	SIS-QF-0601-05	퇴사 시까지	주관부서

8. 관련 양식/별첨

8.1 교육/훈련계획서(SIS-QF-0601-01)

8.2 교육/훈련기록표(갑)(SIS-QF-0601-02)

8.3 교육/훈련기록표(을)(SIS-QF-0601-03)

8.4 자격부여 현황표(SIS-QF-0601-04)

8.5 자격부여 관리대장(SIS-QF-0601-05)

Chapter

08 임금관리

제1절 임금관리의 의의

1. 임금관리의 개념

호텔에서 임금 및 봉급은 호텔종업원이 노동하여 얻는 소득을 가리키는 말로, 근로기준법에는 “사용자가 노동의 대가로 근로자에게 지급하는 임금, 봉급, 기타 여하한 명칭으로든지 지급하는 일체의 금품”으로 정의하고 있다. 임금관리는 임금수준 또는 임금총액의 영역과 개개인의 임금을 어떠한 원칙과 기준에 따라 결정하는가의 개별임금 결정에 대한 관리의 영역으로 나눌 수 있으며, 전자는 임금총액관리로서 노동자의 평균임금을 결정하는 임금수준관리이고 후자는 임금개별관리로서 개별적인 임금지불을 결정하는 임금체계관리이다.

임금수준이란 호텔기업이 호텔종업원에게 지급하는 1인당 평균임금액이며, 임금체계는 일정한 임금총액을 어떠한 방식으로 공정하게 배분하느냐에 중점을 두는 것이다. 기업의 임금관리 목표를 인건비 절약과 종업원의 동기유발이라고 할 때, 임금수준과 체계를 상호유기적인 관계 속에서 종합적인 하나의 실체로 파악하여 임금이 적정한 수준에서 결정되고 임금체계가 공정하게 이루어지며 임금형태가 합리적으로 지급될 때 임금의 동기유발 기능이 살아나고 임금관리의 효율성이 증대된다.

또한 임금에 대한 합리적인 시책을 실시하여 임금이 인사관리상 어떠한 기능을 하는가를 인식하고, 조직적으로 그 기능을 다할 수 있도록 개개의 임금시책기술을 계획·종합화하여 이에 따른 임금지급의 실시효과를 감사하며 개선해 나가는 과학적 관리로서의 임금관리가 이루어져야 한다

2. 임금의 중요성

호텔에서 임금이 중요한 것은 여러 측면에서 접근할 수 있으나 일반적으로 그 중요성은 크게 사회적 측면, 기업의 측면, 종업원의 측면으로 나누어 설명할 수 있다.

1) 종업원에 대한 중요성

호텔에서 임금은 다양한 이유에서 종업원에게 중요한 것으로 인식되고 있는데 이를 구체적으로 살펴보면 다음과 같다.

① 생계유지비의 원천
② 사회적 신분을 규정하는 요소
③ 사회적·생리적 욕구충족의 수단
④ 자질향상과 공헌도 증진의 요소
⑤ 재무적 인센티브의 요소

2) 기업에 대한 중요성

임금은 호텔기업의 성장과 사회적 구조변화와 국가경제발전에까지 다각적인 분야에 걸쳐 그 중요성이 인정되고 있다.

① 비용의 요소
② 생산성과 능률성 요소

③ 생산원가의 주요 요소
④ 기업이윤의 요소
⑤ 기업수입의 원천
⑥ 최고가격 형성과 고객유인의 요소

3) 사회적 중요성

임금은 다양한 사회적 집단에 중요한 영향을 미치고 있으며, 고임금은 공동사회의 번영을 증대시킬 수 있는 많은 구매력을 근로자에게 부여하고 있다.

3. 임금의 기능

1) 공정기능

임금은 종업원의 개인목표와 호텔목표를 일치시키고 균형을 유지하는 데 공정한 기능을 수행하도록 그 역할을 다해야 한다.

2) 동기화기능

임금의 기능 중 보상(compensation)은 호텔기업의 활동에 이니셔티브(initiative)를 위한 동기부여의 요소로 그 역할을 다해야 한다.

제2절 임금수준관리

1. 임금수준관리의 의의 및 중요성

임금수준관리는 전체 종업원에게 지급되는 평균임금을 관리하는 것으로 임금관리에 있어서 가장 기본적인 것이라고 할 수 있다. 임금수준은 근로자와 기업 모두에게 부담이 되지 않는 적정성의 원칙이 적용된다. 이는 대외적인 관계에 있어서 유능한 인재의 확보 측면에서 중요한 의미를 지니며 또한 유능한 인재의 유출방지 측면에서도 중요한 의의를 갖는다고 할 것이다. 이러한 임금수준에 관한 문제는 최저임금보장이 어려운 종래 우리나라의 노사관계에 있어서도 중요한 문제였으나 최근 고임금 저성장 국제경쟁의 가속화에 따른 기업환경의 변화에 대처하는 데 있어서도 중요한 문제가 되고 있다.

또한 최근 경영에 있어서 '고임금 저노무비' 개념과 관련하여 임금수준관리의 의의는 더욱 크다고 하겠다.

2. 임금수준의 결정요인

1) 기업의 지불능력

호텔기업의 입장에서 관심을 갖는 기준으로서 호텔기업이 특정시점에서 종업원에게 지불할 수 있는 허용인건비가 얼마나 되느냐, 즉 호텔기업의 경제적 목표달성도와 직접 관련이 있다.

지불능력의 측정은 손익계산서, 대차대조표, 제조원가명세표의 계산에 의한다. 즉 호텔기업의 지불능력은 생산성, 수익성과 적정한 인건비의 비율에 의해 결정된다.

(1) 생산성 분석

① 물적 생산성 기준

단위 노동요소의 투입량에 대한 생산량의 비율이다. 즉 생산량이 20% 증가하면 지불능력도 20% 증가하고 임금수준도 20% 증가해야 공정성이 확보된다는 것이다. 이 방법은 증가된 생산이 시장가치를 반영하고 있지 않으며, 생산성 향상에 노동력이 기여한 부분을 정확히 밝힐 수 없다는 것이 문제이다.

② 부가가치 생산성 기준

생산된 상품의 시장가치가 반영된 기준으로서 부가가치(매출액-제조원가)에 노동분배율을 곱하여 얻은 금액이 임금수준이 된다. 이 방법은 이론적으로 합리적이나 기업실무에서 적정한 노동분배율에 대한 노사 간의 합의를 도출하는 데 복잡한 협상과정을 피하기가 어렵다.

(2) 수익성 분석

수익성이란 지출에 대한 수익의 비율이다. 손익분기점과 원가구성이 있다.

① 손익분기점

손익분기점이란 총수익과 총비용이 일치하는 수준에서의 매출량 또는 매출액 수준을 말한다. 이 방법은 총수익과 총비용의 관계를 명확하게 밝혀주기 때문에, 이를 이용하여 일정한 조업도하에서 기업의 인건비 지불능력을 파악할 수 있으며 종업원의 추가 충원 계획 등도 세울 수 있다.

② 원가구성

전체 원가구성요소 중 인건비 비율을 과거의 자료를 근거로 계산하여 임금수준 결정에 활용하는 방법이다.

이들 방법의 한계는 호텔기업의 지불능력을 판단하는 자료로서 호텔기업의 대차대조표, 손익계산서 등 각종 재무관리자료가 제시되어야 함에도 불구하고 우리나라 호텔기업의 실정은 종업원에게 충분한 자료를 제공하지 못하고 있다.

또한 호텔기업의 경영실정은 해마다 변화의 정도가 상당히 크다. 만일 실적이 좋았던 해를 기준으로 임금수준이 결정되었다면, 떨어진 연도에는 이에 맞게 임금수준도 낮아져야 하는데, 임금하락에는 상당한 어려움이 따른다.

2) 생계비 보장

생계비는 근로자들의 생계를 유지하기 위해 필요한 임금하한선을 결정하는 데 도움을 준다. 즉 임금은 노동자의 생계를 유지하고 생활을 보장할 수 있는 정도가 되어야 한다는 것이다.

(1) 생계비 측정방법

① 실태생계비

도시근로자들의 가계부를 분석하여 실제로 생계를 꾸려가기 위해 지출된 비용을 산출하는 것이다. 현실성은 있으나 객관적으로 적정한 생계비 수준을 파악하는 데에는 한계가 있다.

② 이론생계비

근로자가 생계를 꾸려나가는 데 필요한 비용을 이론적으로 파악하는 것이다. 과학적이긴 하나 근로자의 생활실태를 파악하는 데는 한계가 있다.

(2) 근로자의 라이프사이클(life cycle)

종업원은 개인이 아닌 가족으로서 생활유지를 항상 염두에 두어야 하기 때문에 연령별 세대모형(family model)이 고려되어야 한다. 즉, 라이프사이클에 따라서 부양가족에 따른 생계비가 다르기 때문에 생계비 보장에 의한 임금의 하한선을 결정할 때는 근로자의 라이프사이클을 정확히 파악해야 한다.

3) 사회적 균형

(1) 노동시장의 수요 · 공급 사정

경제환경은 취업률과 인력시장의 구조에 변화를 가져오며 임금수준은 노동시장의 이러한 구조에 영향을 받는다. 일반적으로 노동력에 대한 수요보다 공급이 많을 때 임금수준은 내려가고 그 반대의 경우에는 임금수준이 올라가는 경향을 보인다.

(2) 노조의 압력(단체교섭능력)

노조는 근로조건 개선 및 근로자의 경제 · 사회적 지위향상에 그 목적을 두고 있으므로 대개 노조가 결성된 호텔기업의 임금수준은 일반적으로 더 높은 경향을 보인다. 노조가 결성된 호텔기업은 단체교섭에서의 교섭능력에 따라 임금수준의 결정이 좌우된다.

(3) 경쟁기업의 임금수준

업종이 비슷할수록 임금수준도 서로 대등한 관계를 형성하게 되므로 동일업종 경쟁회사의 임금수준은 해당 기업의 임금수준을 결정하는 데 실질적으로 영향을 준다.

(4) 경제적 환경

임금수준은 국민경제 전반과 깊은 관계가 있어 경제수준과 경제성장률이 높을수록 기업의 임금수준은 일반적으로 높다. 또한 산업과 지역에 따라서도 성장률과 수익규모에 따라 임금수준에 영향을 미친다.

4) 정부의 규제

정부의 법률과 규제에 의해 임금의 최저 수준이 결정되는 경우로 우리나라의 '최저임금제'가 있다. 이는 근로자들의 최저생계를 보장하고 사용자 간 공정경쟁을 유도하며 구매력 증대로 인한 유효수요를 창출한다는 장점이 있으나, 노동시장에서 공급이 과잉인 경우 실업률의 증가로 연결될 수 있으며, 최저임금이 인건비 상승을 가져와 이것이 제품의 가격을 인상시켜 결국 가계의 부담이 커지게 될 수도 있다.

3. 임금수준관리의 방향

1) 임금수준의 결정구조

임금수준은 그 결정요인들을 종합적으로 고려하여 적정성을 유지해야 한다. 즉 근로자의 생계비 수준이 하한선이 되고, 호텔기업의 지불능력을 상한선으로 하되 동업 타사 수준 등의 사회적 균형문제가 양자의 조정요인으로써 그 중간에 위치하는 것이 바람직한 임금수준 결정의 구조라고 할 수 있다.

2) 임금수준의 조정

(1) 의의

임금수준은 물가수준변동, 연공이나 인사고과 결과 등에 따라 매년 조정이 되는 것이 일반적인데 이때의 조정이란 상향조정, 즉 임금인상을 말하는 것으로 대부분의 기업에서 행해진다.

(2) 승급과 승격

승급은 임금곡선상에서 상향이동, 즉 미리 정해진 임금곡선을 따라 연령, 근속연수, 능력에 의해 기본급이 증대되는 것으로 대부분의 호텔기업에서 최소한 한 해에 1회 이상 실시되고 있다. 이에 비해 승격은 직무의 질이 향상된 것에 의한 임금상승으로, 주로 승진과 병행해서 이루어진다.

(3) 베이스 업(base up)

베이스 업은 임금곡선 자체의 상향이동을 말한다. 즉, 근속연수, 연령, 직무수행능력 등이 그대로인 자에 대한 임금의 증가를 말한다.

결국 임금수준 결정은 고용관계에서 능률창조를, 노사관계에서 노사분쟁 이슈 조정을, 인간관계에서 동기유발을, 동태론적 입장에서 이직의 감소를 가져오도록 임금변수를 관리하여 노사 공존공영을 실현해야 할 것이다.

4. 임금수준의 결정기준

개별 종업원 임금결정의 전 단계로서 평가의 공정성에 대한 종업원의 수용성을 높이도록 다면평가, 평가과정에의 참여, 평가・결과의 공개 등 평가방법을 개선하고 성과와 보상이 합치되도록 하여 임금수준 결정의 신뢰성, 타당성을 향상시켜야 할 것이다.

제3절 임금액 결정이론

1. 임금액 결정방법

1) 단체교섭에 있어서의 임금결정 기준

노사의 교섭당사자가 머리에 떠오르는 빈도 높은 것을 관찰하는 것이다. 이런 경우 노사에 의한 임금교섭이 일상화되고 있는 부문에서는 노사의 임금결정의 인지 패턴이 유사하다는 것을 알 수 있다. 그러므로 노사공통의 임금결정은 비교적 안정되어 있다고 본다. 교섭당사자가 교섭과정에서 판단기준으로 하는 것을 임금의 결정기준이라고 부른다.

교섭을 담당하는 사람의 의식에 의존하는 것과 같은 주관적 판단에 전적으로 의존해서는 안 되고 임금의 결정기준이라는 것은 관행적이며 그것은 과거의 실적평가와 장래에 걸친 정책과의 복합체가 되어야 한다.

학자별 임금결정 기준을 살펴보면 다음과 같다.

① J.T. Dunlop: 임금비교, 생산성, 생계비, 지불능력
② 번스타인: 임금비교, 생계비, 회사경영상태, 작업의 특성, 수용기준, 생산성, 근로시간, 일반경제 조건 노동조합의 동향
③ 백맨: 임금비교, 생계비, 근로자 생계비, 생산성, 지불능력, 경제환경
④ 스티븐스: 생계비의 변화, 지불능력, 기업·산업 일국의 생산성의 변화, 노동시장의 임금비교

2) 임금비교 준거집단

근로자는 임금의 절대적인 수준을 문제로 하는 것이 아니라 상대적인 수준에 입각해서 자기의 임금이 높고 낮음을 판단한다.

근로이동을 좌우하는 이 만족감은 근로자가 어떠한 집단을 비교의 대상으로 하고 있는가가 중요하다고 레이놀즈 등은 말하고 있다. 마이어스는 임

금비교가 근로자뿐만 아니라 경영자의 경우도 타사와의 임금비교를 중요시 하고 있다고 하고 개인이나 가계의 소비행동을 설명하기 위해서 '상대소득 가설'이나 '데몬스트레이션 효과' 등이 도입된다.

이와 같이 개인의 행동을 떠나서 집단 또는 조직체의 의사결정의 문제에 '임금비교'를 설명하려 한 것은 로스이다. 로스에 의하면 단체교섭에서 공정한 기준으로 받아들여지고 있는 임금비교는 '강제비교'라 불린다.

3) 필립스 커브에 관한 이론

화폐임금의 변화율과 실업률이 장기간에 걸쳐서 안정된 역상관의 관계가 있는 것을 1958년에 필립스가 발견했다. 이 커브를 필립스 커브라 하며 그 후 립세이가 약간의 이론을 붙여서 확충한 것을 필립스-립세이 커브라고 부른다.

초과노동 수요가 큰 만큼 임금상승률도 크다. 초과노동 수요의 크기는 실업률로 계산되기 때문에 임금의 변화를 실업률로 설명할 수 있다.

립세이는 필립스의 발견을 다시 이론적으로 정리하고 분석하였다. 화폐임금의 변화와 실업률 및 물가의 변화율이 이 필립스 커브에 의해서 명확하고 일의적인 관계에 있다고 고려되었기 때문이다. 또한 검증이나 실업가설에 입각한 임금 조정계수의 계측은 각국에서 많이 행해진다.

2. 임금액의 결정기준

1) 임금액과 그 이면성

임금문제의 핵심은 임금액이다. 임금액은 호텔기업의 자금능력과 근로자의 생계비라는 이면성에 존재하는 것이다. 생활급을 주체로 하는 기본급은 어떻게 구성되며, 생산능률에 대응하는 능률가급은 어떠한 요소에서 성립되는가 등의 여러 가지 문제가 여기에 포함된다.

2) 임금액 · 지급측

임금액의 문제는 임금을 지급하는 측과 이것을 취득하는 측의 두 가지 측면에서 보는 것이 타당하며 합리적이다. 즉 임금지급의 입장에서는 제조원가는 크게 보고 원재료비, 인건비 및 경비로 구성되며 영업경비를 합한 것이 총원가이고 호텔을 계속 유지하기 위해서 약간의 이윤을 필요로 한다.

재무제표 중에서 임금에 직접 관련이 있는 것은 손익계산서와 대차대조표이다. 따라서 지불능력의 측정에 사용되는 것은 이 두 개의 재무표이다.

3) 임금액: 소득측

임금을 받는 측의 근로자로서는 근로의 재생산이 가능하도록 현실적으로 본인 및 부양가족의 생계를 충당하기 위한 비용으로서의 임금액을 요구하게 된다. 따라서 그것은 실질임금이어야 한다.

일반적으로 생계비조사 방법은 다음과 같다.

(1) 이론생계비 조사

표준생계비 조사냐 최저생계비 조사냐의 목표를 정하고 '칼로리' 계산, '엥겔'계수의 이용에 의한 생계비에 관한 일체의 조사로서 기초 요소에 대해 수행하는 것이다. 그 대상은 직업 · 직종 · 지역 · 계절 등에 대해 적당한 기간에 걸쳐 조사를 행하는 것이며 일명 마켓 바스켓식이라고 한다.

(2) 실질생계비 조사

생활에 대한 실제의 조사이다. 그러나 조사를 실시하는 데 많은 어려움이 따른다. 임금액의 지급 면과 소득 면에 큰 차가 있다는 것은 결국—생산원가에서 본 바와 같이—지급 면의 상한과 생계비에서 본 임금소득 면의 하한과의 사이에는 상관적 임금액 결정점의 문제가 발생한다는 것을 뜻한다.

4) 최저임금제도

경제적 현상으로 물가는 변동하게 되므로 지급 면으로부터 그 최저액을 어떤 경우라도 지급할 수 있는가가 문제이며, 받는 측에서는 물가가 올라도 그 최저액으로 생활하여 나갈 수 있겠는가가 문제다.

사회정책적으로 보아 최저임금제도는 필요하다. 특히 임금수준이 낮은 산업 및 노동조합 결성을 할 수 없는 업종에서는 그 필요성이 강조된다.

최저임금의 규정방법으로는 법률로 직접 정하는 것, 업종임금위원회나 중재위원회로 하여금 결정하게 하는 것, 노동협약에 의한 최저임금을 가지고 법정에서 인정받는 것 등이 있다.

5) 임금과 생산성

생산성에는 여러 정의가 있으나 가장 넓은 의미는 '생산 제 요소인 각종 자본의 유효이용의 일치'로 정의된다. 설비 · 원자재 · 동력 · 토지 · 노동력 등이 생산에 어느 정도 유효하게 사용되었는가에 그 일관성을 결부시킬 수 있다.

3. 임금체계 결정기준

1) 임금 구성체계

임금체계는 동일노동 · 동일임금의 원칙에 의하여 구성되어야 한다.
기본급의 4가지 항목은 다음과 같다.

① **생활급적 요소**: 초임급의 연령요소
② **능력급적 요소**: 학력 · 경험 · 기능요소
③ **근속급적 요소**: 정기승급 · 임시승급의 가산요소
④ **직무급적 요소**: 승급 시의 직무요소

2) 기본임금의 산정방법

임금액의 형태로 임금 '베이스'로써 부여되며, 이것을 구성요소 비율에 따라 배분하는 것이다.

4. 임금의 지급형태

1) 임금 지급형태의 발전

임금 지급형태는 임금지급제도 또는 급여제도라고도 하는 것으로서 종업원 개개인에 대한 임금산정방법을 의미한다.

- 임금발전 형태
  개인급제 → 단체급제 → 양자를 결합한 지급형태

2) 개인급제

일정한 근로시간에 지급되는 정액급제와 어떤 작업에 대하여 일정한 표준시간을 정하여 이것과 실제 작업시간과의 차에 의하여 할증가급을 장려하는 의미에서 지급하는 소위 시간청부제로 나눈다.

3) 시간급제

우리나라에서 사용되는 일급제 · 시간급제 · 월급제 · 일급월급제 등이 있다.

4) 시간청부제

각 개인의 시간급률을 정해 놓고 다시 1개당 표준시간을 정하여 완성된 개수에 대한 표준시간을 구하고 이것에 대하여 시간임금을 지급하는 것이다.

5) 할증급제의 종류

절약임금의 전부가 아니고 그 일부를 할증으로써 근로자에게 급여하는 능률자극을 줌과 동시에 한편에서는 임금의 급격한 증가를 완화시키고자 한 것이다.

할증급제의 종류에는 '할세이', '로완', '에머슨'의 세 가지가 있다.

6) 성과급제

단가를 정하고 생산량에 따라 지급하는 제도로 작업량에 대해 개인차가 많은 경우 그만큼 개인 수입차가 커진다. 단순 성과급제도의 경우는 W=RP ×NP가 된다.

7) 임금의 설정

임률에는 시간급률과 개당임률이 있다. 시간급률은 일수를 1일의 작업시간으로 나눈 것이며, 일수는 1개월의 수입에서 분할되어 나온 것이다.

8) 특수한 지급형태

임금지급에서 중점을 두는 부분이 생활급이라는 것은 임금액 결정이 생활에 치중된다는 것을 의미한다.

① **계척식 임금제**: 표준임금액을 정하고 일반물가지수 혹은 생계비지수에 어느 정도의 변화가 생겼을 경우에는 미리 정해진 비율에 따라 임금증감을 하고자 한 것이다.

② **임금으로서의 수당**: 생활의 보조방법으로서 여러 가지 명목하에 지급되는 것이다.

9) 단체급 형태

개인임금을 대신한 집단임금제로 발전한 형태이다.

① **작업조 청부제**: 작업집단이 미리 청부금액을 정하여 작업하고 본인의 경험, 능력 등에 의하여 정해진 기본급과 출근일수에 따라 청부금액을 분배하는 방식이다.

② **공장단위 지급방법**: 공장 전체의 종업원에 대하여 지급총액을 결정하고 생산능률 또는 이윤에 의하여 장려가급이 지급되게끔 한 것이다.

10) 직무급제

연령이나 근속연수나 경력에 대한 인간본위의 급여가 아니고 직무수행의 난이, 즉 직계에 대한 직능본위의 급여이다.

5. 직무수당의 설정법

수당을 합리적으로 결정하는 것이 임금체계를 합리화하는 데 큰 역할을 한다. 수당은 기본급의 보충이므로 기본급의 성격과 형태에 따라 어떤 수당은 지급하고, 어떤 수당은 지급해선 안 된다든가 또는 그 수당의 지급액을 어느 정도로 해야 하는가 등이 서로 다르게 결정되어야 한다.

연공급을 한번에 고칠 수 없는 현재에는 직무수당을 합리적으로 결정하고 일의 차이를 고려하여 임금체계의 합리화를 꾀해야 한다.

그러기 위해 점진적으로 승급, 베이스업, 임금조정 시에 처음은 소액이지만 하나의 임금항목으로 채택해서 기회 있을 때마다 이것을 늘리고 차차 그 비율을 높여가는 것도 하나의 방법일 것이다.

6. 승급제도

승급이란 종업원 개개의 임금이 증액되는 것인데, 베이스업이나 능률급 단가의 인상과는 달라서 각 기업에서 정해져 있는 임금체계하에서 종업원의 조건변화에 대응하여 각 종업원의 임금액을 증액시키는 것이다.

일반적으로 승급제도를 실시하는 이유는 다음과 같다.

① 생계비의 증가에 대응하기 위해서
② 직무수행능력의 향상에 대응하기 위해서

7. 퇴직금 결정방법

1) 퇴직금의 성격

퇴직금이란 근로자가 퇴직할 때 지불되는 퇴직일시금·퇴직연금의 총칭으로 일반적으로 이것을 퇴직금이라 한다. 근래에는 공로보상설, 임금후지급설, 생화보장설·생활보조설 등의 3가지 설이 있다.

2) 퇴직금의 문제점

대기업은 물론 중소기업에 이르기까지 인건비 부담의 증대가 경영상의 부담이 되고 있어 퇴직금제도는 전환기를 맞으려 하고 있다.

3) 퇴직금 결정방법

퇴직금액을 정하는 기준은 다음과 같다.

① 퇴직 후의 생활보장
② 사회의 일반적인 수준
③ 기업의 지급능력

8. 상여금 결정방법

1) 상여금의 성격

상여금은 우리나라에서 상당히 오랜 역사를 가지고 있는데 명절 때 윗사람이 아랫사람의 노고에 대한 보답으로 물품을 내리던 습관에서 시작되었고 이것이 차차 제도화되면서 보급된 것이다.

상여금을 지급하는 이유는 다음과 같다.

① 생활비의 적자를 보충할 필요성에 응하기 위한 생활보조금의 성격
② 이윤분배제도의 일환으로서 기업의 이익 중 미리 정해진 일정금액
③ 업적금의 일환으로 지급하는 것

2) 상여금 총액의 결정방법

① 실적을 기초로 지급률을 정하는 방법
② 생계비에 근거를 두는 방법
③ 동업인 타 기업의 지급률이나 사회 일반적 관습
④ 경영실적에 의하는 방법

3) 연간임금방식

연간임금방식은 상여금 또는 일시급에 대해서 그 지급방법을 미리 결정해 두는 제도인데, 이 제도는 주로 성과배분방식이나 이윤분배제도에서 많이 채택하고 있다.

4) 상여의 개인배분

상여의 개인배분은 상여의 성격에 대한 견해 · 임금수준 · 임금체계 · 상여의 수준 등에 의해 규제되어 단일한 배분방식이 아니라 본인의 근무성적, 근태, 기업에 대한 공헌도 등으로 평가해서 배분하는 것이다.

제4절 연봉제

1. 연봉제의 도입환경

최근 우리나라 기업은 연봉제에 대한 관심이 높아지고 있다. 관리직의 임금은 연봉제의 채용률이 신세기를 맞을 때쯤이면 50퍼센트 정도에 이를 것으로 예상되고 있다.

1) 연봉제가 관심을 모으는 이유

① 능력주의 임금제도 도입의 기초조건 성숙
② 인건비 절대액 관리의 중요성 증대
③ 쌓아 올리기식 임금결정의 모순 확대
④ 시간축에서 성과축에로의 패러다임 변화
⑤ 관리직에 대한 역할기대의 변화

2. 연봉제의 도입과 배경

그러면 지금까지 지배적이었던 월급제 이외에 연봉제의 도입이 논의되는 이유는 무엇 때문인가? 이것을 몇 가지 요인으로 나누어서 살펴보면 다음과 같다.

첫째, 능력주의지향의 움직임이다.

지금까지 우리나라의 임금체계는 자리를 보고, 사람을 보고, 근무연수를 보고, 근로자의 속성을 보고 처우하였다고 볼 수 있다. 그러나 오늘날 급격하게 변화하는 기업환경에 대처하기 위해서는 능력주의에로의 전환이 강력히 요구되고 있다. 실력과 업적에 따라 사원을 처우하고, 그렇게 함으로써 경영의 활성화를 도모하고자 하는 것이다.

둘째, 개인주의적 성향에 대한 대비이다.

지금까지는 근로조건의 향상을 꾀하기 위하여 노동조합을 매개로 단결하여 교섭하는 것이 선호되었다. 그러나 상황이 많이 변하였다. 해마다 노동조합의 조직률이 저하되는 사실에서 볼 수 있듯이 개인주의적 풍조가 만연함에 따라 함께 단결하여 교섭한다는 노동조합의 구심력이 저하되고 있다.

특히 젊은 층에 이러한 개인주의 성향이 강하다. 이는 근로자 전체의 평균임금이 일률적으로 몇 % 인상되는가에 대한 관심보다는 “내 임금만 오르면 된다. 내 임금을 올리기 위해서는 열심히 노력하면 된다”는 것에 보다 높은 관심을 보이는 것이다.

셋째, 노동시장의 유동화이다.

그동안 우리나라의 문화적 환경과 전통적 가치관에 비추어볼 때 연공서열적 임금결정기준이 무시할 수 없는 요인이었다.

그러나 오늘날 젊은 근로층 및 스페셜리스트들에게는 장기근속에 의한 연공급의 관심보다는 현재의 능력・업적에 따른 처우를 해줄 것을 희망하고 있다. ‘지금은 임금이 낮으나 이후에 승급할 것이므로’라는 식으로 젊은 근로층이나 스페셜리스트들을 설득시킬 수 없다. 따라서 임금 면에서 현재의 능력・업적에 상응하는 처우를 하려면 연봉제를 채택하는 것이 가장 적합하다.

넷째, 국제화의 진전이다.

최근 수년간 기업의 국제화가 급격히 진행되고 있다. 임금을 포함한 인사제도 전반에 걸쳐서도 국제화시대가 도래하였다.

기업의 국제화는 국명을 불문하고 세계에서 가장 값싼 나라에서 만들어, 가장 비싸게 팔 수 있는 나라에서 판다는 것으로 표현되는데 이것은 인력, 자원, 자금이라는 경영자원을 국제규정에 따라 조달함으로써만 가능한 것이다.

기업격차는 인재격차라고도 하는데, 오늘날 국제화를 추진하고 있는 기업은 국제적으로 통용되고 있는 인재확보에 노력을 기울이고 있다. 그리고 이러한 인재의 능력이 고도로 전문화될수록 국제규칙에 의한 연봉계약이 일반적이다.

3. 연봉제 도입의 전제조건

연봉제가 도입되기 위해서는 다음과 같은 전제조건이 어느 정도 성숙되지 않으면 실효성을 거둘 수 없다는 점에서 그 도입에 신중을 기할 필요가 있다.

첫째, 개개인의 능력 및 업적에 대한 객관적이고 공정한 평가와 신뢰성이 먼저 뒷받침되어야 한다. 경영자와 근로자 간에 직무에 대한 평가기준과 상호 이해가 어느 정도 성숙되어 있어야 한다.

둘째, 고용관행의 개선이 필요하다. 우리나라에서 근로자는 학력과 연령 및 속인적 요소를 기준으로 하여 채용하고 있으며, 임금체계 역시 연공급 위주로 되어 있기 때문에 연봉제 도입이 결코 쉽지 않다.

셋째, 근로자 간에도 평가결과에 대하여 승복하는 소위 '평가문화'가 정착되어야 한다. 대부분의 기업에서 현재 감점제는 사라지고 가점제만 운영되고 있다는 사실에 유념할 때 연봉액이 감액되는 경우를 상정하기란 결코 쉬운 일이 아니므로 기업의 입장에서 볼 때 오히려 인건비 상승요인으로 작용할 가능성도 있다.

넷째, 적용대상의 선정에 신중을 기해야 한다. 선진국에서는 시스템 엔지니어, 디자이너, 영업 세일즈, 각종 상담직 등의 전문직이나 사무관리직에 계약을 바탕으로 한 연봉제 도입에 큰 어려움은 없으나 생산직의 경우 일률적으로 도입하는 데는 문제가 발생할 가능성도 있으므로 연봉제의 적용 대상은 기업과 직종의 특성에 따라 선별적으로 신중하게 결정되어야 한다.

다섯째, 현재 노동계가 경제계 및 정부의 연봉제 추진목적을 임금체계의 합리화보다는 오히려 노조의 교섭력 약화와 임금인상 억제에 있다고 인식하고 있는 점도 연봉제 도입의 장애요인으로 등장할 수 있다. 그러므로 노사 간의 상호신뢰성이 선행되어야 한다.

따라서 업무의 계약이라는 사고가 일반화되어 있지 않은 우리나라로서는 연봉계약제가 정착되기에는 상당한 시일이 소요되겠지만 빠르든 늦든 기업으로서는 연봉제 도입의 필요성이 증대하는 것만은 분명하다. 그리고 그 정책을 위해서는 객관적인 평가기준의 설정이 관건이 된다.

4. 연봉제의 적용범위

연봉제 적용범위는 전 사원에게 적용하는가 또는 특정사원에게 적용하는가가 중요하다. 특정사원에게 적용할 경우 자격등급, 역직, 직종, 고용형태 등을 고려해야 한다.

5. 연봉제는 성공의 과제

기업이 연봉제를 도입하기 위해서는 여러 가지 전제조건을 검토해야 하는데 이는 다음과 같다.

① 경쟁풍토의 존재여부 및 객관적인 인사고과의 정착 여부
② 노사 간의 상호불신 및 갈등 여부
③ 업무성격상 관리직 및 전문직 종사자 간의 상호 협조성 파괴 여부

④ 연공서열제도 중심의 한국적 가치관의 극복 여부

이상과 같은 전제조건이 충족된 후 기업도 다음과 같은 사항을 정리 · 확인해야만 연봉제는 성공할 수 있다.

① 임원의 능력주의 인사를 철저히 해야 한다.
② 인사고과와 업적평가의 신뢰성과 납득성을 확보해야 한다.
③ 일정수준 이상의 임금을 항상 확보해 두어야 한다.
④ 정확한 업무목표와 과제를 설정해 두어야 한다.

이와 같이 연봉제의 도입은 경쟁기업이나 타 기업이 실시한다고 해서 곧바로 제도설계에 들어가는 것이 아니라 연봉제의 목표와 연봉제를 지탱하는 전제조건 및 조직환경을 충분히 정비하고 검토해야 한다. 그러나 가장 중요한 성공조건은 무엇보다도 조직구성원의 마음가짐에 달려 있다고 볼 수 있다. 연봉제를 일부의 조직관리자에게 한정하지 않고 조직구성원 모두에게 적용시키는 것이 기업의 사명이라면, 최고 경영자는 물론이거니와 조직의 최하계층에 이르기까지 확고한 연봉제에 대한 인식을 새롭게 가질 필요가 있다.

다음은 연봉제 성공을 위해 조직관리자와 조직구성원들이 가져야 할 사명으로, 이에 따른 의식개혁이 있어야만 연봉제 도입은 성공할 수 있다.

1) 최고경영자가 지녀야 할 의식개혁

① 연봉제에 대한 지속적인 관심과 추진력을 확보한다.
② 철저한 사전준비와 외부전문가를 활용한다.
③ 전 사원의 교육을 통한 공감대를 형성한다.
④ 직무분석과 목표관리제를 실시한다.
⑤ 공정하고 객관적인 평가제도를 구축한다.
⑥ 고과자의 교육과 훈련을 강화한다.
⑦ 권한을 위임하고 채용제도를 개선한다.

⑧ 연봉차등 폭을 단계적으로 확대한다.
⑨ 팀워크를 고려한 개인주의를 확립한다.
⑩ 근로기준법과의 조화를 모색한다.

2) 조직관리자들이 지녀야 할 의식개혁

① 공평주의 사고를 가져야 한다.
② 몸값을 정확히 인식해야 한다.
③ 애사심을 가져야 한다.
④ 일을 통한 인연을 중시해야 한다.
⑤ 경쟁에 노출되어야 한다.
⑥ 인사고과를 의식해야 한다.
⑦ 건강에 투자해야 한다.
⑧ 커뮤니케이션을 잘 해야 한다.
⑨ 팀워크를 중시해야 한다.
⑩ 가족의 협조를 구해야 한다.

제5절 직무평가와 직무급제도

1. 직무급제도의 의의

직무급이란 직무의 중요성, 난이도 등에 따라 각 직무의 상대적 가치를 평가하고 그 결과에 의하여 임금액을 결정하는 임금체계이다. 즉 동일직무에 대하여 동일임금이라는 이론에 입각한 임금체계이다.

이러한 직무급 임금체계는 기업의 대규모화, 생산의 기계화로 인하여 직무의 세분화와 각 직무에 대한 공정하고 타당한 임금률의 책정이 요청됨으로써 생겨나게 되었다.

2. 직무급여의 필요성

직무급여가 필요한 이유는 다음과 같다.

① 직무급은 임금이 노동의 대가라는 임금의 원칙에서 볼 때 가장 타당한 형태라고 할 수 있다.
② 직무급은 임금을 노동의 질과 양에 따른 명확한 기준 위에서 결정함으로써 임금결정의 자의성을 배제할 수 있다.
③ 직무급은 근로자가 느끼는 노동의 상대적 박탈감을 감소시켜 주고, 임금의 공정성을 높여준다.

3. 직무급의 장단점

직무급여의 장단점은 다음과 같다.

① **장점**: 직무급은 동일직무에 동일임금이 지급되므로 개인별 임금격차에 대한 불만이 해소되고 능력주의의 풍토가 조성된다.
② **단점**: 직무급은 직무평가 및 직무분석 등이 선행되어야 하는 등으로 절차가 복잡하고, 직무가 표준화되어 있지 않으므로 연공중심의 풍토에서 오는 저항감이 강할 때에는 적용이 곤란하다.

4. 성공적인 직무급을 위한 전제조건

① **직무분석과 직무평가의 선행**: 직무급이 성공적으로 이루어지기 위해서는 직무의 표준화와 직무가치의 객관적인 평가가 전제되어야 한다. 이를 위하여 합리적인 직무분석과 직무평가가 선행되어야 한다.
② **연공서열급에 대한 탈피**: 직무급은 동일직무에 대한 동일임금의 지급이라는 사고방식에 입각한 것으로서, 기존의 연공서열주의를 탈피하는 것이 무엇보다 중요하다.

③ **적정한 임금수준**: 직무가 가장 낮은 가치로 평가되더라도 종업원의 생계비 이상을 유지함으로써 노동재생산이 가능해야 한다.

④ **노동관행의 정착**: 직무평가 및 직무급에 대하여 노사 당사자가 납득하는 합리적인 노사관행이 이룩되어야 하며, 노사가 신뢰하는 조직분위기가 요구된다.

Chapter

09

복리후생관리

제1절 복리후생의 의의

1. 복리후생의 개념

복리후생이란 넓은 의미에서 종업원과 그 가족을 대상으로 생활의 이상적 상태, 즉 물질적 만족과 정신적 안정을 통해 삶의 질을 향상시키기 위한 각종 시설이나 제도를 의미한다. 근로의 의사와 능력이 있는 모든 종업원에게 일할 수 있는 기회와 장소가 주어지며, 고용되고 있는 종업원은 본인과 그 가족들이 생활을 유지할 수 있는 임금과 그 외에 간접적으로 주어지는 조건이 확보되고, 질병에 걸린 자는 의료가 보장될 뿐만 아니라 문화, 체육, 오락 등 직원의 생활을 안정되고 풍요롭게 할 수 있는 적극적인 활동의 종합적 체계이다.

복리후생이라는 용어는 후생복리, 산업복리, 복리후생, 경영복리, 복리 서비스 등으로 다양하게 불리고 있다. 이는 공적인 노동 복지나 근로자의 자주적 복리후생과 구분하기 위해 기업이 주체가 되어 베푸는 것을 말하며, 그것은 노무관리의 일부분으로서 종업원의 노동력 보전뿐만 아니라 나아가 일상에 걸친 생활의 유대향상을 꾀하기 위해 종업원과 그 가족을 대상으로 정신적, 물질적 서비스를 제공하는 것이다.

복리후생을 정의하는 데 있어서 복리후생이 어떠한 활동인지, 정해진 시설인지, 시행되는 제도인지 아니면 지불되는 비용인지가 불투명하다. 원래 활동은 행위를, 시설은 설치해 놓은 장치를, 제도는 여러 가지 규정이나 법규를, 비용은 화폐를 의미하므로 복리후생은 회사가 주체가 되어 경영능률 향상과 직원의 복리증진을 위해 실시하는 임금 이외의 비용 내지는 이와 관련된 시설, 활동, 제도 및 프로그램의 총칭이라 할 수 있다.

호텔 복리는 호텔이 주체가 되어 경영능률의 향상과 종업원의 복리증진을 위하여 실시하는 임금 이외의 비용 내지는 이와 관련된 시설, 활동, 제도 및 프로그램의 총칭이라 정의할 수 있다.

호텔의 복리후생이 갖는 내용으로는 종업원과 그 가족의 생활 안정·문화의 향상·건강의 증진 등에 호텔이 적극적으로 개입할 것이 요구됨에 따라 복리후생은 임금, 노동시간 등의 기본적인 근로조건을 보완하는 것으로 인식되고 있다.

전통적 의미에서의 호텔 복리는 근로자의 생활안정과 질 향상을 위해 근로조건에 부가적 또는 보충적인 것으로 고용주의 자유의사에 의한 임의적인 제도나 시설로 호텔 자체의 부담과 책임하에 추가적으로 베푸는 혜택으로 간주해 왔다. 그러나 근래에는 호텔 복리비율이 30%가 넘는 상황에서 부가급부적 개념으로부터 보다 정당한 근로대가로서 그 성격이 변모함에 따라 포괄적인 의미에서 호텔 복리로 불리고 있다.

종업원의 복리후생이란 종업원의 복리와 후생을 도모함으로써 불완전한 노동조건을 보완하고 이를 통하여 노동력의 최적 활용을 기함은 물론 노사관계의 안정화와 양호한 인간관계를 확보하기 위해 기업이 채택하는 부가적 보상체계를 말한다. 보상체계는 기본급·수당·인센티브 그리고 복리후생비로 구성된다. 이러한 보상체계의 항목 중에서 기본급·수당·인센티브는 종업원에 대한 직접적인 보상인 반면에, 복리후생비는 종업원의 노동과 직접 연결되지 않는 간접적인 보상이라고 할 수 있다. 따라서 종업원에게 간접적인 형태로 제공되는 부가보상을 간접임금 또는 제2의 임금이라고도 한다.

❙표 9-1❙ 복리후생이 주는 이점

종업원 측면	기업의 측면
① 사기가 앙양된다. ② 복지에 대한 인식이 높아진다. ③ 불만이 감소된다. ④ 경영자와의 관계가 개선된다. ⑤ 채용이 안정되고 생활수준이 향상된다. ⑥ 건설적인 참여의 기회가 늘어난다. ⑦ 호텔의 방참 및 목적에 대한 이해가 높아진다.	① 생산성 향상과 원가절감이 이루어진다. ② 협력이 높아진다. ③ 결근, 지각, 사고, 이직이 줄어든다. ④ 노사관계가 증진된다. ⑤ 채용, 교육훈련비용이 절감된다. ⑥ 직원과 건설적으로 일할 기회가 많아진다. ⑦ 호텔의 경영방침 등을 알릴 기회가 많아진다. ⑧ 호텔을 홍보할 기회가 많아진다.

2. 호텔 복리후생의 기능

1) 인간관계 개선 및 일체감 조성

개별 근로자의 능력이나 업적에 따라 차별적으로 지급하는 임금에 비해 복리후생은 모든 종업원들에게 균등하게 주어지는 간접적인 보상으로서, 조직 내 인간관계 개선 및 근로의욕 증대, 종업원의 일체감 조성을 이룰 수 있다.

2) 건전한 노동력의 확보 및 유지발전

노동력의 확보는 임금이나 작업조건 등과 더불어 주택과 관련된 지원, 각종 시설의 지원 등 복리후생활동의 충실함이 중요한 조건이 된다. 회사에서 제공하는 복리후생은 회사의 경영활동에 필요한 육체적·정신적 노동력의 안정적인 확보 및 유지발전에 중요한 영향을 미치고 있다.

특히 종업원 및 그 가족에 대한 주택의 지원을 비롯하여 의료혜택의 제공, 생활편의시설의 확충, 동호회 및 문화활동의 지원 등은 종업원의 이직률을 낮추고 고용의 안정화, 노동력의 효율적 활용, 노동생산성의 향상 등에 크게 기여할 수 있다.

3) 근로생활의 안정 및 근로자의욕의 증대

기업이 종사자 및 그 가족에게 제공하는 각종 복리후생은 종업원의 생활 안정 및 근로의욕의 증진에 기여하고 있다. 즉, 직접적인 임금이라는 보상과 간접적인 복리후생이라는 보상은 종업원 생활의 안정을 통하여 노동력의 재생산에 중요한 영향을 미치게 된다.

4) 노사관계의 안정

다양한 복지시설 및 제도의 개발과 제반 복지시책의 효과적인 운영은 노사관계를 안정화시키는 데 기여할 수 있다. 특히, 호텔 내 각종 복지시설 및 제도에 대한 노사공동의 운영은 노사공동체를 형성하고 협력적·안정적 노사관계를 촉진시킬 수 있다.

5) 지역사회발전 및 회사 이미지의 제고

회사의 다양한 복지후생시설의 확충과 그 시설을 지역주민에게도 개방하여 지역사회의 발전에 영향을 미치고, 지역사회와의 유대강화 및 회사 이미지의 제고에 기여할 수 있다.

제2절 복리후생의 유형

1. 법정복리후생

복리후생은 법적 요구사항에 따라 의무적으로 실시해야 하는 법정복리후생과 호텔의 특성, 규모, 근로조건 등을 고려하여 호텔이 임의적으로 시행하는 법정 외 복리후생으로 나누어볼 수 있다.

의료보험, 연금보험, 재해보험, 실업보험 등이 법정복리후생에 속하고 법정 외 복리후생으로는 호텔마다 약간의 차이가 있지만 생활원조시설, 금융시설, 보건위생시설 그리고 문화・체육・오락시설로 나눌 수 있다.

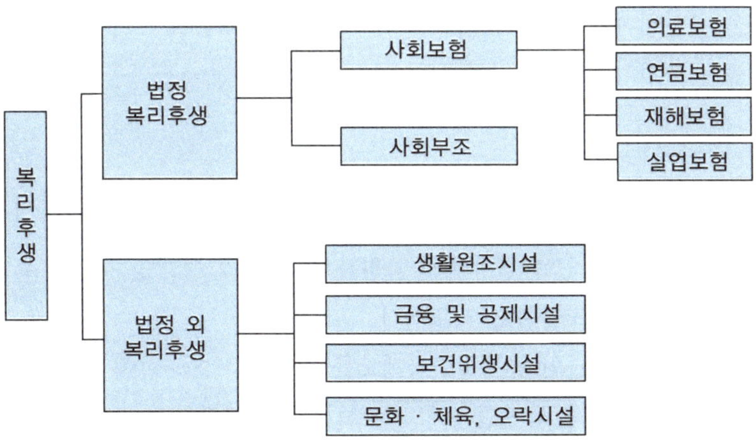

출처: 김정환, 호텔업의 복리후생이 직무만족에 미치는 영향에 관한 연구(2003)

〈그림 9-1〉 **복리후생의 유형**

국가의 사회보장 차원에서 정부가 호텔에 대하여 법률적으로 명시하여 강제로 실시하는 제도를 말한다. 종류와 내용에는 각 국가의 사회복지정책에 따라 차이가 있다고 볼 수 있으나, 종사자의 기본적인 근로생활에 필요한 최소한의 수준을 유지할 수 있도록 하는 데 그 목적을 두고 있다.

우리나라에서는 의료보험, 연금보험, 산업재해보상보험, 실업보험 등 4가지 공적보험을 법정복리후생의 주요 제도로 정하여 호텔의 의무적인 실시와 함께 비용은 일부를 기업이 지원하도록 법으로 규정하고 있으며, 그 주된 내용은 다음과 같다.

1) 의료보험제도

1963년에 우리나라에서 처음으로 실시되었지만 1977년 제4차 경제개발 5개년계획의 일환으로 생활보호 대상자에 대하여 의료보호사업을 실시하고 500명 이상의 사업장 근로자를 대상으로 실시되면서부터 국가계획의 일환으로 시행되었다.

의료보험제도는 업무와 상관없이 발생하는 질병이나 사고에 의해 종업원이 직면하게 되는 경제적인 위험으로부터 종업원의 생활을 보호하는 동시에 질병을 사전에 예방하는 역할도 한다. 그 대상은 종업원과 가족을 포함하며 보험료는 노사가 각각 분담한다.

2) 연금보험제도

연금보험제도는 종업원이 노령이나 폐질로 근무능력을 상실하여 소득이 없는 경우나 사망하였을 경우에 종업원과 그 가족의 생계를 지원해 주기 위해 일정의 연금을 지급하는 제도이다.

우리나라는 1960년의 공무원연금제도를 시작으로 1980년에 국민연금법이 제정되어 1988년부터 국민연금제도를 시행하게 되었다. 1992년부터는 5인 이상 고용하고 있는 기업에까지 가입범위를 확대하였다.

3) 산업재해보상보험제도

업무수행과 관련하여 발생한 부상 · 질병 · 사망 등의 재해에 대해 경제적으로 보상하는 제도이다. 종업원의 비용부담이 없으며 일반적으로 기업이 비용을 전액 부담한다.

종사자가 산재보상을 청구하기 위해서는 그 재해가 업무상 발생한 것이어야 하고 업무상의 재해여부는 업무수행성 · 업무기인성 등을 고려하여 판단한다.

4) 실업보험제도

종업원이 실직한 경우 발생하는 생활의 위험을 방지하는 제도로써 미국의 경우 사회보장법에 의해 각 주별로 실업보험제도가 운영되며, 해고된 종업원은 일할 수 있는 능력과 일하고자 하는 의사가 있으면 일반적으로 해고전 임금의 50%를 해고 후 6개월 동안 지급받게 된다. 우리나라는 1995년 7월부터 고용보험법이 실시되어 실업보험의 역할을 하고 있다.

그러나 실직 후 노동청에 구직신청을 해야 하며, 본인의 큰 잘못이나 불법행동 등으로 해고를 당하였을 경우, 정당한 사유 없이 직장을 스스로 옮기려 할 경우 등에는 급여혜택을 받을 수 없다.

2. 법정 외 복리후생

법정 외 복리후생이란 호텔이 임의로 종업원을 위한 복리후생을 실시하는 제도를 말하며 호텔의 특성, 규모, 환경, 조건 등을 고려하여 필요에 의해 실시하기 때문에 그 종류가 매우 다양하다. 호텔은 종업원의 복리후생을 위해 휴게실, 탈의실, 샤워실, 오락실, 도서실 등의 시설을 갖추고 연 1회 이상 해당 신발과 유니폼을 지급하며 대중교통수단의 운행시간 전후에 출퇴근하는 종업원에게는 교통비를 지급한다.

일반적으로 법정 외 복리후생은 두 가지로 나눌 수 있다.

첫째, 법정 복리제도의 운영내용을 보다 알차게 구성하여 법률에서 정한 수준 이상으로 사회보험을 운용하는 사회보험 추가 급여이다. 연금보험의 경우 법률이 정한 최소한도의 범위를 넘어서 추가적으로 사용자가 별도 보험료를 부담해 준다거나 질병이 발생하였을 경우 의료보험이 급여해 주지 못하는 특별진단이나 고급입원실 이용에 대해 보조를 해주는 경우 등이다.

둘째, 호텔이 별도로 자율적인 의사하에 설정한 복리후생제도인 기타 자율적인 신설급여이다. 호텔 간 복리후생의 정도가 차이를 나타내게 하고, 그 호텔의 복리후생이 잘 운영되고 있는지의 여부가 결정되는 부분이다. 이 부분의 주요 복리후생제도로는 생활원조시설, 금융시설, 보건위생시설 그리고 문화·체육·오락시설 등을 들 수 있다.

1) 생활원조시설

호텔이 종업원에게 제공하는 생활시설과 관련된 복리후생에는 주택시설, 급식시설 등이 있다. 특히 주택시설은 우리나라의 상황에서는 복리후생으로서의 비중이 매우 높다. 주택시설에는 호텔이 가지고 있는 주택을 대여하는 형태와 사유주택의 취득 및 그 차용을 위한 자금지원 형태가 있다.

호텔의 주택시설 지원은 종업원에게 생활의 안정, 통근시간의 단축, 실질소득의 상승효과를 가져다준다는 장점이 있지만, 주택시설이 충분치 못할 경우, 종업원에 대한 혜택의 배분관련 갈등이 유발될 수 있다.

급식시설은 종업원의 건강유지와 밀접한 관계가 있으며 이를 위한 지출비용 또한 크기 때문에 중요한 복리후생에 해당된다. 급식시설은 식당이나 구내식당을 위탁하는 경우가 많고 시설을 운영함에 있어 식비를 지급하거나 식권을 지급하는 경우가 있다.

2) 금융시설

매점으로 불리는 구내시설은 종업원에게 양질의 일용품을 염가로 공급함으로써 간접적인 임금 인상효과를 준다.

금융제도에는 종업원들의 생활에 자금이 필요할 때 낮은 이자로 자금을 빌려주는 대여제도와 호텔이 직원으로부터 예금을 받아들여 저축관리를 행사하는 저축제도가 있다. 저축제도는 저축심을 길러주고 소비를 억제시키는 효과가 있으며 호텔로서는 자금을 운용할 수 있다는 이점이 있다.

3) 보건위생시설

보건위생시설은 종업원 및 그 가족의 보건위생을 위한 제반시설로서 진료시설, 휴양시설, 보건시설 등이 있다.

진료시설을 통한 서비스는 호텔이 직접 진료소나 병원을 운영할 수 있으며, 지정병원을 통한 건강진단 및 진료서비스의 제공, 그리고 건강상담을 할 수 있게 해준다.

휴양시설은 호텔이 휴양소를 직영하거나 외부기관과의 계약을 체결, 또는 해외의 체인호텔을 종업원들이 이용할 수 있다. 또는 호텔이 종업원에게 휴양비의 전부 혹은 일부를 부담하는 경우도 있다.

보건시설에는 샤워실(목욕탕), 이발관, 미용실 등이 있다. 이는 종업원들에게 쾌적한 근무환경을 제공함으로써 보다 효율적이며 안정적인 근무를 지원해 주고 있다.

4) 교육 · 체육 · 오락시설

호텔은 교육시설을 통해 종업원의 특정분야에 대한 교육기회를 제공하거나 종업원들의 교양을 높이고 있다. 또한 이와 관련하여 호텔 내 어학실이나 도서실을 운영하기도 한다. 회사의 규모와 공간의 활용에 따라 체육 및 오락시설의 차이는 있지만 직원의 건전한 심신발달, 여가시간의 이용, 오락 등을 목적으로 한다.

위에 열거한 것 이외에도 통근차량의 운행, 주차공간의 제공, 직원자녀 학자금 지원, 근속기념 선물, 근로자 상담실을 통한 각종 상담 등 여러 가지가 있다.

법정 외 복리후생의 종류를 표로 살펴보면 〈표 9-2〉와 같다.

표 9-2 법정 외 복리후생제도의 종류

복리후생제도의 종류	내 용
공제금융관계	• 공제시책(경조관계급부금, 재해위로금) • 금융시책(각종 대부금, 사내예금 등)
문화체육시설	• 문화시설(오락실, 도서실, 사원클럽, 문화서클 등) • 체육시설(체육관, 운동장, 수영장 등)
보건위생관계	• 진료시설(의무실, 진료소 등) • 보양시설(보양소, 해변휴양소 등) • 건강증진 · 예방시책(정기검진, 건강상담 등)
생활경제관계	• 급식시설(사원식당, 식권 등) • 구매시설(매점, 물품알선) • 위생, 미용(이발, 미용실, 욕탕, 세탁소 등) • 장학 · 육영(장학금, 육영자금지급, 대부) • 생활지도(생활상담 등)
인간관계	• 인간관계시설(카운슬링, 사원 생일축하 등) • 기타(여가활동 원조)
주택관계	• 주택시설(주택, 사원 숙소 등) • 주택소유 조성(주택적립금, 주택건설자금융자 등) • 주택비 보조(주택수당 지급 등)

출처: 신강현, 호텔인적자원관리론

제3절 호텔 복리후생관리 방안

1. 복리후생의 원칙

기업의 인적자원관리에서 복리후생관리는 중요한 관리영역의 하나이기 때문에 그 관리효율을 높이기 위한 고려가 충실하게 이루어져야 한다. 오늘날 기업에서 제공하는 복리후생은 정책의 규제나 법률에 의해서뿐만 아니라 산업사회의 발전과 함께 기업의 자발적인 복리후생시설로 인하여 그 비용이 엄청나게 증가하고 있다. 그러나 복리후생관리는 시설이나 제도를 무조건 확대하는 것만 좋은 것은 아니다. 거기에는 기업 측의 경비부담력에 한계가 있을 뿐만 아니라 근로자로서도 복지적 혜택보다 오히려 직접적인 임금의 증액을 바라는 경향이 있기 때문이다.

한편, 오늘날 산업사회에서는 사회적 복리후생시설이 확충되고 있으므로, 기업으로서는 그것과 중복되는 시설 등을 마련할 필요는 없다. 이런 점에서 기업의 복지후생관리에서 기본적으로 고려되어야 할 세 가지 원칙을 제시해 본다.

1) 적정성의 원칙

적정성의 원칙은 첫째, 기업의 모든 근로자에게 절실히 필요하고, 둘째, 경비부담에 알맞으며, 셋째, 동종의 산업이나 그 지역 내 산업에 비하여 크게 차등이 없는 정도의 복리후생을 하는 것이 온당하다는 점이 특징이다. 그러기 위해서는 그 관리에 있어서 근로자의 의견조사를 한다든가, 기업의 복지시설에 관한 연차적 확충계획을 세우는 것이 바람직하다. 또 동종의 업종이나 동일한 지역 내의 시설 등을 조사하고 일반적 수준을 파악하는 것도 중요하다.

2) 합리성의 원칙

복리후생에 관한 시설 및 제도는 기업뿐만 아니라 국가나 지역사회에 의해서도 추진되므로 기업으로서는 서로 중복되거나 연관성이 결여되는 일이 없도록 합리적으로 조정・관리해야 한다.

3) 협력성의 원칙

협력성이란 지역사회와 복지시설을 공동 운영하는 것과 같은 기업 외적 협력관계도 포함되지만, 이보다는 기업 내적인 노사 간의 협동관계를 중점적으로 뜻한다. 복리후생의 유지・향상을 위해서는 기업의 책임이 크지만, 동시에 근로자의 책임도 적지 않다는 점이 명백해야 하는바, 근로자는 자신들을 위한 복리후생임을 인식해야 한다. 따라서 노사가 협의하여 복리후생의 내용을 충실하게 검토함으로써 알찬 시설이나 제도를 마련할 수 있으며 그 운영에 있어서는 더 한층 협력적 효과를 발휘할 수 있다.

2. 호텔 복리후생관리상의 유의점

1) 커뮤니케이션

호텔은 복리후생제도를 통해 종업원들을 동기부여시켜 노동력을 확보하고 유지하는 데 도움이 될 것으로 기대한다. 그러나 종업원들의 복리후생제도에 대한 이해와 평가가 불완전하다면 이와 같은 효과는 기대할 수 없다. 따라서 커뮤니케이션이 필요하게 된다.

복리후생에 대한 커뮤니케이션은 복잡한 제도에 대한 설명책자를 배부하거나, 전문가가 설명하도록 하거나, 개인별 복리후생의 지출명세서를 작성하여 배부함으로써 가능하다. 그러나 어떤 방법에 의하든지 간에 다음과 같은 점들을 고려해야 한다.

첫째, 직접적이고 단순명료한 용어를 사용하도록 한다.

둘째, 종업원들이 복리에 대한 호텔의 관심을 신뢰할 수 있을 정도로 내용이 진실해야 한다.

셋째, 커뮤니케이션 방법은 각 개인들에게 적절한 것이어야 한다.

넷째, 종업원들의 의견을 파악할 수 있는 쌍방적 커뮤니케이션이 실시되어야 한다.

2) 경영성과제도

복리후생이 종업원들에게 소득을 형성시켜 주는 기본적인 효과에만 그쳐서는 안 되고, 경영의 성과를 유도하는 효과를 강구해야 한다.

3) 복리후생비용의 파악

종업원들에게 복리후생의 지출상황을 인식시키기 위해 복리후생비의 파악과 분석이 행해져야 한다. 비용의 파악방법으로는 1인당 시간비용, 연간 1인당 비용, 복리후생의 연간 총비용, 임금에 대한 비용의 네 가지가 있으며, 이 중에서 두 가지 이상을 결합하여 사용하는 것이 좋다.

1인당 시간비용은 총비용을 연간 근무시간으로 나누어서 구한다.

연간 1인당 비용은 종업원의 비용 인식에 도움을 줄 수 있으며, 보다 효과적이기 위해서는 시간당 총비용과 함께 사용하는 것이 좋다.

연간 총비용은 각 복리후생제도의 연간비용을 합계한 것으로 복리후생의 총비용에 대한 설명이나 예산의 책정에 유용하다.

임금에 대한 비용은 다른 호텔과의 복리후생비 비교에 유용한 것으로 임금과 복리후생비의 분류가 같아야 비교가 가능하다.

4) 창출적 효과

호텔의 입장에서는 종업원이 그들의 복리후생제도에 만족하면 보다 나은 양질의 서비스 제공, 결근율이나 이직률의 감소 그리고 사고의 감소 등이 일어날 것을 기대하는 이른바 '창출적 효과'를 유도하려는 것이 보통이다.

복리후생제도가 종업원의 성과에 영향을 미치기 위해서는 종업원이 복리후생을 작업성과의 결과로 나타난 것으로 인식해야 하며 업무를 보다 잘 수행함으로써 그들의 복리후생을 증가시킬 수 있다고 인식해야 한다.

5) 종업원 참여운영

복리후생관리의 효율화를 위해서는 종업원이 참여하는 운영조직이 필요하다. 복리후생의 효과는 눈으로 얼른 나타나지 않을 경우가 많고 또 운영상 재량의 여지가 크다. 더욱이 각자의 생활과 밀접한 관계를 맺고 있으므로 언제나 종업원 전체에게 납득될 수 있어야 한다. 복리시설의 혜택의 공평을 유지하기 위해서는 종업원의 의견을 들을 수 있는 참가의 기회를 주도록 한다. 이러한 점에서 복리후생의 정책과 관리를 위한 노사공동협의 혹은 공동 의사결정방법 등 종업원이 참여하는 제도가 이루어져야 한다.

Chapter 10

안전 · 건강관리

제1절 안전관리

1. 안전관리의 의의

안전관리는 인적 · 물적인 재해를 미연에 방지하고 특히 종업원의 귀중한 생명과 신체를 보전함으로써 그들의 생활을 유지 · 발전시키고 호텔과 사회에 공헌하기 위한 것이다. 이를 위해서 호텔관리자는 재해와 위험을 예방하여 편안하고 자유로운 업장의 상태에서 일을 계획 · 조직화하고 관련 직무수행자들을 지휘 · 감독하며 통제 · 조정하는 것이 요구된다.

안전관리의 목적은 인간존중의 이념에 기초를 두고 생산활동이 가져올 수 있는 재해나 사고를 미연에 방지하며, 나아가 기술혁신 등으로 인한 부작용인 새로운 형태의 위험을 발생시키지 않게 함으로써 호텔 종업원은 물론이고 일반 시민들까지도 쾌적하고 건강하게 생활할 수 있게 하자는 데 있다.

2. 안전관리의 범위

호텔에서 안전관리는 일반적으로 계획 · 실시, 검토, 조치의 네 가지 분야별 활동이 체계적으로 이루어져야 하며 이러한 과정을 반복함으로써 관리의 수준이 향상된다.

❙표 10-1❙ 안전관리분야

분 야	내 용
계획단계	전사적 차원에서 안전목표를 정하고, 목표를 달성하기 위해 분야별 목표 및 개인의 목표를 설정한다. 설정된 목표를 달성하기 위한 추진방법, 관리항목, 중점실시항목 등에 대한 구체적인 실시계획을 정한다.
실시단계	안전계획을 강력히 추진하면서 안전에 특히 유의하며 인적·물적인 잠재위험을 배제하기 위해 노력해야 한다.
검토단계	실시계획의 달성상황을 체크하며 특히, 재해발생 원인이 될 수 있는 요소를 조사하여 사전에 제거한다. 그리고 발생한 재해에 대해서는 그 원인을 분석하고 그 대책을 강구한다.
조치단계	안전목표 또는 실시계획의 달성상황을 검토한 결과에 따라 불충분한 점에 대하여 적절한 조치를 취하고 불안전행동, 또는 불안전설비를 발견할 경우 즉시 시정해야 한다.

이러한 관리적 활동과 함께 안전을 확보하기 위해서는 관리의 초점이 기계, 설비, 시설 등 물적 환경을 비롯하여 근로조건 및 작업환경과 관련된 환경적 조건, 종업원의 의식과 신체적 여건과 관련된 인적인 조건, 그리고 안전에 관련된 법적·제도적 영역에 걸쳐 광범위하게 맞추어져야 한다.

3. 안전관리의 중요성

호텔에서 안전관리의 주요사항은 호텔 종업원의 상해와 사망을 방지한다는 데 있다. 이러한 사고예방이 중요시되는 것은 개인의 상해와 사망은 호텔에 있어 작업 및 생산원가를 높일 수 있고, 종업원에게는 사기저하를 초래할 수 있기 때문에 관리자들은 사고예방에 신경을 써야 한다.

1) 안전경영

인간은 건강하고 행복하고자 하는 욕구를 기본적으로 가지고 있으며 건강한 신체는 근로자의 생활을 유지시키는 유일한 수단이다. 따라서 호텔 종업원을 고용하는 경영자는 재해예방에 최선을 다할 의무를 가지게 된다.

2) 생산과 안전

호텔경영 시 생산과 안전을 분리시켜서는 존재할 수 없고 오히려 안전이 우선되어야 효율성을 높일 수 있다.

3) 생산의 합리화기법

작업공정의 낭비를 줄이고 간소화하여 효율적인 공정개발 및 개선과 정리정돈에 의한 작업환경을 만들어야만 작업의 위험방지는 물론 종업원이 안심하고 일함으로써 생산성이 향상된다.

4) 인간관계의 향상

재해감소는 결과적으로 합리적 노사관계를 가져오며, 종업원의 사기진작 및 일의 보람으로 산업평화가 이루어질 수 있다.

5) 경영적 손실예방

종업원의 생명과 신체를 보호하기 위해서는 인적 상해를 야기하는 사고를 예방해야 하는데, 사고를 예방하면 인적 상해의 방지는 물론 설비, 손실 및 시간지연 등 물적 손실을 방지하는 부차적인 효과가 있다. 이는 인명존중 이외에 경제적 손실방지 및 생산성 향상이라는 부차적인 효과를 가져오는 주요한 업무라 할 수 있다.

4. 산업재해 발생원인

1) 물적 요인

물적 요인은 기업 내에서 시설이나 기타 물적인 요인으로 재해가 발생하는 것을 말하며, 물적 시설 그 자체의 결함(불량 또는 노후화)에서 오는 요인과 물적 시설의 보전관리 운영의 과오에서 오는 요인들을 포함한다. 말하자면 각종의 기계 · 설비 · 장치 · 기구 · 비품 · 부품 · 약품 · 기타 직접적인 생산시설과, 나아가서는 운반시설 등의 결함에서 오는 사고 및 재해, 또는 이들의 보전관리 운용을 잘못함으로써 오는 사고와 재해가 있다.

2) 인적 요인

(1) 개개인의 선천적 · 후천적 요인

재해는 과격한 기질이나 성격, 신체적인 시력과 청력의 결함에 의하여 발생할 수 있으며, 지식과 경험의 부족 및 중독증 등의 각종 질환에 의하여 발생할 수도 있다.

(2) 부주의 · 불안전한 행동에 기인한 요인

관리자의 통제를 무시한다거나 불안전한 작업방법과 동작 및 자세로써 발생하며 또한 불안전한 기계와 공구의 사용이나 안전장치의 점검 소홀로 인한 사고를 말한다.

(3) 피로에서 오는 요인

과중한 업무로 인한 피로나 작업환경에서 오는 피로, 자기능력을 초월하는 업무에서의 피로 및 시간압박과 스트레스에서 오는 피로 등이 사고의 원인이 된다.

3) 환경적 요인

이것은 작업환경에 따르는 여러 가지 물리적 · 화학적 위험요소를 말한다.

(1) 물리적 요인

작업장 또는 작업대의 협소, 기계배치 설계의 잘못, 통로의 협소, 채광 · 조명 · 환기시설의 미흡, 불안전한 복장 등으로 사고가 발생될 수 있다.

(2) 화학적 요인

고열, 분진, 소음, 진동가스, 유해방사선, 감전 및 충전 등의 위험성을 들 수 있다.

5. 안전관리의 접근방법

1) 공학적 접근

작업장에서 사고 위험도를 물리적 측면에서 없애는 데 치중하는 방법으로 기계, 설비, 도구 등 주로 물질적 설계와 작업절차 설계에 있어서 안전도를 높이려는 공학적 접근방법(engineering approach)이다. 공학적 접근방법은 안전관리에 있어서 가장 근본적인 방법으로서 작업장의 안전에 많은 실질적인 성과를 가져올 수 있다. 때문에 조직체에서는 주로 전문안전기사가 작업장의 안전설계를 전담한다.

2) 선발적 접근

사고는 공학적 접근만으로는 방지될 수 없다. 안전한 작업장은 오히려 구성원의 방심을 초래할 수 있고, 따라서 이것이 사고의 원인이 될 수 있다. 그리고 사고는 대체로 소수의 구성원에 국한되어 있고, 이들이 반복적으로 사고를 일으키는 경향이 있다. 따라서 선발과정에서 성격검사를 통하여 사고성 특성을 지닌 지원자들을 제외시키려는 것이 선발적 접근방법(selection approach)이다.

3) 교육적 접근

앞에서 설명한 바와 같이 재해의 가장 큰 원인은 작업상의 부주의와 기계·기구의 불안전한 사용 등 교육상의 문제이다. 따라서 조직체는 안전교육을 통하여 위험한 작업장의 접근이나 위험물질의 취급방법 그리고 작업방법은 물론 작업자세와 동작 등 작업장에서 구성원들의 안전의식과 안전행위를 향상시킬 수 있다.

4) 현장관리적 접근

사고는 특히 선발적 접근방법에서와 같이 구성원들의 내적인 성격과 관련되었다고 보지 않고, 오히려 작업장에서의 심리적 상태와 밀접한 관계가 있다는 견해도 많다. 즉 사고는 젊은 구성원에게 비교적 많이 발생하고 특히 그들을 어려운 작업에 배치하는 과정에서 많이 일어난다. 그리고 집단구성원 간의 관계와 감독자의 관리도 사고발생에 영향을 준다. 따라서 실무현장에서 구성원으로 하여금 안전규칙을 준수하도록 하고 작업장의 안전을 위한 구성원의 행동을 교육하는 실무관리자의 역할을 강조하는 것이, 현장관리 접근방법(line approach)이다.

5) 스태프 접근

스태프 접근(staff approach)은 조직체의 안전관리를 안전전문가에게 위임하는 방법이다. 안전관리 스태프는 인적자원관리 소속으로서, 작업장의 안전한 기계·설비는 물론 안전절차를 설정하고 사고통계와 사고원인을 분석하며 구성원의 안전교육도 전담케 한다. 그 과정에서 안전관리 책임자는 안전관리에 대한 기능적 권한을 발휘할 수 있다. 따라서 이로 인하여 현장 실무자와의 갈등도 해소될 수 있다.

6. 안전환경조건

1) 최고경영층의 기본방침

안전한 작업장을 만들기 위해서는 무엇보다도 최고경영층의 공약이 있어야 한다. 왜냐하면 사고에 따른 경제적 손실이나 노조로부터의 압력을 초월하여 구성원에 대한 사회적 책임과 인본주의적인 관점에서 안전한 작업장은 조직체의 근본적인 필수조건이라는 최고 경영층의 인식과 이에 대한 적극적인 노력이 요구되기 때문이다.

2) 실무현장에서의 안전관리

안전관리의 최종적인 효과는 실무현장에서 나타난다. 그러므로 일상업무를 수행하는 과정에서 조직구성원 모두가 안전규율과 규정을 준수하고 구성원들 간에 상호 협조하여 불안전한 작업행위를 고쳐주는 실무관리자의 역할이 매우 중요하다. 따라서 안전관리 스태프와 협조하고 실무에서의 안전관리에 책임을 지는 실무관리자의 역할이 강조되어야 한다.

3) 안전관리 전담부서의 설치

안전관리 전문스태프로 구성된 전담부서의 설치가 필요하고 또한 그 책임자에게 안전한 작업장을 설계하고, 이를 유지할 수 있는 지위신분과 기능적 권한을 부여하는 것이 좋을 것이다. 안전관리 전담부서의 기능은 다음과 같다.

① 안전점검
② 기계, 설비, 도구의 안전설계와 안전한 작업환경의 설계
③ 안전작업절차와 안전관리 규율의 기안과 집행
④ 사고분석과 안전통계자료의 수집 및 분석
⑤ 안전에 대한 사내홍보
⑥ 안전교육

7. 재해예방대책

산업재해에 대한 대책은 사후적(ex-post) 재해처리와 사전적(ex-ante) 재해예방으로 구분된다. 산업재해에 대한 사후적 처리는 엄청난 비용을 수반

하므로 많은 기업들이 사전적인 산업재해예방에 관심과 노력을 기울여 비용 손실을 최소화하려 한다. 산업재해예방대책을 효과적으로 수립하고 실행하기 위해 검토해야 할 것은 제도의 타당성 측면에서 채택한 재해예방프로그램이 재해를 실제로 얼마나 줄일 수 있는가와 관련되는 기대효과 측면이며, 다른 하나는 제도 도입의 실용성 측면으로 대책수립에 적절한 비용이 투입되었는가이다. 그러나 비용과 기대효과의 비교라는 비용-편익(cost-benefit)적인 접근은 예방효과가 미래에 발생하기 때문에 올바르게 측정되기 어렵다는 문제가 있고 특히 기대효과가 과소평가될 우려가 있다. 따라서 지속적인 산업재해 현황분석이 필요하며, 이를 토대로 최고경영층뿐만 아니라 종업원들 모두가 재해예방의 중요성을 인식할 수 있도록 분위기를 조성하는 노력이 요구된다.

1) 인적 측면의 예방

채용 시 특히 사고와 재해의 발생과 관련이 있는 선천적 소질과 육체적 결함 등을 조사해야 하는데 이를 위하여 보통 적성검사와 정밀한 신체검사를 한다. 작입에 필요한 지능수준, 성격, 기질, 취미 등을 검사하고 취업에 지장이 되는 신체적 이상(청력, 시력, 체격, 기타)의 유무를 검사한다. 그리하여 적성검사나 신체검사의 결과, 이상이 있다고 인정된 자는 채용하지 말아야 할 것이다.

그뿐만 아니라 채용 후에도 채용 시와 마찬가지로 수시 또는 정기적으로 적성검사 · 신체검사 · 건강진단 또는 직무분석 등을 통하여, 연령 또는 근속연수에 따라 발전 · 변화하는 종업원의 자질과 능력에 알맞도록 적절히 배치전환을 시켜야 한다. 그리고 정기적인 교육훈련을 통하여 기계설비의 사용방법 및 보존관리방법, 작업의 동작과 자세 등에 관하여 필요한 지식과 기능 등을 충분히 습득시켜야 한다.

2) 물적 측면의 예방

물적 시설 면에서 오는 사고 및 재해의 원인을 제거하기 위해서는 먼저 각종 물적 시설을 구입할 때 주의하지 않으면 안 된다. 구입하려고 하는 기계 또는 물품의 품질, 내용, 사용재료, 설계 등과 생산처는 어디인가 등을 충분히 검토해야 한다. 그리고 각종 물적 시설을 계속해서 보전 · 관리 · 운용할 때 특별히 주의하지 않으면 안 된다.

3) 환경적 측면의 예방

작업환경으로 작업장 · 통로 · 채광 · 조명 · 환기 · 통풍 등의 시설과 온 · 냉방시설은 작업에 적당하도록 되어 있는가, 그리고 공구 · 기구 · 비품은 항상 사용하기 편리한 곳에 정리정돈되어 있는가를 점검해야 한다. 특히 주의할 것은 감전, 충전, 벨트 등 안전장치나 커버를 설치하고 항상 주의를 환기시키는 표어, 포스터, 위험표식 등을 게시하여 안전관리에 만전을 기해야 한다. 또한 작업장 내와 주변은 정리정돈을 우선으로 하여 항상 유지 · 관리함으로써 재해예방에 대한 지식을 종업원에게 주지시킬 필요가 있다.

8. 산업재해의 보상

1) 근로기준법에 의한 보상

(1) 요양보상

호텔 종업원이 업무상 부상 또는 질병에 걸린 경우 사용자는 본인의 비용으로 필요한 요양을 행하거나 필요한 요양비를 부담해야 한다.

(2) 휴업보상

근로기준법 제81조의 제정에 의하여 요양 중에 있는 근로자에 대하여는 사용자가 근로자의 요양 중 평균임금의 100분의 70의 휴업보상을 행하여야 한다.

(3) 장애보상

호텔 종업원이 업무상 부상 또는 질병에 걸려 완치 후 신체에 장애가 있는 경우 사용자는 그 장애 정도에 따라 평균임금에 별도로 정한 일수를 곱하여 장애보상을 행하여야 한다.

2) 산업재해보상 보험법에 의한 보상

사용자는 근로기준법에 의하여 종업원에 대한 재해보상을 지고 있으나 그 보상액이 거액일 때에는 법률규정대로 이행되지 못하는 경우가 있을 수 있다. 따라서 일반 보험방식에 의거하여 다수의 사용자가 협력하여 보상액을 분담함으로써 사용자의 부담을 덜고, 근로자로서의 업무상 재해를 신속하고 공정하게 보상하고 필요한 시설을 설치·운영하며 재해예방, 기타 근로자의 복지증진을 위한 사업을 행함으로써 근로자 복지에 이바지하는 것이 목적이다.

제2절 건강관리

1. 건강관리의 정의

건강관리란 신체적으로나 정신적으로 건강한 상태를 말하는데, 보통 건강관리는 육체건강과 정신건강으로 크게 나누어 설명한다. 육체건강이란 고통, 질병 또는 쇠약이 없는 인체의 모든 생리기능과 육체기능이 정상적으로 작용하는 상태를 말하며, 정신건강이란 현실을 있는 그대로 정확하게 지각하고 그에 적응하며, 인생의 여러 문제와 긴장에 대하여 성공적으로 대처할 수 있는 상태를 말한다.

2. 건강관리의 목적

건강관리는 산업화에 따른 각종 유해물질로 인한 직업병, 직장에서의 스트레스 등 건강 및 위생에 대한 여러 문제들을 깊이 있게 인식하고 이에 따른 인적 · 경제적 손실을 줄이기 위해 조직적으로 전 종업원들이 효율적으로 산업에 참여하고 건강장애를 받지 않고 항상 건강을 유지하기 위함을 목적으로 한다.

3. 건강관리의 종류

1) 화학적 오염

① 공기의 일반적 성분 중 수분, 질소, 알코올, 탄산수소, 수소, 네온, 헬륨 이외의 모든 물질을 공기오염물이라고 한다(먼지, 연기, 가스, 각종 증기). 작업장의 공기 중에 해로운 오염원이 많이 혼재하면 피부점막에 각종 염증과 궤양, 흡수로 인한 호흡기질환, 장기상해, 질식, 마비 및 의식장해, 각종 알레르기성 질환 등이 생긴다.

② 기타 유해물질로 공기오염원 이외의 유해, 유독성 고체 및 액체 또는 그 중간상태의 물질도 오염원이 되는데, 집촉으로써 발생하는 피부의 상해 또는 질환에 대한 위험, 손이나 음식물에 의하여 소화기에 침입할 위험, 눈에 들어가 상해 또는 눈병을 일으킬 수도 있다.

2) 물리적 위험

물리적 위험으로는 ① 작업장의 온도 · 습도 · 통풍 등의 관계에서 발생하기 쉬운 동상, 감기, 기타 호흡기 관련 환자에 대한 위험, ② 채광 · 조명이 부적당하여 눈병을 일으키기 쉬운 위험, ③ 엑스선 · 감마선 · 베타선 · 알파선 · 중성자와 같은 전이작용을 가진 방사선, 리듐 등의 방사선물질에 의한 피부 · 혈압 · 생식기 장애를 초래할 위험, ④ 진동 · 초음파 · 광음 등에 의하여 발생하기 쉬운 정신계통 질병의 위험, ⑤ 전기의 감전에 따른 각종 위험, 기타 고기압, 분진 등이 있다.

3) 기타의 위험

기타 위험에서는 세균, 기타 각종 병원체에 의하여 발생하기 쉬운 질병에 대한 여러 위험이 있다.

4. 근로자의 피로

1) 피로와 질병

신체 내에서는 끊임없이 물질의 신진대사가 일어난다. 새로운 물질이 원동력인 에너지를 공급해 주고, 잔여분해물은 축적되었다가 체외로 배설된다. 피로란 체내에서 이러한 물질의 신진대사가 균형 있게 조절되지 못했을 때, 다시 말하여 에너지 지출이 일정한 한도를 넘어 노동이 과도하게 행해졌을 때 일어나는 생리적 현상이다. 그러므로 피로는 인간의 육체적·정신적 활동에 다음과 같은 지장을 초래한다.

① 피로는 작업의욕을 감퇴시킴으로써 작업능률에 심각한 영향을 끼친다.
② 피로는 인간의 심리적 태도를 교란시키고 동작의 실수를 유발함으로써 사고 및 재해의 원인이 된다.
③ 피로는 어느 한도를 넘게 되면 질병의 원인이 된다.

2) 피로의 원인별 종류

피로는 여러 가지로 분류할 수 있는데 크게 육체적 피로와 정신적 피로로 구분되며, 또한 환경조건에 의한 피로 및 탈진증후군이 있다.

(1) 근육노동에 의한 피로

주로 육체적 노동의 결과로서 에너지의 공급이 부족해 근육의 운동기능이 원활하지 못한 때 일어나는 피로이며, 동적인 근육노동에 의한 피로와 정적 근육운동에 의한 피로가 포함된다. 이러한 종류의 피로는 운동 및 동작의 범위와 속도, 부하의 정도, 자세 등으로 판별할 수 있다.

(2) 정신신경적 노동에 의한 피로

주로 정신노동 및 신경활동의 결과 정신신경계 기관의 긴장으로 말미암

아 일어나는 피로이며, 사무적 작업이나 기계장치의 감시작업 등에서 많이 볼 수 있다. 특히 신경계 기관은 모든 육체적 · 정신적 노동을 지배하고 조절하는 역할을 하므로, 이 기관의 장애에 의한 피로는 육체노동이나 정신노동에 의한 피로의 직간접적인 원인이 된다.

(3) 환경조건에 의한 피로

근로업무 자체에 의해서가 아니라 작업장의 환기 · 굉음 · 조명을 비롯한 환경조건이 원인이 되어 일어나는 피로이다.

(4) 탈진증후군

직장인들이 과로와 스트레스로 인해 신체적 혹은 정신적으로 무기력증에 빠지는 것은 '탈진증후군'의 일부이다. 중간관리직에 있으면서 가장 많은 업무량에 시달리는 우리나라의 40대 직장인들은 많은 주의를 요한다. 왜냐하면 신체적으로 급격한 체력저하와 함께 심장질환 · 동맥경화 등 성인병에 본격적으로 노출되기 시작하는 연령층에 속해 있기 때문이다. 그러나 충분한 휴식, 운동, 취미, 대화 등으로 스트레스를 잘 관리하면 탈진증상은 얼마든지 벗어날 수 있다.

5. 직업병

산업화가 진행됨에 따라 각종 질병이 산업현장 주변에서 발생하게 된다. 이러한 질병들은 종업원이 직업에 종사하고 맡은 직무를 수행하면서 발생하기 때문에 흔히 직업성 질환 또는 직업병이라 부른다. 작업환경에서 발생하는 이러한 직업성 질환의 대부분은 작업조건이 열악하기 때문에 발생한다. 직업병은 비교적 장시간이 경과한 후에 건강상의 장해가 나타나는 것으로 개인뿐만 아니라 기업에 커다란 손실을 입힌다. 따라서 직업병이 발생하지 않도록 사전에 작업환경을 개선 또는 개조하는 예방관리를 철저히 해야 한다.

1) 직업병의 예방대책

직업병을 예방하기 위해서는 먼저 병의 원인을 철저히 규명하고, 이에 대한 대책을 강구하는 것이 필요하다. 생산기술과 작업환경을 개선하고 철저하게 관리하여 유해물질의 발생을 사전에 막음으로써 안전하고 쾌적한 작업환경을 확립해야 하며, 근로자를 채용할 때부터 의학적으로 관리하여 직업성 질환의 조기발견과 그에 대한 적절한 조치방안을 강구해야 하며, 근로자들이 평소에 개인위생 관리를 스스로 잘할 수 있도록 교육하고 주기적인 건강검진은 물론 개인의 건강을 유지·관리할 수 있는 제반여건을 조성하는 것이 필요하다.

2) 직업병의 법률적 보상

표 10-2 직업병의 법률적 보상

보 상	내 용
요양보상	• 업무상 부상 또는 질병에 걸린 경우 사용자는 근로자에게 필요한 요양을 취하거나 또는 요양비를 부담한다(근로기준법 제81조 1항). • 요양 중에 있는 근로자에게 사용자는 근로자 평균임금 100분의 60의 휴업보상을 해야 한다(동법 제82조).
장해보상	• 업무상 부상 또는 질병에 걸려 완치된 후에도 신체적 장해가 있는 경우에 사용자는 그 장해 정도에 따라 평균임금의 정한 일수를 곱하여 얻은 금액의 장해보상을 해야 한다(동법 제83조).
유족보상	• 업무상 사망한 경우에 사용자는 그 유족에 대하여 평균임금의 1000일분의 유족보상금을 지급하고(동법 제85조), 평균임금의 90일분의 장례비를 지급해야 한다(동법 제86조).

6. 건강관리의 대책

조직체에서의 건강관리는 의료담당자의 임명, 조직체의 건강관리에 대한 책임의 명확화, 의료진, 설비 등 근본적인 요건을 구비하는 동시에, 의료보험과 재해보험을 통한 질병의 치료와 의료비 및 재해비의 지급 등을 포함한다. 그러나 이러한 사후적 건강관리보다도 더 중요한 것은 사전의 예방적 건강관리이다. 예방적 건강관리의 목적은 작업으로 인한 조직구성원의 각종 질병과 정신적 스트레스를 사전에 예방함으로써 인적자원의 유지·보전은 물론 인적자원의 성과를 높이는 데 있다.

1) 유해환경 노출억제

건강을 유지하기 위해서는 건강을 해칠 수 있는 유해환경에 대하여 노사 쌍방 모두의 주의가 필요하다. 종업원 스스로 작업장 내 건강을 해치는 유해환경에 직접적으로 근접하거나 피부가 노출되지 않도록 하고 작업을 해야 한다. 기업은 규정된 시설과 설비를 갖추고 안전규정을 정하여 종업원이 규정을 지키는가를 확인·감독하고 종업원이 유해환경에 무방비로 노출되지 않도록 철저한 예방적 건강관리를 실시해야 한다.

2) 정기적인 건강진단

건강관리를 위해서는 채용이 결정되기 전에 직무수행과 연관하여 개인의 신체적 여건을 확인하는 것은 물론, 채용 후에도 정기적으로 건강진단을 실시해야 한다.

3) 건강교육과 프로그램 실시

건강은 개인 스스로의 노력과 조직차원의 후원에 의하여 크게 좌우된다. 따라서 호텔기업은 종업원 각자가 평소에 건강에 관심을 가지고 건강관리를 할 수 있도록 건강프로그램을 만들어 참여할 수 있는 기회를 제공하고, 건강의 중요성과 방법을 교육하며, 각종 운동시설을 준비하여 근무시간 이외에 이용할 수 있도록 해야 한다.

4) 종합적 건강관리

관리자와 인적자원관리 스태프는 그들의 상담활동을 통하여 스트레스 문제를 제거하는 데 도움을 줄 수 있다. 또한 교육훈련과 조직개발 프로그램을 통해 종업원에게 스트레스를 수용·극복할 수 있는 능력을 길러줄 수 있다.

Chapter

11 이동관리

제1절 인사이동의 의의

1. 인사이동의 개념

어떤 직무에 배치된 종업원을 필요에 따라 전보 또는 다른 직무로 재배치(전보)하는 것으로 배치전환 · 승진 · 강등 · 퇴직 등을 포괄하는 개념이다.

인사이동이 공정하고 합리적으로 이행되면, 근로의욕을 향상시켜 생산적인 협력을 유도, 사기증진, 인재의 적재적소 배치에 의해 생산성을 향상시킬 수 있다.

조직관리자는 인력의 유용한 이용을 위하여 인간과 직무 간의 최적합상태가 유지되도록 계획적 · 조직적으로 인사이동의 작업을 단행한다.

인사이동이란 직원의 능력이나 직무내용의 변화 또는 조직운영상의 여러 가지 여건의 변화에 따라 수직적 · 수평적으로 배치상의 변화를 가져오는 인적자원관리상의 절차를 의미한다.

이때 수직적 이동에는 기존의 직무에서 새로운 직무로 급여, 책임, 지위, 근로환경 등의 차원에서 달라지는 승진 · 승격 등이 있고, 수평적 이동에는 별다른 변동 없이 이동하는 배치전환 등이 있다.

즉 이동관리란 직원에게 가장 적절한 직무를 연결시켜 주는 과정이다.

직원들은 더 나은 직무를 수행하고 더 나은 보수와 더 좋은 근로환경을 원하기 때문에, 이것은 직원들의 최대관심사 중 하나로써, 근로의욕과 사기를 향상시킴과 동시에 생산성도 향상시킬 수 있다. 즉 인사이동은 생산성과 조직의 유효성과 직결되는 것이다.

2. 인사이동의 목적

기업경영에 있어서 인사이동을 실시하는 중요한 목적을 들면 다음과 같다.

1) 적재적소 배치의 실현

기업의 고용정책이나 선발방법이 아무리 잘되었다 할지라도, 처음 배치가 적성이나 능력, 직무요건에 잘 부합되도록 이루어지지 못하였을 때에는 근무평점이나 능력평가 또는 자기신고에 의하여 인사이동을 시켜 적재적소주의를 실천해야 한다.

2) 직무전환을 통한 효과적 인재육성

기업이 필요로 하는 인재는 실무경험을 통하여 육성할 수 있는 인사이동이 요망된다. 특히 우리나라와 같은 연공서열제도가 대중을 이루는 나라에서는 실무경험을 통하여 여러 가지 직무내용을 잘 파악하여 다기능화하거나 간부양성을 할 수 있다.

3) 조직활동에 대한 활력주입과 근로의욕의 향상

종사원이 동일한 직무에 오래 근무함으로써 능력정지나 퇴보현상이 나타나거나 종사원과 관리감독자 간 또는 종사원 상호 간에 불화가 있어 사기가 저하된 경우에는 이동을 시킴으로써 조직활동을 원활하게 하고 사기를 높일 수 있다.

4) 공평한 처우실현

어느 종사원이 어느 곳에 배치된 뒤, 그 능력이 계속 신장되었을 때, 보다 상위직위로 이동시켜 공평한 처우를 받을 수 있게 해야 한다. 이 경우는 대개 승진이나 승격의 경우에 해당된다.

5) 업무의 번한(繁閑)을 시정

정원관리가 잘 이행되지 못하거나, 직무구성부분과 능력구성부분이 잘 조화·조정되지 못하여 업무상 번한이 있는 경우에는 이를 시정하기 위해 이동이 이루어져야 한다.

6) 조직계획의 대응

기업이 성장·발전함에 따라 조직계획, 즉 생산계획 및 판매계획 등이 변경되거나 새로운 직무를 설정할 경우에는 이에 대응할 정원의 수정이 필요하게 되므로, 이에 따른 인사이동이 있어야 한다.

인사이동의 목적은 다음과 같이 설명할 수 있다.

① 후계자를 양성하여 차대의 각 직능, 각 계층의 적격자를 계속적으로 공급해 준다.
② 적재적소의 배치를 실현하여 인적 능력을 효율적으로 활용하는 데 있다.
③ 승진욕구를 자극하여 사기를 앙양하는 데 있다.
④ 동일직위의 정착화를 배제하고 종사원의 근무의욕을 쇄신하는 데 있다.

3. 인사이동의 준수사항

인사이동은 그 시기에 따라 정기이동과 임시이동으로 구분된다. 정기이동이란 매년 일정시기에 전체조직에 걸쳐서 실시되는 계획적인 이동인 데 반하여, 임시이동은 정기이동만으로는 인사상의 불균형을 해소하기 곤란하기 때문에 필요에 따라 그때그때 실시하는 이동이다.

그런데 이 두 가지 이동은 상호 관련성이 있기 때문에 어느 하나만의 인사이동을 실시해서는 안 된다. 따라서 인사이동은 인사이동정책에 따라 필요한 절차를 거쳐 실시해야 한다. 그러므로 효율적인 인사이동을 위해서는 다음과 같은 몇 가지 사항을 준수해야 한다.

1) 승진경로와 자격요건의 명확화

인사이동은 대개 직무내용과 조직적 지위의 변화를 의미하는 경우가 많다. 따라서 장기고용제도하에서는 종사원들의 이동, 특히 승진에 대한 기대가 크기 때문에 모든 종사원에게 승진경로가 개방되어야 한다. 또한 승진상의 자격요건과 기준을 명확히 하고, 종사원의 성과와 근무태도를 공정하게 평가하는 것이 중요하다.

2) 연공제와 능력제의 조화

인사이동은 종사원의 능력과 성과에 따른 능력주의에 입각하여 이루어져야 하나, 우리나라와 같은 연공존중의 경영풍토에 있어서는 이를 무시할 수 없다. 그리므로 양자 간의 적절한 조화방안을 모색하여 실시하는 것이 인사이동상의 중요한 과제이다.

3) 직무숙련화의 배려

내부직위에 공석이 생겼을 때 가급적 사내승진을 통한 이동을 함으로써 종사원의 사기를 진작시키는 것이 일반적이다. 그러나 지나치게 폐쇄적인 인사정책은 삼가고 유능한 사외인재영입도 고려하여 인사이동이 이루어질 수 있도록 해야 한다.

4) 동기부여(Motivation) 향상의 고려

기업은 인간을 중심으로 하는 조직체이므로 수평적 · 수직적인 인간관계가 존재한다. 이러한 관계가 양호하지 않으면 직무성과는 향상되지 못한다. 가령 어느 한 개인이 매우 유능하고 우수하며 특출한 직무수행능력을 가지고 있다 하더라도 잘못된 인사이동으로 집단 팀워크가 파괴되면 그 개인의 능력은 조직에서 볼 때 비효율적인 것이 된다. 따라서 이동은 조직성과의 동기부여를 충분히 고려하여 성과의 총합이 극대화될 수 있는 방향에서 이루어져야 한다.

4. 인사이동의 원칙

1) 적재적소주의

기업은 종업원이 소유한 능력과 성격 등의 면에서 최적의 지위에 배치되어 최고의 능력을 발휘할 것을 기대한다. 따라서 적재적소주의는 능력본위의 인사관리를 위한 가장 기초적인 요건이라 하겠다.

2) 능력주의

능력주의란 능력을 발휘할 수 있는 영역을 제공하며, 그 일에 대해서 올바르게 평가하고, 평가된 능력과 업적에 대해서 만족할 수 있는 대우를 하는 원칙을 말한다. 여기서 말하는 능력은 현재적 능력뿐만 아니라 잠재적인 능력까지도 포함하는 개념이며, 또한 배치·이동에 있어서 능력주의는 능력을 개발하고 양성하는 측면도 고려해야 한다.

3) 인재육성주의

사람을 소모시키면서 사용하지 않고 성장시키면서 사용해야 한다는 원칙이다. 이러한 인재육성주의는 구성원의 자주성·자율성이 존중되는 현대사회에 있어서 더욱 중요시된다고 할 것이다.

4) 균형주의

단순히 특정인만의 적재적소를 고려할 것이 아니라 상하좌우의 모든 사람에 대해서 평등한 적재적소와 직장 전체의 적재적소를 고려할 필요가 있다.

제2절 이동과정의 관리

1. 이동계획의 준비

개개인에 대한 평가에 바탕을 둔 배치 전환 및 승진계획, 인력계획, 조직계획 등 미시적·거시적 관점 등을 고려하여 준비

2. 이동계획의 실시

이동 시 본인에게 이동하게 되는 명확한 이유를 설명

3. 이동 후의 사후관리

이동 후 직무적응 확인이 필요. 적응하지 못할 때 원직 복귀 또는 재배치를 고려

4. 이동의 유형

1) 생산 및 판매 변화에 의한 이동

생산과 판매의 증가 또는 감소로 노동의 수요가 변함에 따른 이동으로 회사 전체 고용의 안정을 꾀하기 위한 것이다.

2) 전환 또는 순환근무

근속기간이 오래된 종업원이 다른 부서로 순환, 이동하는 것이다.

3) 다기능 양성을 위한 이동

여러 업무에 융통성 있는 다기능 종업원을 양성하기 위한 이동이다.

4) 교대근무

한 교대직 근무조에서 다른 교대직 근무조로 이동하는 것이다.

5) 교정적 이동

종업원 개인의 사정 때문에 발생하는 이동이다.

6) 재교육 또는 기술변화에 의한 이동

생산기술의 변화 또는 새로운 교육훈련의 필요성에 의해 부서를 이동하는 경우이다.

5. 이동관리 시 유의사항

1) 기초자료의 확보

직무분석, 인사고과 등의 기초자료가 확보되어야 한다.

합리적 이동관리를 위해 직무가 요구하는 자격요건과 종업원의 업적평가가 제도화되어야 한다.

2) 이동방침

이동시기, 이동의 신청 및 승인, 이동의 범위, 이동기준, 이동 시의 임률 등이 명시된 이동방침을 확립해야 한다.

3) 양적 · 질적 조정

인적자원의 질적인 조정이 필요하다.

질적 조정에는 종업원 능력, 개발가능성, 인간관계, 개인적 상황 등을 고려해야 한다.

4) 경력 및 능력 개발

이동은 조직 내에서 여러 다양한 직무를 거치게 하여 경력을 쌓도록 하고, 이동에 따른 교육훈련으로 능력개발을 위한 것이어야 한다.

5) 인사교류

유능한 종업원의 이직을 막고 자질을 갖춘 후진을 양성하기 위해서 인사이동이 필요하다.

제3절 배치전환관리

1. 배치전환의 의의

각 직무에 직원을 배속하는 것을 배치라 하고, 일단 배치되었던 직원을 현재의 직무에서 다른 직무로 바꾸어 재배치하는 것을 전환이라고 한다.

배치전환(transfer)이란 종사원이 새로 담당할 직무가 임금수준이나 지위·위치·소요·기능 및 책임에 있어서 종전의 직무와 별 다른 차이가 없는 수준에서 수평적으로 인사이동하는 것을 말한다.

승진이 능력의 향상에 따라 등급이 높은 직무, 즉 조직적 서열과 권한 및 책임의 증대가 수반되는 직무로의 수직적 이동인 데 반하여, 배치전환은 같은 수준의 직무에로 자리바꿈을 하는 수평적 이동이란 점에 차이가 있다. 한편 조직경영상 인력의 효율적 활용과 조직목적의 효과적인 달성을 위하여 배치전환을 하게 된다.

반면 직원의 측면에서 보면 새로운 일거리로 자리를 옮김으로써 승진과 더불어 종업원에게 더 큰 직무만족을 가져올 수 있지만 전환에 따른 종업원의 불평과 불만이 발생할 수 있다.

2. 배치전환의 목적

1) 생산적 목적

① 직무요건의 변동에 적응하기 위해서 이루어진다.

② 융통성 있는 직무수행을 위한 능력을 배양하기 위해서 이루어진다.

2) 개인적 목적

① 부적절한 배치를 시정하기 위해서 이루어진다.

② 작업의 단조로움으로부터 해방되기 위해서 이루어진다.

③ 종사원 상호 간의 마찰을 해소하기 위해서 이루어진다.

④ 종사원의 연령 및 건강상태에 대한 배려를 위해서 이루어진다.

⑤ 전반관리자로서의 능력을 육성하기 위해서 이루어진다.

3. 배치전환의 유형

1) 이동범위별 분류

① 부서 간의 배치전환(inter-section transfer)

업무의 내용이 유사한 부서 간에 수평적으로 이루어지는 배치전환이다.

② 부문 간 배치전환(inter-department transfer)

부와 부 사이 또는 부문과 부문 사이에 이루어지는 배치전환이다.

③ 전사적 배치전환(overall-firm transfer)

회사 전체를 통하여 필요한 인력을 폭넓게 배치전환시킨다.

2) 이동목적별 분류

① 생산상황에 따른 전환(production transfer)

새로운 기술의 발달로 노동의 수요가 점차 감소되는 직무로부터 노동의 수요가 증대되거나 이직으로 인하여 결원이 생긴 직무로의 전환을 뜻한다.

② 고용안정을 위한 재배치전환(replacement transfer)

이는 생산상황에 따른 전환과 마찬가지로 특정 종업원에 대한 일시해고를 피하기 위한 목적으로 이루어지는 전환을 말한다.

③ 근무교대조 간의 전환(shift transfer)

하루에 둘 이상의 교대근무반을 운영하는 경우 종업원을 하나의 시간대에서 다른 시간대로 이동하는 유형이다.

제4절 승진관리

1. 승진관리의 개념

승진관리는 크게 종사원 측면과 경영자 측면에서 그 의미를 찾아볼 수 있다. 먼저 종사원 측에서 볼 때 자기발전의 실현과 욕구충족을 꾀할 수 있다. 즉 직장생활이 희망선개의 대상이 된다. 그리고 경영자 측에서 볼 때 인재의 효율적인 확보배분을 통한 조직의 효율성을 증대시킬 수 있다. 즉 생산능률 증대의 대상이 된다. 이와 같은 욕구와 필요성에 따라 승진관리가 갖는 의미는 지대한 것이다. 상기의 목적을 달성하려면 다음과 같은 입장에서 승진관리가 이루어져야 한다.

호텔종사원도 누구나 각자의 능력과 공헌도에 따라 종합적인 평가를 통해 승진할 기회와 권리가 있으며, 호텔은 효과적인 승진 및 장기적인 인사계획과의 연결을 위해 진로를 설정해야 한다. 호텔이 종사원을 최고도로 활용해야 하는 입장에서나 종사원이 자기발전을 극대화해야 하는 입장에서 승진의 원칙을 설정하여 합당한 직위에로 승진시키는 것이 이상적이다.

인간능력 판단의 기술과 방법이 꾸준한 노력에 의해 개선되고 있지만, 장래의 적성과 잠재능력을 포함한 능력판정은 채용 당시 한 번의 시험으로는 예측할 수 없다. 승진이란 종사원이 보다 유리한 직무에로 이동되었을 경우로서 직책의 증가, 소요기능의 확대, 임금의 증가, 근무시간, 환경조건 등의 향상을 수반하는 것을 의미한다. 그리고 승격과 승급의 경우도 큰 차이가 없으며 다 같이 승진이라는 의미로 보는 것이다.

2. 승진의 기준

승진의 기준은 승진방침에 따라 설정되는 것이므로 시대와 기업에 따라 다르며 그 기준도 시대와 기업에 따라 달라진다. 일반화된 몇 가지 요건을 중심으로 그 기준을 살펴보면 다음과 같다.

1) 근무평정의 결과

인적자원관리도구 중 하나인 근무평정제도의 궁극적 목표는 종사원의 근무의욕을 높이기 위하여 개개인을 각각의 능력과 업적에 따라 공정하게 처우하는 관리체제를 구축하며, 인사상의 제 문제에 사실상의 근거를 제시하여 승급·상여·배치 등을 공평하고 객관적으로 할 수 있게 하기 위해서이다. 이와 같은 목표를 가진 인사고과가 구체화·제도화되는 경우 직무수행능력, 공헌도(실적), 장래발전성, 태도 및 적성 등의 자료가 정비된다.

근무평정의 대상이 되는 것은 현재 직위의 자격요건이기 때문에 성적이 좋다고 해서 상위직위에의 자격요건을 갖추었다고 속단할 수 없으며, 이때 더욱 문제시되는 것은 때로는 현재의 직위에서 실적을 올리지 못하고, 능력을 충분히 발휘하지 못하더라도 상급직위에 맞는 능력요건을 갖추고 실적을 올릴 수 있다는 것이다. 그러나 승진에 관한 한 현재의 직무수행상태와 관련시켜 그의 잠재능력 및 기대가능성을 고려하지 않을 수 없다는 사실은 어느 정도 위험성과 곤란성을 내포하고 있는 것도 사실이다

근무평정의 내용을 실적·태도·능력·장래성의 네 요소로 크게 나눌 때 실적과 태도의 비중이 능력과 장래성보다 낮다고 할 수 있으므로, 승진기준으로 설정할 수 있는 것은 종합평가 성적이 일반적으로 우수해야 함과 동시에, 그들 요소 중 능력과 장래성의 비중을 높이 다루는 것이 바람직하다. 예

컨대, 종합점수가 같은 A, B 두 사람 중에서 한 사람만 승진시켜야 할 경우라면, 근무성적에 관한 실적이나 태도보다는 능력과 장래성이 좋은 사람이 승진되어야 한다.

2) 승진시험의 결과

승진의 대상자를 시험에 의해서 결정하는 승진시험을 제도화하려는 경향이 높아지고 있다. 이와 같이 승진시험의 결과에 의해서 승진대상자를 결정하려는 방침은 합리적이라 할 수 있고, 더욱이 능력주의 인적자원관리체제하에서는 바람직한 기준이다. 그러나 승진시험에 있어서도 누구를, 어떤 시험방법으로, 어떤 문제를 시험내용으로 하여, 언제 실시할 것인가 하는 것들이 문제점이다. 이런 문제점에 대한 확실한 해답을 얻고 승진시험을 실시한 뒤 그 결과에 따라 승진이 이뤄져야 한다.

3) 연공평가

연공이 승진대상자 선정의 기준이 되는 것은 세계적인 현상이다. 서양에서는 선임권의 개념으로, 동양에서는 연공서열주의라는 개념으로 사용된다. 연공에 대해서는 승진방침에서 설명된 바 있으나 우리나라에서 많이 사용되고 있는 승진기준이다.

그러나 오늘날과 같이 기술이 급속도로 발달하여 기계화가 급속히 이루어짐에 따라 기능에 의존하기보다는 기술과 인간의 능력에 의존하는 경향이 뚜렷해지고 있다. 이에 많은 호텔기업에서 연공의 의미와 비중이 점차 낮아지고 능력 위주 인적자원관리의 비중이 높아지고 있다. 또한 과도적으로 연공을 승진자 기준으로 삼는 호텔기업들도 직무수행능력을 관련시켜 파악하고자 하는 경향이 뚜렷해지고 있다.

4) 경력평정

경력기간을 승진기준으로 하는 것도 일반화되어 있다. 기업마다 경력기간을 승진기준으로 삼기 위하여 승진소요 최소연수 또는 직급별 정체연수를 정하여 최소한도의 능력훈련기간을 통제하고 있으나 점차로 능력주의 정신에 따라 그 기간을 단축하려는 경향으로 가고 있다.

그런데 경력을 승진기준으로 하기 위해서는 다음과 같은 가설 중 어느 것 또는 그 전부를 적용해서 경력을 평정해야 한다. 중요한 가설은 다음과 같다.

① 승진대상이 되는 직위의 직무에 대하여 유사성 또는 친근성이 높은 경험은 낮은 경험보다 유효하다.
② 직무수행능력은 일반적으로 학력연수에 비례한다.
③ 어떤 경력이 어떤 직무에 유효하기 위해서는 그 이전에 일정한도의 경력 및 학력이 있어야 한다.
④ 어떤 직무에 대하여 유효한 경력과 학력은 동등하다.
⑤ 일정한도 이상의 경력이나 학력은 그 이상 증가하더라도 유효성은 증가되지 않는다.
⑥ 새로운 경력은 오래된 것보다 가치가 있다.
⑦ 책임이 무거운 직위경력은 가벼운 직위의 경력보다 가치가 있다.
⑧ 진보성이 있는 경력은 그 정도가 낮은 경력보다 가치가 크다. 이들 제 가설은 적용상에 많은 문제가 따르게 된다.

5) 교육훈련의 결과

승진대상 직위에 대한 직무수행능력을 판단하는 기준으로 ① 어떤 특정한 연수과정을 마치거나, ② 연수의 결과(시험결과)를 활용하는 경우가 있다. 어떤 특정연수과정의 완료로써 어떤 특정 직위로 승진하기 위한 최저자격요건으로 정하거나, 연수의 내용이나 정도에 따라 이를 그 직위에서의 경험이나 필요한 지식·교육·정도 등 승진을 위해 필요한 자격요건으로 대신 평정해 주는 경우도 일반화되어 있다. 또 일부 대기업에서는 특정연수훈련을 실시하고 그 결과로 얻은 성적이 바로 승진에 영향을 미치게 되어 있다.

6) 인사기록

승진자의 선정기준으로 인사기록이 활용된다. 인사기록이란 종사원의 입사 이전의 교육·경력 등을 포함하여 입사에서 퇴사까지의 고용관계에 관한 기록으로서, 기업이 종사원의 능력을 기업목표달성을 위한 인적자원관리상의 자료로써 이용할 수 있도록 고안되어야 한다.

인사기록은 다음과 같은 네 가지 조건을 구비해야 한다.

① 현재 담당하거나 앞으로 담당할지도 모르는 직무를 능률적이며 성공적으로 수행하는 데 관계되는 모든 정보를 담고 있어야 한다.

② 이들 모든 정보는 간결하게 기록되고, 당면문제와 관계없는 사항을 기록하지 않아야 한다.

③ 종사원은 정태적·고정적인 능력의 단위가 아니므로 현재의 현상만이 아니라 발전과 퇴보를 포함한 모든 변화상을 기록해야 한다.

④ 언제든지 필요할 때 즉시 쉽게 이용할 수 있도록 기록·정리·보관되어야 한다.

이상 네 가지의 승진기준을 살펴보았다. 모든 제도는 일반적으로 그 조직이 갖는 내용 및 목적을 보다 효과적으로 달성하기 위하여 안정성·고정성·경제성을 지녀야 한다. 승진제도도 마찬가지이다. 승진기준도 기업조직의 목적대상 범위에 따라 달라진다. 종래의 신분적 자격제도에서는 학력·연령·근속 등의 요건을 종합하여 승진기준을 결정하였으나, 최근 능력주의 인사제도에서는 능력의 요건, 기타 기준이 되는 근무평정의 결과, 교육훈련을 포함한 시험성적, 적성평가 등에 의하여 승진기준을 결정하고 있다.

승진기준의 설정 시 요망되는 몇 가지 사항을 요약하면 다음과 같다.

① 직무분석을 통하여 승진직위가 요구하는 직무수행 자격요건을 정비한다.

② 승진후보자를 선정하는 방법 중 가장 큰 비중을 차지하는 근무평정을 합리적으로 제도화한다.

③ 승진제도 중 큰 비중을 차지하는 후계자양성 등이 계획적으로 이루어져야 한다.
승진이 요구하는 능력평가방법인 근무평정, 시험제도 및 적성검사 등이 계획적으로 이루어져야 한다.

④ 승진의 기회와 범위를 균등하게 하기 위한 계획적·제도적 인사이동 정책의 일환으로 구현되어야 한다.

3. 승진의 기본원칙

1) 적정성의 원칙

적정성의 원칙은 조직구성원이 조직목표 달성에 일정한 공헌을 하였을 때 어느 정도의 승진보상을 받아야 하는지 그 크기의 적정성을 의미한다. 승진보상에 대한 적정성은 조직 내 정당성 측면과 관련되는 것으로 시간적 차원과 공간적 차원에서 접근할 수 있는바, 시간적 차원에서는 과거와 현재의 승진보상의 크기와 정도를 비교하는 것이고, 공간적 차원에서는 동종 업체나 유사조직의 구성원들이 받는 승진보상과 비교하는 것을 말한다.

2) 공정성의 원칙

조직이 조직구성원에게 배분할 수 있는 승진보상의 몫을 받을 만한 자격과 가치가 있는 사람에게 올바로 나누어주었느냐와 관련된 원칙이다. 이 원칙은 상대성을 갖는 것이기 때문에 공정성이 확보되지 않을 경우 조직 내 구성원들의 갈등과 불화의 원인이 될 수 있다. 따라서 개별조직의 승진제도는 승진기회가 비록 충분하지 않을 경우에도 기회는 공정하게 제공되어야 하고 승진기준에 대한 평가의 신뢰도가 철저히 유지되어야 한다.

3) 합리성의 원칙

이 원칙은 조직구성원이 조직의 목표달성을 위해 공헌한 내용을 정확히 파악하기 위한 측정기준과 관련된 원칙이다. 기업은 조직의 업무수행이나 목표달성을 위해 연공과 능력을 조화시키는 방향으로 합리적으로 설명해야 한다. 또한 승진기준이 계층별로·직종별로 세분화되어야 한다.

(1) 계층별 세분화

상위층으로 갈수록 능력의 비중을 높이고 하위직으로 갈수록 연공의 비중을 높이는 게 바람직하다.

(2) 직종별 세분화

관리직에 요구되는 조직목표달성을 위한 자질과 능력은 생산직에 요구되는 자질, 능력과 다를 것이므로 차별적으로 승진기준에 반영되어야 한다는 것이다.

4. 승진제도

어느 기간 동안 일정한 업무를 담당한 종사원이 그 업무에 대해서 많은 경험과 지식을 가지게 되어, 보다 더 넓은 업무를 수행할 수 있는 능력을 갖추게 되었을 때 그 중대한 능력을 최대한으로 제고하는 데 있어 대단히 유익하다.

기술혁신과 경영관리기술의 개발이 절실하게 요구되는 오늘날 우수한 인재를 사내에서 계획적으로 육성한다는 것은 대단히 중요하며, 종사원은 누구나 자신의 노력이 인정되고 능력이 완전하게 이용될 수 있는 기회가 주어지기를 원하는 것이다. 이러한 희망을 승진의 형태로 실현되도록 해줌으로써 당사자뿐만 아니라 일반 종사원들에 대해서도 자극제가 되어 근로의욕을 높이는 데 크게 영향을 미치게 한다.

한 업무에만 오래 정착해 있으면 개선의욕이 감퇴되고, 매사에 소극적이기 때문에 승진제도에 의해 상급직으로 승진될 수 있는 가능성을 제시한다는 것은 종사원의 의욕을 새롭게 하고, 개선의욕을 일으키는 데 효과가 크다. 종사원이 승진의 기회도 없이 한 가지 직무에만 계속 근무하게 되면 근로의욕 상실도 문제지만, 더 좋은 근무조건과 승진의 기회가 주어지는 다른 호텔로 이동하려 한다. 그러므로 승진제도에 의해서 종사원들에게 승진가능성을 보여준다는 것은 근무의욕의 제고뿐만 아니라 이직방지를 위해서도 대단히 중요하다.

승진제도에 제일 중요한 것은 객관적 타당성이 있어야 하고, 공평하게 행해져야 하며, 그 운용에 있어서도 방침과 기준이 명확해야 한다. 앞에서도 논한 바와 같이 승진기준에는 재직연수, 직무경력연수에 의한 기준과 능력에 의한 기준을 들 수 있다.

호텔경영에 있어 능력의 문제란 대단히 중요한 것으로서 호텔에 입사 후 상당한 기간이 경과하지 않고는 각 개인의 능력차가 정확하게 판단되기 어려우며, 재직연수나 직무경력연수와 같은 객관적 인정기준을 적용함으로써 쉽게 납득할 수 있기 때문에 일반기업에서 광범위하게 실시되고 있다. 그러나 기술혁신과 종사원의 의식구조 변화와 기업의 경쟁이 격화됨에 따라 종사원의 질이 문제가 되어 능력위주 승진제도의 필요성이 대두하게 되었으며, 능력에 따라 승진하는 방향으로 나아가게 된 것이다.

1) 신분자격승진

신분자격승진은 승진기준을 단순히 학력, 근속연수, 근무상황, 기본급 등의 개인적 요소에 두고, 여기에 의해서 승진을 결정하는 것이다.

2) 능력자격승진

이 승진기준은 현재 담당하는 직무의 자격요건에는 직결되지 않지만 각자가 가진 지식·기술·능력 등과 같은 잠재능력을 평가하여 그 장래성과 이용성, 그리고 신장도를 측정해 승진을 결정하는 것이다. 이와 같은 승진제도는 그 운용에 있어 어려움이 대단히 많지만 공정성과 신뢰성을 잃지 않도록 주의를 요하게 된다.

5. 승진제도의 문제점

조직적인 인적자원관리가 제도적으로 실천되기 위해서는 인적자원관리 전반에 관계되는 직무와 종사원과의 관계 연구가 필요하다. 그러나 제도라고 하는 것은 언제나 변화하고 변질되기 때문에 현재 처해 있는 제반여건을 충분히 고려하지 않으면 안 된다. 어떤 제도가 바람직하다 해도 현 제도를 일시에 변혁하거나 바꿀 수는 없는 것이다. 점차적으로 직계승진제도에로 발전을 시도하면서 보완해 나감으로써 승진문제에 대처해 나가야 한다.

따라서 승진제도의 문제점은 경영질서를 직능적으로만 규제할 수 없다는 점, 상위직의 심한 정체현상이 있다는 점, 기술혁신과 산업구조의 변화에 의해 양과 질이 변화된다는 것이다. 특히 우리의 경우 직무의 분화와 권한의 위양이 제대로 되어 있지 않고 조직정비의 필요가 많다는 문제점이 있다. 그리고 능력에 대한 정당한 대가와 평가를 요구하는 현대적 직업의식이 결여되어 있고, 학력에 의해 계층을 구분하는 인식이 잔존하고 있다. 그러므로 승진제도의 핵심을 이루는 보다 구체적인 규정으로서 승진시켜야 할 종사원에 대하여 승진절차나 기준을 정해 놓아야 하며, 제도 자체를 수시로 검토하고 개선하여 합리적으로 운영되도록 해야 한다.

① 승진에 필요한 자격기준 설정
② 승진후보의 선정이 모든 종사원에게 공정히 행해지도록 보장
③ 승진후보자의 평가방법
④ 서열 및 선택방법

이와 같이 승진방침을 확정하고, 그에 따라 제도 자체가 수시로 검토되어야 하며, 종사원과 감독자로부터 훌륭한 제도라는 신뢰를 받도록 하지 않으면 안 된다.

제5절 이직관리

1. 이직의 개념

이동이란 근로자의 입직과 이직을 모두 포함하는 의미로 사용되고 있으며, 이에 대해 이직(separation)이란 근로자의 자의 또는 타의에 의해서 일시적이거나 영구적으로 고용이 종료되어 소속집단을 떠나는 것을 의미한다. 자의적 이직이란 사직을 말하며 근로자의 개인적 사정(예컨대 결혼, 임신, 출산, 질병, 전직, 이사 등의 원인)으로 회사를 떠나는 것이다. 반면에 비자발적 이직이란 타의에 의한 이직으로 고용기간의 만료, 규칙위반 등의 이유로 인한 해고, 노동력 유지를 위한 일시해고, 사망·장애 등의 원인으로 회사를 떠나는 것을 의미한다.

2. 이직의 유형

최근 경제상황의 악화 등으로 기업의 노동력유지와 임금절감의 목적을 위한 다양한 형태의 이직이 증가하고 있으며, 이로 인해 많은 사회적 문제가 제기되고 있다. 그러나 이러한 상황에서도 근로자의 개인적 불만이나 전직의 목적을 가진 자발적 이직이 전체 이직률의 40%에 이르는 것을 볼 때, 비자발적 이직에 따른 문제점과 더불어 유능한 근로자의 이탈이라고 할 수 있는 자발적 이직에 대한 문제도 심각하게 고려되어야 한다. 타의에 의한 이직에서 받게 되는 근로자의 정신적·신체적 파괴를 방지하고, 자의에 의한 이직으로 발생하는 기업의 손실을 최소화해야 하기 때문이다. 따라서 효율적 이동관리란 기업에 활기를 불어넣고 전체 종업원의 사기를 향상시키며 조직의 목표달성에 기여한다는 측면에서 중대한 의미를 가지고 있다.

이직의 유형은 매우 다양하지만 일반적으로 사직(quits)과 해고(dismissals) 등으로 구분된다. 사직은 의원사직과 권고사직으로 구분되고 이는 종업원의 의사에 따라 결정하게 된다. 여기서 사직은 의원사직을 의미하고, 퇴직이 주요인이 아니고 종업원이 스스로 조직을 떠나려고 결정하는 것을 말한다. 퇴직은 퇴직과 관련된 이익과 인센티브 및 기타의 원인으로 조직을 떠나기로 결정하는 것을 의미한다. 반면에, 고용주에 의해 이직이 결정되는 해고는 개인의 무능력, 규칙위반, 부정, 나태, 결근, 불복종 및 수습기간의 개인적 과오 등과 같은 개인의 특수한 이유 때문에 타의에 의해 조직을 떠나는 것을 말한다. 해고에는 일시해고를 포함시키고 있는데 이는 개인의 의사보다는 조직의 필요에 의해서 감원할 때 발생한다. 정리해고는 기업환경의 악화 등의 사유로 고용유지를 목적으로 실시되고 있으며, 경제사정의 회복으로 복귀하는 경우도 있지만 그렇지 못한 경우도 있다.

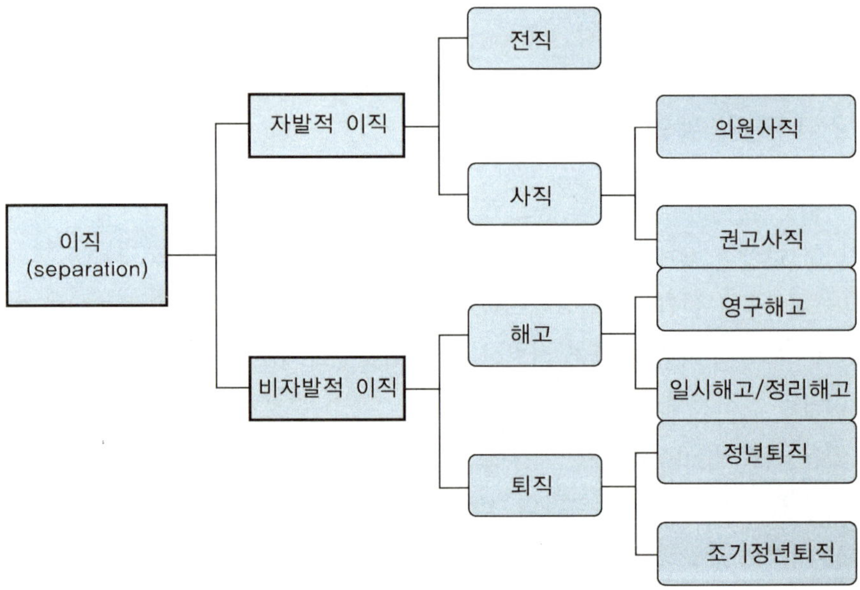

〈그림 11-1〉 이직의 유형

3. 이직의 중요성

1) 거시적 관점

이직은 근로자의 지위를 향상시키는 결과를 초래하며 높은 이직률은 고용증대의 효과라고도 할 수 있다. 인력은 생산성이 낮은 곳에서 높은 부분으로, 즉 임금이 낮은 곳에서 높은 곳으로 이동한다. 이러한 인적자원 이동은 인적자원을 효율적으로 배치하게 하는 원동력이 될 수 있다. 그러나 이동률이 높게 되면 노동시장이 지나치게 유동적이 되고, 이동기간의 실직상태는 높은 실업률을 나타내게 되어 많은 사회적 문제도 야기된다.

2) 기업의 관점

기업에서 불필요한 사람이 이직할 경우 이는 보다 참신한 인력으로 대체할 수 있는 기회를 제공하며, 그 결과로 새로운 기술의 도입을 가능하게 할 수 있다. 더욱이 불황기나 자동화로 인한 인원감축이 필요할 때에 근로자의 자발적 이직은 노동력의 효율적 이용이라고 하는 측면에서 바람직하다. 그러나 지나친 이직은 투자비용과 신규종업원으로 대체하기 위한 손실을 부담해야 하고, 경영층의 이직은 전체적인 기업의 효율성 저하는 물론 업무의 장애를 초래하고 대외적으로는 기업의 이미지를 실추시킬 수도 있다. 또한, 조직구성원들의 사기저하와 인간관계 약화 등에도 영향을 미치고 있다.

3) 개인적 관점

이직을 하는 대부분의 사람들은 높은 임금과 자기 발전의 기회로 삼을 것이다. 또한, 자신의 적성에 맞는 직무를 선택할 수 있으며 새로운 도전의 기회를 제공할 수도 있다. 그러나 개인의 성장이라고 하는 관점에서 개인의 기술축적이 어려울 뿐만 아니라, 선임권의 상실과 이전될 수 없는 권리의 상실을 수반하며 이직기간 동안의 심리적 갈등과 함께 비용 등의 문제도 발생할 수 있다.

4) 잔류자의 관점

이직의 발생은 내부승진을 채택하는 조직에서 승진의 기회를 제공하며, 협력을 요하는 직무에 있어서 무능력자의 이직은 협동심과 직무성과의 향상을 초래할 수 있다. 또한, 새로운 인사의 영입으로 분위기 쇄신과 신선한 자극을 제공하며 적성에 맞는 다른 직무로의 이동이 가능하고, 이직을 위한 의사결정에서 잔류하기로 결정했다면 현 직무에 대한 만족도는 더 높아질 것이다. 그러나 이직의 발생은 잔류자에게 많은 양의 직무를 수행하게 하며 협동을 요하는 직무일 경우 그 성과가 저하될 우려가 있다. 또한, 외부인사의 영입이 이루어진다면 승진에 관한 문제로써 불만이 야기될 것이며, 빈번한 이직은 대외적으로 나쁜 영향을 미쳐 사기저하와 직무태도의 악화를 초래할 수도 있다.

4. 이직률과 비용

1) 이직률의 측정

이직률은 기업환경에 따라 차이가 있으며 평균근로자의 이직률을 기초로 해서 계산된다. 따라서 정책적으로 통제가 가능하며 제반 기업환경을 고려해서 이직률의 적정수준을 결정하지 않으면 안 된다. 즉, 업계 전체의 평균이직률을 고려하기보다는 기업의 인력상황 및 제반 환경조건을 정확히 분석해서 이직수준의 최적화를 도모해야 한다. 총이직 측정률은 다음과 같은 공식으로 계산된다.

이직률 = 이직자 수 / 평균 종업원 수 × 100

2) 이직비용

넓은 의미에서 이동은 근로자가 조직으로 들어오고 나가는 모든 전출입을 의미한다. 따라서 이러한 근로자의 이동은 조직에 대한 노동력의 안정성을 측정하는 기준이 된다. 그러나 노동력의 지나친 이동은 기업에 있어서 바람직하지 못할 뿐만 아니라 많은 비용을 수반한다. 근로자가 기업을 이탈함으로써 발생하게 되는 비용은 일반적으로 다음과 같다.

① 모집과 면접을 위한 시간 및 시설과 배치검사에 따르는 고용비용
② 감독자, 인사부서 및 피훈련자의 시간을 포함한 훈련비용
③ 실적보다 더 많이 지불해야 하는 초임자의 보수
④ 새로운 고용인들의 상대적으로 높은 사고율
⑤ 기존 인적자원의 이직시기와 새로운 인적자원의 충원시기와의 사이에서 발생하는 생산성 상실
⑥ 충원기간과 훈련기간 사이의 생산실비의 불충분한 활용
⑦ 새로운 인적자원들이 생산에 참여할 때 발생하는 불량품 및 폐기율의 증가
⑧ 계약 인도기일 준수에 지장을 초래하는 지나친 이직자 수로 인하여 발생하는 초과근무수당을 지불해야 하는 잠재적 가능성

이러한 비용의 중요성에 대한 인식이 증가함에 따라 인력의 이탈에 대한 문제가 상당한 관리상의 관심사가 되고 있다. 이직을 관리한다는 것은 이직률을 완전히 제거한다는 것이 아니다. 어떤 경우에는 이직자들 대신 보다 우수한 인적자원으로 교체할 수 있다는 점에서 긍정적인 결과를 가져오기도 한다. 한 예로써 최고 32%인 연간 이직률을 분석한 결과, 단지 18%만이 기업에 바람직하지 못한 이직이었다는 사실이다. 아직은 기업에 새로운 아이디어의 도입, 높은 자질을 갖춘 새로운 인력의 도입가능성, 높은 연공서열을 가진 직원을 임금이 낮은 신입자로 대체함에 따른 보수비용의 저하형태로 조직에 기여할 수 있다. 그럼에도 불구하고 근로자의 조직이탈은 위에서와 같이 많은 비용을 발생시킨다.

제6절 이직의 원인과 모형

1. 이직의 원인

이직은 경제상황, 대체직무의 수, 경제활동 수준, 개인능력, 노동시장, 기업환경, 기업 내 유휴인력 등 다양한 요소에 의해 결정된다. 이직에 영향을 미치는 요인을 구체적으로 살펴보면 다음과 같다.

1) 개인적 요소

① **연령**: 연령은 이직률과 부(-)의 관계가 있다. 이것은 제도적 요인으로 중고령층 근로자의 경우 대체직무의 탐색이 어려울 뿐만 아니라, 재취업의 가능성도 저연령층에 비해 낮고 생활의 안정에 대한 가치가 높기 때문인 것으로 볼 수 있다.

② **경력**: 경력과 이직률은 부(-)의 상관관계를 가지고 있다. 이것은 근로자의 적성과도 관계가 있다고 볼 수 있으며, 경력의 초기단계에서 자기 적성과의 불일치로 인하여 이직하는 비율이 높은 것으로 볼 수 있다.

③ **성별**: 남성에 비해서 여성의 이직률이 높다고 하는 것이 일반적이다. 그러나 한 연구결과에 의하면 경력 초기단계에서는 여성의 이직률이 높았지만 일정기간이 지나고 나면 반대의 현상이 나타나고 있다. 그러나 이러한 결과는 개인의 특성이나 직무의 특성 등에 의해 많은 영향을 받기 때문에 성별 이직률은 별다른 의미가 없다고 할 수 있다.

④ **근속연수**: 근속연수와 이직률은 부(-)의 상관관계가 있다. 이것은 연령과 경력과도 관계가 있으며 근속연수에 따른 임금과 조직 내에서의 지위 등의 원인이 있는 것으로 볼 수 있다.

⑤ **교육수준**: 교육수준이 높을수록 자아실현을 위한 직무수행과의 괴리로 인하여 심리적 갈등이 많아지는 것으로 나타났으며, 특히 여성 근로자의 경우 교육수준과 이직률은 정(+)의 관계가 있는 것으로 나타나고 있다.

⑥ **가족상황**: 결혼관계, 자녀 수, 자녀 연령, 부양가족 수 등을 고려해 볼 때, 가정에서의 책임의 정도가 클수록 가정의 안정과 안전을 기대하기 때문에 이직률은 낮아지는 것으로 볼 수 있다.

2) 기업요인

① **임금**: 대부분의 이직에 있어서 1차적 요인은 임금이라고 할 수 있다. 즉, 임금이 높을수록 이직률은 낮아지나 임금이 높을지라도 개인의 기대수준과 차이가 있을 경우 이직률은 높아진다는 것이다. 이것은 임금 지급액보다 공정성에 관한 것으로 볼 수 있고, 따라서 계획적인 임금 관리가 이직률에 직접적인 영향을 미친다고 할 수 있다.

② **업무환경**: 업무현황과 이직과의 관계를 규명하기 위한 연구는 많이 있으며 대부분 부(-)의 관계에 있다는 것을 검증하고 있다. 이러한 업무 요인으로는 작업·휴식시간, 작업장비, 실내온도, 환풍, 습도, 작업장 위치, 작업시설 배치, 재해 위험성 등을 들 수 있다.

③ **모집과 배치**: 모집과 배치의 과정에서 종업원의 적성과 능력이 합리적으로 고려되었다면 이직률은 낮아진다. 현실적으로 적재적소의 원칙이 준수되는 것만이 아니고 연고나 이권, 업무의 편리성, 지위향상의 우선권 등의 요인에 의한 비효율적인 배치는 장래 이직률의 증가를 초래하게 된다.

④ **복리후생**: 근로자의 건강과 생활유지 그리고 노후대책을 위한 회사의 정책적 측면을 의미한다.

⑤ **직무 자체**: 직무에서 요구하는 요인과 개인의 적성 및 능력과의 관계

⑥ **노조 및 노사협의회**: 활발한 노조활동과 충실한 협의제도의 활용은 이직을 감소시킨다.

⑦ **교육훈련**: 이직률과 교육훈련의 실시 비율은 역시 부의 관계에 있다. 급변하는 기술 및 환경변화에 능동적으로 적응할 수 있는 능력을 교육훈련은 보완해 주기 때문이다.

⑧ **승진 및 발전기회**: 이것은 경제적·사회적 지위와 조직 내에서의 지위 등을 포함한다.

⑨ **인정감**: 기대한 만큼 충분한 인정 및 피드백을 받고 있는가 하는 것이 중요한 요인이 된다.

⑩ **감독방법**: 과업지향적 감독자는 전제적 · 독단적 · 방어적이고 부하에 대해 저항감을 가지고 있으며, 부하중심적 감독자는 협조적 · 민주적이며 부하와 상호작용하기 때문에 합리적이다.

⑪ **동료관계**: 동료 간의 협조 및 친밀성 등을 포함하며 동료관계나 팀워크가 직무만족과 이직에 부(-)의 상관관계를 가지고 있다. 따라서 개인의 조직 내에서의 수용정도와 집단응집력의 정도를 측정하여 이직을 효율적으로 예측할 수 있다.

2. 이직결정모형

이상의 내용을 종합해 볼 때 이직은 근로자의 직무만족과 높은 관련이 있다. 마치와 사이먼(J.G. March and H.A. Simon)은 이러한 사실을 기초로 조직이 조직구성원에게 제공하는 유인과 공헌도의 정도가 최소한 같거나 유인이 많을 때 조직에 남게 된다고 하였다. 따라서 개인이 이직을 하는 원인은 그가 원하는 보상을 조직이 충족시켜 주지 못해 기대에 어긋나기 때문이며, 이때 유인과 공헌의 균형을 조직이탈 욕구와 가능성이라는 두 요소의 함수관계로 설명한다.

즉, 개인이 직무에 만족할수록 이직하고자 하는 욕구는 적어진다는 것이다. 직무에 대한 만족은 첫째, 조직구성원의 자아상과 직무와의 적합성, 둘째, 직무만족에의 예측가능성, 셋째, 직무와 다른 역할과의 양립성 등의 세 가지 요인에 의해 결정되며 구체적인 사항은 〈그림 11-2〉와 같다.

또한, 조직구성원이 조직을 이탈할 수 있다고 생각할 가능성은 그가 선택할 수 있는 조직의 수에 의존한다. 즉, 선택할 수 있는 조직의 수가 많아서 취업할 가능성이 높다면 조직을 쉽게 이탈할 수 있다는 것이다. 조직은 참가자를 종업원으로서의 자질에 따라 서열을 만들며 노동력이 부족하면 더 많은 인원을 고용한다.

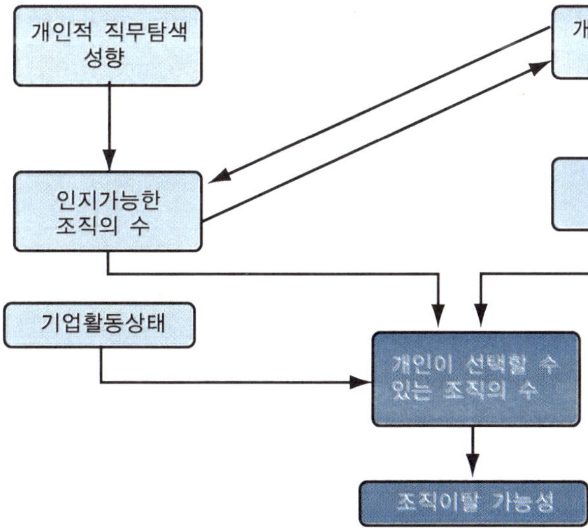

〈그림 11-2〉 **이탈 가능성에 미치는 영향**

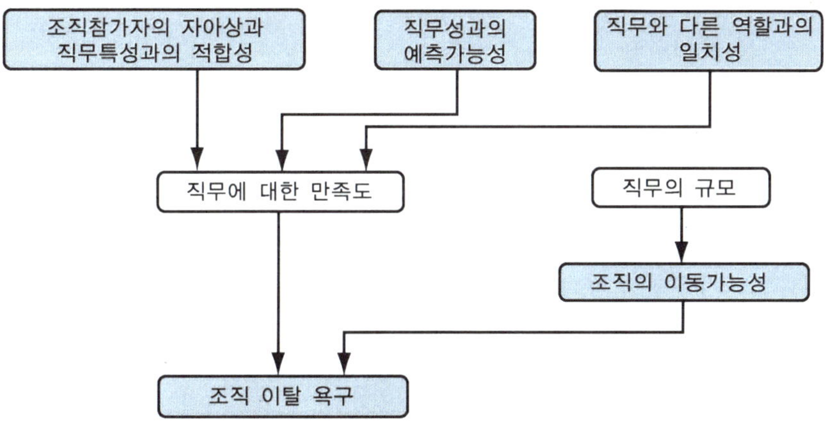

〈그림 11-3〉 **이직에 영향을 미치는 요인**

그러므로 조직구성원들은 자신의 서열상의 위치와 비교되는 다른 조직의 고용기회가 얼마나 많은가에 따라서 결정한다. 구체적인 사항은 〈그림 11-3〉에 나타나 있다.

제7절 사직관리

1. 사직

전직이 수행하던 직무를 타인에게 양보하고 대체직무로 이동하는 것을 의미한다면, 사직은 직무수행자가 조직을 이탈하는 것을 의미한다. 사직결정방법에는 개인적 특성과 노동시장의 요소, 조직적 요소 등이 포함되므로 사직문제를 위해서는 이들에 대한 여러 이해를 필요로 한다. 따라서 사직자 수를 감소시키기 위해서는 고임금, 역할의 명료성, 만족의 확대, 직무요구의 충족, 조직성장의 비전 제시와 제도적 개선이나 보완 등과 같은 문제를 해결해야 한다. 왜냐하면 이러한 문제를 중심으로 상대적 또는 절대적 비교치에 따라 사직의 의사결정을 하기 때문이다. 그러므로 이러한 문제를 합리적으로 해결하는 관리체계를 구축하여 이직의 증가를 방지하고 근로자를 적정수준으로 유지할 수 있는 방안을 강구해야 한다.

사직을 줄이려면 사직의 사유를 정확하게 판단하고 사직 인터뷰를 통해 그 사유를 확인하고 해결방안을 모색하는 것이 바람직하다. 특히, 근로자 채용 시 관련정보와 실질적인 현재의 자료 등을 통해 사직의 타당성을 검증하고, 동시에 동일한 사직자의 예방을 위한 제도적 장치도 요구된다. 즉, 사직을 감소시키기 위해서는 근로자의 훈련비용을 늘리고 관리의 효율성과 공정성을 실무에서 확인시키면서, 제도적 문제점은 즉시 시정하고 개선하는 관리적 행동이 필요하다.

종업원이 사직할 경우 조직은 개별적인 노동의 질과 유효성 및 사직 시에 초래되는 비용 등을 고려하게 된다. 이러한 고려요인은 종합적으로 사직에 따른 질적 요인으로 집약되는데, 이는 이직을 허용하거나 만류하는 데 초점이 되고 있다.

보유종업원의 질적 향상과 유지를 위해서는 유효노동력의 적성수준을 유지하는 것이 중요하다. 이것은 조직에는 대체가능한 인력과 불가능한 인력이 있고, 절대 필요한 인력과 필요없는 인력이 있기 때문에 사직은 중요한 영향을 미친다. 이는 노동력의 다양성을 요구하는 조직에서는 특히 중요하며, 사직관리의 측면에서 대체인력을 개발하는 관리적 화동이 요구된다.[1)]

2. 퇴직

이직(퇴직, 해고)에 대하여 미국에서는 separation program으로 일괄해서 취급하고 있지만, 구체적으로 퇴직(retirement)이란 통상 정년에 의한 퇴직 또는 중도퇴직을 의미하는 경우가 많다. 정년퇴직은 어느 일정의 연령이 되면 자동적으로 퇴직이 되는 제도이고, 그 연령은 법률적 근거에 따라 결정되는 것이 관례이다. 전통적으로 기업에서는 입사하여 정년에 이를 때까지 장기 계속고용의 관례가 일반적이었으며 이것을 종신고용제도라고 한다.

그러나 최근 기술혁신의 진전에 따라 기업경영이 다각화하고 이에 따라 적응할 필요성이 있기 때문에 중도채용이 이루어지게 되었다. 이것에 수반해서 중도퇴직도 증가하는 추세이고, 특히 젊은 층에서 자기사정에 의한 퇴직의 경향이 강하게 나타나게 되었다.

최근 종업원이 자기의 사정에 부합해서 복수의 퇴직코스를 선택할 수 있는 제도가 확립되고 있다. 이 제도를 선택정년제라고 한다. 이것은 앞으로의 고령화사회에 대응해서 정년 연장이 필요하게 되었지만, 일종의 연장만은 아니고 종업원의 희망 및 기업이 필요로 하는 상태를 고려해서 유연하게 퇴직선택이 가능한 제도이다.

정년퇴직 및 선택정년, 중도퇴직 등은 조직의 분위기를 쇄신함으로써 종업원의 능률향상을 도모하고, 젊은 층의 승진경로를 부여하고, 모럴의 향상을 도모하고, 경영조직활동을 활발하게 한다. 또 연공서열제에 의한 임금상승을 억제하고, 정년제를 통해서 장기간의 고용을 보장함으로써 종업원의 기업에 대한 공헌도의 향상을 그 목표로 한다.

---

1) 유기현(1999), 인적자원관리론, 무역경영사, pp. 393-395.

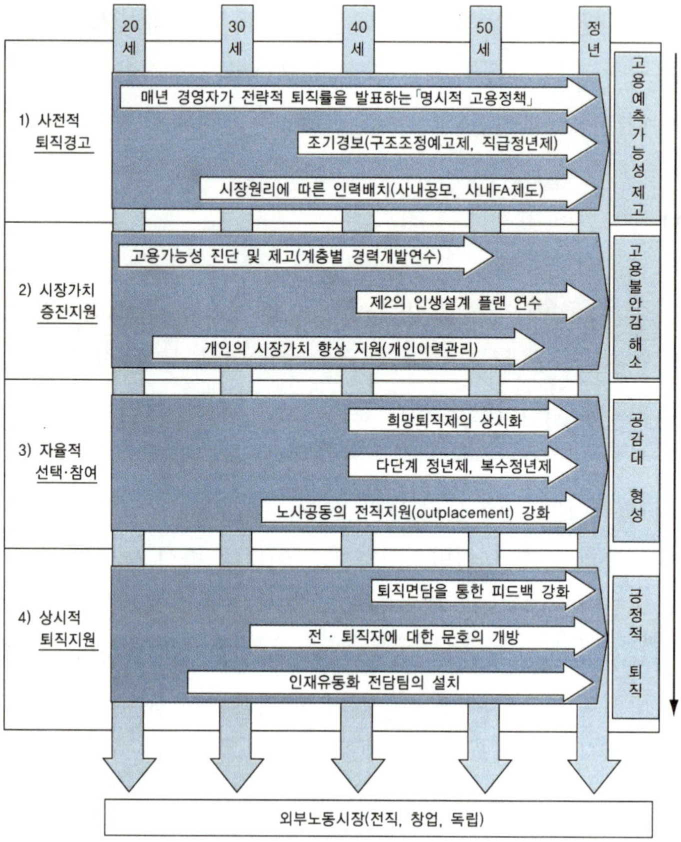

〈그림 11-4〉 **퇴직관리체계와 프로세스**

① '사전적 퇴직경고'를 통한 고용에 대한 예측 가능성 증대 및 긴장감 유지
- 매년 경영자가 전략적 퇴직률을 발표하는 명시적 고용정책을 통해 고용에 대한 예측가능성 제고
- '구조조정 사전예고제', '옐로우카드제', '직급정년제' 등 고용에 대한 조기경고를 통한 고용의 예측가능성 증대 및 긴장감 유지

② 노동가치 향상지원을 통한 개인의 시장가치와 고용가능성(employability) 제고를 통한 고용불안감의 해소
- '경력개발연수' 및 '생애설계교육' 그리고 '개인이력관리제도'를 통해 스스로의 시장가치와 고용가능성을 높임으로써 제2의 인생 출발 퇴

직준비 실시

③ 종업원의 선택과 의사를 존중하는 '참여적 퇴직관리'와 지원시스템 구축을 통한 노사갈등 해소
   - '희망퇴직제도', '다단계 정년제'와 '복수정년제'의 실시를 통해 퇴직에 있어서 종업원의 자율적 선택을 최대한 수용함으로써 노사분쟁의 불씨 제거
   - 퇴직자의 전직 또는 창업을 지원해 주는 노사공동의 전직지원(outplacement) 프로그램 개발

④ 개방적이고 '상시적인 퇴직지원시스템'의 구축을 통한 긍정적 퇴직유도
   - 전직과 이직에 부정적이고 익숙지 못한 농경민족의 두려움에서 벗어나게 하기 위해 개방적이고 '상시적인 퇴직지원시스템'이 필요
   - 퇴직에 대한 부정적인 이미지를 벗기 위해서는 '퇴직관리 전담부서'의 설치, '퇴직자 면담과 피드백' 강화 그리고 '전·퇴직자에 대한 문호의 개방'이 필요

3. 해고

해고(discharge)란 고용 중인 종업원을 기업이 일방적으로 사임시키는 것이다.

1) 징계해고 관리

종업원의 부정이나 부당한 행위에 대한 처분으로써 행해지는 것으로 경우에 따라 피하기 어렵고 또 필요한 조치이다. 징계해고(disciplinary discharge)를 준비하는 데 있어서 다음과 같은 정책구성이 필요하다.

① 해고에 이르는 경우를 명확하게 문장화해 둔다.
② 전 종업원에게 철저하게 주지시킨다.
③ 관리직에 대해서 이것들의 규칙과 내용을 철저히 주지시킨다.
④ 징계해고가 부가되는 경우에는 즉각적으로 사실의 분석을 행한다.

⑤ 관리직에 있어서 해고라고 하는 사항은 중대한 것이기 때문에 인사부뿐만 아니라 상위의 관리직이 재검토할 필요가 있다.
⑥ 해고된 종업원은 그에 대한 조건이 완전히 처리될 때까지 조직 내에 남겨두는 것이다.
⑦ 재조사를 위한 규칙, 조합원으로서 또는 조직화된 회사에 있어서 재조사하는 것은 당연하고, 비조직화(노동조합이 없는 경우)된 경우에 있어서도 고용주는 종업원이 정당한 것이라고 하면 재조사하지 않으면 안 된다.

2) 무능력 종업원의 해고관리

무능력자의 해고문제는 종업원의 경제적·인간적 측면으로 보아도 곤란하고 어려운 것이다. 이 경우 고용주는 종업원에 대해서 가장 필요한 선택이고 절차가 될 수밖에 없다고 하는 상담이 필요하고, 될 수 있는 한 문제를 야기시키지 않도록 하는 배려가 있어야 하며 항상 기록을 보유해 두는 것이 바람직하다. 무능한 종업원의 경우 인적자원의 배치전환은 성공하는 경우가 많고 이의 선택에는 연구가 필요하다.

Chapter

12 인간관계관리

제1절 인간관계의 기초

1. 인간관계의 의의

인간관계는 인격존중의 이념이라는 의미로 사용되고 있다. 즉 이것은 인격과 감정을 존중해야 한다고 생각하는 가장 통속적인 사고로서, 인간집단 내부의 객관적 행동관계에 있어 '인간감정의 성질'에 관한 연구에 초점을 맞추었다.

또한 인간관계는 정책사고적 입장에서, 팀워크(team work) 형성원리의 의미로서 집단사회에 대한 인식 내지 사고의 방법으로서 인간관계적 고찰(human relations approach) 및 상황적 판단(situational understanding)을 의미한다.

이와 같이 인간관계는 '인간과 인간의 관계'와 같은 단순한 내용은 아니다. 그것은 집단 내에서 휴머니즘(humanism)에 기초하여 집단의 협동관계를 형성하는 방법 · 기술이라고 할 수 있다. 이것은 오직 현실의 인간상호관계만을 국한시켜서 말하는 것은 아니고 인간의 집단을 올바르게 그리고 휴머니스틱(humanistic)하게 취급하는 과학이며, 동시에 그것은 목표지향적인 협동관계의 체계를 확립하는 것이라고 말할 수 있다. 원래 인간관계는 광의로는 대인관계이고, 협의로는 인간에 관련된 제 문제를 의미한다. 이는 경영조직의 구성원인 인간의 감정·태도·가치관 및 집단행동에 중점을 둔 인적자원관리의 이론이고, 이 중에서도 특히 모티베이션(motivation)의 문제가 중심이 된다. 따라서 인간관계는 모티베이션을 통해서 인간의 욕구불만을 해소하고, 합리적인 직장분위기를 조성하여 자발적이고 자생적인 협력체계를 이룩하는 것이라고 할 수 있다.

2. 인간관계의 중요성

조직에서 원만한 인간관계가 갖는 중요성은 호손실험으로 드러났지만, 조직과 인간에 대한 이해가 진전됨에 따라 인간관계의 중요성은 더욱 명백하게 되었다. 그 내용은 다음과 같다.

첫째, 사람들이 일생의 대부분을 조직에서 보내게 된다. 즉 인간은 사회적 동물이며 조직 속에서 많은 관계를 맺으면서 생활하기 때문에 인간관계는 생활의 커다란 부분이 된다. 특히 원활한 인간관계가 중시되는 풍토에서 이 문제는 경영자와 종업원 모두에게 중요한 관심사가 되는 것이다.

둘째, 조직이 대규모화하고 복잡화됨에 따라 치열한 경쟁과 변화하는 환경 속에서 생존하고 성장하기 위해서는 원활한 인간관계가 그 기초가 되어야 한다. 더욱이 일을 매체로 하는 경영조직에 있어 종업원들 간의 원활하고 합리적인 인간관계가 형성되지 못할 경우 사기(morale)가 떨어지고 작업의욕을 잃게 되어 생산성을 높일 수 없게 된다. 따라서 원만한 인간관계와 사기의 고조는 종업원의 자발적 협력을 확보할 수 있고 능률의 향상, 품질의 개선, 원가의 절감 등을 실현할 수 있다. 나아가서는 합리적인 임금과 근로조건의 형성, 원만한 고객관계 및 공중관계의 유지, 타 기업과의 경쟁의 우월성 등을 실현할 수 있다.

3. 인간관계론의 생성배경

1) 과학적 관리법

20세기 초기에 나타난 F.W. Taylor의 과학적 관리법은 당시의 산업계에서 볼 수 있었던 근로자의 조직적 태업(systematic soldiering)의 문제를 해결하기 위한 목적으로 주창된 것이다. 과학적 관리법은 시간과 동작연구(time and motion study)를 기반으로 하는 작업의 과학화, 근로자의 선택・훈련, 작업조건과 작업환경의 개선 등으로 현장작업의 능률증진에 이바지함과 동시에, 다른 한편으로는 계획부(計劃部)의 설치, 직능적 직장제로 대표되는 전문화, 표준과업의 결정에 의한 작업의 양적・시간적 규제, 원가계산의 철저화 등을 강조함으로써 관리와 조직에 혁신적인 원리를 제시하고 있다. 그런데 Taylor의 과학적 관리는 다음과 같은 이유로 노동조합의 반대에 직면하게 되었다.

첫째, 과학적 관리는 종업원의 능률 증진에 의하여 얻은 소득을 불공성한 분배(unfair distribution)로 간주하는 것이다.

둘째, 과학적 관리는 근로자를 기계시하는 것이다. 즉, 인간을 기계와 동일시하고, 생산에 있어서는 인간적 요소(human element)를 중시하는 경향이 있다.

셋째, 과학적 관리는 산업민주주의(industrial democracy)에 역행하고, 경영독재주의(industrial autocracy)를 주장하는 것이다.

넷째, 과학적 관리는 조합부정론(anti-unionism)이다. 즉, 과학적 관리의 발전은 노동조합의 존재이유를 부정한다.

이와 같이 노동조합의 주된 반대이유는 경영자가 근로자를 기계시하며 그 인간성을 무시한다는 점으로 집약된다. 그러나 과학적 관리방법이 실제의 경영관리에 활용되자, 여기에 관련된 연구는 계속 눈부신 발전을 하였다. 즉 시간연구 및 동작연구에 의한 작업방식의 과학화, 적성검사의 적정배치, 작업조직의 능률화, 임금형태의 합리화, 작업환경의 검토와 정비, 나아가서는 종업원의 신체적 제 조건에 대한 의학적 측정 및 분석 등이 이루어졌다. 하지만 이러한 문제해결방법은 너무나 과학적이고 합리적이었던 관계로 여러 문제점에 부딪치게 되었다. 즉 그와 같은 기법의 지나친 합리화로 인하여 관리방식이 기계·과업·임금 등을 중심으로 한 노동강화의 방향으로 흐르게 됨으로써 작업의 과학화는 근로자의 기계화, 비인간화, 저임금화 등을 가져오게 하였다. 따라서 과학적 관리법은 사실상 능률향상에 기여하였음에도 불구하고, 그 방법의 일면성 때문에 산업사회의 저변을 흐르는 인간의 문제를 충분히 해결하지 못함으로써 이 점에 대한 근본적인 반성을 하지 않을 수 없게 되었다.

2) 인간관계론

(1) 호손실험

약 3만 명의 종업원을 대상으로 1924년부터 1932년까지 4차에 걸쳐 실험을 실시하였다.

첫째, 제1차 실험(조명실험): 실험집단은 조명도의 상승과 더불어 작업능률도 상승하였다. 그런데 통제집단은 조명도를 변화시키지 않았는데도 작업능률의 상승을 보였다. 또한 실험집단의 조명도를 거꾸로 낮추어 보았음에도 불구하고 높은 작업능률이 그대로 지속되었다.

둘째, 제2차 실험(계전기 조립실험): 노동능률증진에 도움이 된다고 생각되는 거의 모든 조건작업을 실험한 결과 작업조건의 개선에 따라 능률이 급격히 상승하여 종래의 노동과학의 정설이 재확인되었다. 그러나 일정기간 후 이들 작업조건을 환원시켰으나 노동능률은 저하되지 않고 도리어 상승하였다. 제1차 실험의 경우와 동일한 결과이기는 하나 2차 실험은 노동능률에 결정적인 영향을 주는 것은 작업조건 이외의 다른 요인이 있다는 것이 확인되었다.

(2) 호손실험의 결론

작업능률을 좌우하는 것은 단지 임금·근로시간 등의 근로조건과 조명,

환기, 기타의 작업환경으로서 물적 조건만이 아니다. 차라리 종업원의 태도와 감정이 더 중요한 요소로 작용한다는 것이다.

첫째, 작업조건과 작업환경 등 물적 조건의 개선도 노동능률의 향상에 효과를 가져올 수 있으나 그것보다는 오히려 종업원들의 심리적 요소가 중요하다는 점이다.

둘째, 종업원의 태도나 감정을 좌우하는 것은 개인적·사회적 환경, 조직 내의 세력관계 및 소속한 비공식적 조직(informal organization)의 힘 등이다.

셋째, 종업원의 귀속의식과 종업원의 행동을 규제하는 것은 공식조직이라기보다는 인간의 상호작용에 의하여 자연발생적으로 형성되는 비공식조직이라는 사실이 입증되었다.

넷째, 비공식조직은 비용의 논리와 능률의 논리에 의하여 지배되는 공식조직과는 달리 감정의 논리에 의하여 지배된다는 것이다.

4. 인간관계론에 대한 반성운동

1) 비합리주의에의 지향

인간관계론에 의하면, 기업의 기술적 조직과 공식적인 관리조직은 능률 또는 비용의 논리에 의한 합리주의가 지배하고 있다. 이에 대하여 기업의 비공식조직, 즉 인간관계에서는 감정의 논리가 지배하고 있다. 따라서 비합리적인 감정의 논리를 이해하지 않을 경우, 경영자의 논리와 종업원의 논리가 서로 모순·대립하게 되고 종업원의 사기가 저하하여, 마침내 경영의 효율을 저하시키게 된다는 것이다. 그러나 현실적으로 종업원의 행동은 감정의 논리에 의해서만 지배되는 것은 아니다. 그렇게 되었을 때, 의사결정의 합리성을 소홀히 함으로써 이익률을 저하시키는 사태를 초래하였기 때문이다.

2) '경제인가설'의 부인

인간관계론은 기업 내의 인간은 경제적 보수의 극대화, 즉 경제적 욕구만을 추구한다는 '경제인가설'을 부정하고, 전통적 경영의 이론적 가설을 타파하였다. 그것을 대신하여 집단에의 소속감, 심리적 안정감과 같은 사회적 욕구를 지닌 '사회인'이라는 가설을 설정하였다. 그러나 기업이 경제재를 생산·배급함으로써 화폐수익을 얻는 경제적 기능을 수행하는 경제제도인 이상 기업 내 인간의 경제적 욕구를 경시한다는 것은 지나친 것이며, 오히려 비현실적이라 하지 않을 수 없다. 인간관계론이 발전한 이후, 종업원에게 경제적 자극을 주는 제도에 대한 관심은 크게 약화되었다. 그러나 종업원의 경제적 욕구를 경시하는 경향은 종업원의 모티베이션 실천체계와 이론체계에 커다란 결함을 나타내게 되었다.

3) '의존적 인간'의 가설

인간관계론에 의하면, 기업 내의 비공식적인 인간관계가 종업원의 심적 태도에 영향을 준다. 인간관계가 비록 비합리적·비협력적인 규범이라 할지라도, 종업원은 그 규범에 따라 행동한다. 왜냐하면, 인간은 집단의 일원으로서의 소속감과 안정감과 같은 인간적 욕구를 충족하기 위하여 행동하기 때문이라고 설명하고 있다. 그러나 다음과 같은 상황에서 인간은 의존적이지 않다.

첫째, 모든 인간은 언제나 집단규범에 따라 행동하는 것은 아니다. 집단의 비합리적이고 비협력적인 규범에 따르는 것은 그 종업원이 어떤 좌절감(frustration)을 가지는 경우이다.

둘째, 인간의 욕구시스템에 대한 인간관계론의 가설은 불충분하다. 개인이 욕구시스템을 '주어진 것'으로 간주하여, 그것에 대한 충분한 고찰을 하지 않는 것에 인간관계론은 방법론상 하나의 맹점을 가지고 있다. 비근대적 혹은 미성숙한 개인에게는 안정감과 소속감의 욕구가 강한 인간적 욕구로서 작용한다. 그러나 정신적으로 건강하게 성장한 인간은 자주성, 적극성, 독립성 및 창의성과 같은 자기실현을 추구하는 인간적 욕구가 한층 더 강하다. 그러므로 인간관계중심의 경영은 '의존적인 인간'에게는 안식처가 되겠지만, '창의적인 인간'에게는 자기현실의 욕구를 억누르는 결과를 가져온다.

4) '만족-생산성'의 가설

생산성은 종업원의 사기에 의하여 결정되며, 종업원 사기의 정도는 종업원의 심리적 만족도와 함수관계에 있다. 따라서 종업원의 심리적 만족도가 높은 직장일수록 생산성이 높은 것으로 가정하고 있다. 그러나 종업원의 만족도와 생산성 사이에 반드시 그러한 관계가 있는 것은 아니라는 것이 여러 연구를 통하여 실증되었다.

5) 보수주의에의 지향

인간관계중심의 경영에서는 인간관계의 안정적 균형을 교환하는 기술혁신과 경영혁신에 대하여, 항상 제동을 걸거나 반대함으로써, 혁신적 결정에 능동적으로 적응하지 못하는 사태를 초래한다. 그 결과, 인간관계중심의 경영은 보수주의를 지향하는 경향으로 나타나게 된다. 경영혁신을 위한 경쟁이 격심해진 1960년대로 들어서면서부터, 인간관계중심의 경영은 현실적인 기업환경에 대처하지 못하는 양상으로 노출되고 있다.

6) 외부환경을 무시하는 기업조직

종업원의 행동에 영향을 주는 중요한 요인은 인간관계뿐만은 아니다. 공식적인 관리조직도 종업원의 행동에 영향을 주는 요인이라는 것을 간과할 수 없다. 기업조직의 외부환경인 노동의 수급관계, 지역사회의 상태, 경제변동 및 노동조합 등의 외부요인도 종업원의 모티베이션은 인간관계를 포함한 기업조직의 내부환경과 외부환경의 제 요인으로 형성된 전체 상황에 의하여 영향을 받는다는 것을 알지 않으면 안 된다. 인간관계론은 종업원의 모티베이션이라는 복잡한 문제를 직장 내의 인간관계에 한정시킴으로써, 문제를 지나치게 단순화한 느낌이 없지 않다. 인간관계론은 근로자의 비공식조직의 존재와 그 사회적 통제력을 중시하면서도, 근로자가 소속되어 있는 노동조합도 일종의 공식조직이라는 것을 인식하는 데는 미치지 못했다.

7) '경영자 이데올로기'에 대한 비난

인간관계론은 인간의 경제적 욕구를 경시하기 때문에, 인간관계의 여러 시책은 비용이 들지 않는다. 그러므로 인간관계론은 경영자의 입장에 유리한 모티베이션의 수단이 되고 있다. 또 인간관계론은 이해대립과 분쟁의 사태와 노동조합이 종업원의 행동에 영향을 미치는 문제를 도외시하고 있다.

이미 고찰한 바와 같이 인간관계론은 많은 결함이 있지만, 그것이 지닌 결점을 분석 · 비판함으로써 보다 현실적으로 타당한 새로운 모티베이션이론을 전개하지 않으면 안 된다. 이것이 바로 오늘날의 인적자원관리에 주어진 중요한 과제이다.

제2절 인사관계관리의 제도

1. 사기조사

1) 사기조사의 의의

사기(士氣, morale)는 종업원들의 직무수행의욕 또는 직무수행동기(job motivation)를 뜻하며 조직의 목적달성에 기여하려는 개인과 집단의 정신상태(mental condition)라고도 할 수 있다.

사기조사의 주요 특성은 다음과 같다.

① 사기는 조직에서 요구하는 직무를 수행하려는 동기이다.
② 사기는 개인적 현상일 뿐 아니라 집단적인 현상이라고 할 수 있다.
③ 사기의 수준은 낮은 곳과 높은 곳을 잇는 연속선(continuum) 위에 표시될 수 있으므로, 높은 사기(high or good morale)와 낮은 사기(low or bad morale)로 구별할 수 있다.
④ 사기의 수준은 의존적이며 가변적인 것이다.

⑤ 사기의 심리적 기초는 인간의 욕구이다. 욕구의 충족에 의하여 만족을 느낄 수 있기 때문이다.
⑥ 사기는 일정한 행동적 증상(behavioral symptoms)을 수반하는 정신적 상태이므로, 사기를 측정하고 그것을 의식적으로 개선하려는 사기관리활동이 가능하다.
⑦ 높은 사기는 조직의 생산성 향상에 기여하는 하나의 요인이다.

종업원의 사기를 앙양시키며 문제요인의 파악과, 그 원인을 제거할 수 있는 대책을 수립하는 데 필요한 기초자료에 사기조사(morale survey)가 이용된다.

2) 사기조사의 효과

① 사기조사는 상향적 커뮤니케이션(upward communication)을 촉진한다.
② 피조사자들의 태도변화, 즉 사기향상에 기여할 수 있다.
③ 사기조사를 계기로 하여 경영자는 종업원의 사기문제에 더 큰 관심을 기울이게 된다.
④ 교육훈련의 필요성을 측정하는 데 기여할 수 있다.

3) 사기조사의 방법

(1) 태도조사

① 질문지법(questionnaire method)

특정한 항목에 대해 간단한 답을 기입하는 사항을 열거한 질문지를 종업원에게 돌려주어 그것에 의해 종업원의 의견 및 태도를 조사하는 방법이다. 질문사항은 각 회사 또는 조사목적에 따라 ① 회사정책, ② 직무 및 노동조건 · 작업환경, ③ 임금 · 승진, ④ 상사, 특히 직접상사, ⑤ 동료관계 및 작업 이외의 대인관계, ⑥ 노동조합 등과 같은 제 항목에 대해 희망 및 의견을 조사한다. 회답은 자유회답(free answer)법과 선택회답(choice answer)법이 있다.

② **면접법(interviewing method)**

면접법에 의한 사기조사는 질문지법 회답의 단순함에 비하여 보다 깊이 있는 의견 및 태도를 얻고자 하여 행해지는 경우가 많다. 면접법은 대별하여 지시적 면접법(directive interviewing)과 비지시적 면접법(non-directive interviewing)으로 구별한다. 면접법을 질문지법과 병행하면 효과가 더욱 커진다.

③ **통계적 방법**

가. **이직률**: 직장사기와 밀접한 관계가 있어 조직의 안전성, 사기의 정도를 파악하는 지표로써 널리 이용된다.

$$\text{산출방법} \Rightarrow \text{이직률} = \frac{\text{일정기간에 있어서의 이직자 수}}{\text{동 기간에 있어서의 평균재직자 수}} \times 100$$

나. **생산량에 의한 측정**: 직장사기가 높은 경우에는 높은 생산성을 시현(示現)하기 때문에 시장별·품종별 생산량 및 품질의 통계는 사기신단에 대한 유력한 자료가 된다. 조잡품 또는 설비파손상황 등도 그것의 자료로 병용된다.

다. **결근 및 지각률**: 결근과 지각률은 직장사기의 정도를 직접 반영하는 경우가 많다. 그리고 가장 간단하고 쉽게 재료를 얻을 수 있는 이점이 있다.

$$\text{산출방법} \Rightarrow \text{결근율} = \frac{\text{일정기간 중 결근으로 인한 인원·일}(man-day)\text{수}}{\text{동 기간의 평균종업원 수} \times \text{작업일수}} \times 100$$

라. **사고율**: 사고율 역시 직장사기와 밀접한 관련성을 가진다. 즉 종업원의 불평·불만 요인이 누적되어 이를 발산할 수 있는 기회를 부여하지 않으면 심리적으로 불평·불만의 포화상태를

형성하고 작업의욕과 주의력이 감소되어 자연발생적으로 재해율이 증대된다.

$$\text{산출방법} \Rightarrow \text{사고빈도율} = \frac{\text{재해발생건 수}}{\text{총 노동시간 수}} \times 1{,}000{,}000$$

$$\text{사고강도율} = \frac{\text{총 손실일 수}}{\text{총 노동시간 수}} \times 1{,}000$$

마. **고충·불평의 빈도:** 고충·불평이 많다는 것은 종업원의 직장 사기가 저하되었다는 것을 의미한다. 따라서 고충·불평의 빈도는 직장의 사기조사에 있어 중요한 요소가 된다.

2. 제안제도

1) 제안제도의 의의

제안제도(suggestion system)는 조직체의 운영이나 작업의 수행에 필요한 여러 가지 개선안에 종업원으로 하여금 제안하도록 하고, 그것을 심사하여 우수한 제안에 대해서는 적절한 보상을 하는 제도이다. 제안제도는 종업원으로 하여금 자유로이 제안할 수 있는 기회를 주고 우수한 제안을 채택·실시하는 것이다. 그러므로 채택된 제안에 대해서는 응분의 보상을 제공하여야 한다. 종업원은 제안에 의해 자아실현의 욕구를 충족하여 스스로의 창조력을 신장하며 자기성장을 꾀할 수 있다.

2) 제안제도의 전제조건

(1) 자유제안제도의 확립

제안제도는 종업원들에게 널리 그 의견 및 착상을 진언·제안하게 하는 것이 직접적인 목적이며 손쉬운 절차와 체제의 확립이 무엇보다 중요하다.

(2) 신속 · 공정한 관리제도의 확립

제출된 제안은 가능한 신속하고 공정한 심사를 하고, 적절한 처리를 보장하는 것이 필수조건이다. (심사위원회 설치, 심사기준 설정, 공정심사 필요)

(3) 합리적인 보상제도의 확립

종업원에게 제안할 수 있는 길을 열어주어 유익한 제안에 대하여는 경제적으로 보상해야 한다. 이것은 제안제도의 성공여부를 좌우하기도 한다.

(4) 명확한 제도화와 주지 · 개발

제안의 제출이나 처리에 관한 절차가 명확하게 제도화되어 있지 않거나 또는 그 취급에 관하여 명확하게 인식되지 못하면 종업원들은 모처럼의 제안이 정당하게 처리되는가의 여부에 관하여 불안하게 생각하게 될 것이다. 또한 제안제도에 있어서 계속적인 주지와 개발은 제도운영의 발전을 위해서는 중요한 요건이 된다.

3) 제안제도의 효율적 운영방법

(1) 제안의 제출방법

① **직제를 통한 방법**: 종업원이 직접 상사에게 제출한다.

② **제안함의 이용방법**: 제안함(suggestion box)을 직장의 적당한 장소에 설치하여 둔다.

③ **직접 제안하게 하는 방법**: 제안관리기관에 직접 제출하는 방법

④ **제안회의의 활용방법**: 정기 · 부정기적으로 제안회의 회의석상에서 직접 제안하게 한다.

(2) 제안의 심사

일정한 날에 제안심사위원회를 개최하여 그동안 수집된 제안을 심사한다.

(3) 채택된 제안의 공표주지

제출한 제안 중에서 채택된 제안은 사보 · 공판장 등에 개선내용 · 소속 · 직위 · 성명 · 보상의 정도 등을 공고하여 당사자에게는 만족감을, 다른 사람에게는 참여의식을 자극한다.

4) 제안제도의 효과

커뮤니케이션의 촉진, 사기앙양, 조직에 대한 일체감과 신뢰감의 증진, 경제적 효과, 합리적 능률적으로 경영관리에 공헌, 직무에 대한 관심과 흥미 제고로 요약될 수 있다.

3. 커뮤니케이션

1) 커뮤니케이션의 의의

커뮤니케이션이란 사람과 사람 사이의 인포메이션(information)의 이전과정을 뜻한다. 다시 말하면 상호교류과정(two-way process)으로써 전달자와 피전달자 간에 사실과 의견을 교환하여 인간에게 영향을 미치고 행동에 변화를 일으키는 것이다. 종업원들은 구조적인 관계뿐만 아니라 인간으로서 각자의 의사를 교환하고 이해를 깊게 함으로써 상호 간의 유기적 관계가 형성되고 사회적 욕구를 충족시킬 수 있다. 그러므로 종업원 및 관리자와 부하들 간의 커뮤니케이션은 그들의 만족감과 성과달성에 매우 중요한 역할을 한다.

2) 커뮤니케이션의 필요성

(1) 경영규모의 확대와 복잡화

경영규모의 확대와 이로 인한 경영규모의 복잡화는 경영업무의 수직적·수평적 분화를 불가피하게 하고 있다. 더욱이 직무분화된 업무를 효율적으로 수행하기 위해서는 각종 정보의 정확한 전달이 필요하다.

(2) 오늘날 노사관계의 발달

경영목적은 종업원과 노사관계의 협조 없이는 효율적으로 달성할 수 없다. 따라서 노사관계를 개선시키기 위한 노력이 필요하다.

(3) 인간관계에 대한 인식의 발전

커뮤니케이션을 원활하게 함으로써 종업원의 사기(morale)를 높이고, 협조관계를 형성하려는 노력이 보다 활발하게 전개되고 있다. 효율적인 커뮤니케이션은 능률과 직무만족을 실현해 주기 때문이다.

3) 커뮤니케이션의 기능

표 12-1 커뮤니케이션의 기능

기 능	지 향	목 표	이론 및 연구초점
1. 정보전달	기술적	의사결정에 필요한 자료제공	의사결정: 정보처리
2. 감정전달	감정	조직역할의 수용증대	만족: 갈등의 해소 긴장완화: 역할정의
3. 동기유발	영향력	조직의 목표에 헌신	권력·권한복종: 강화와 기대 이론: 행위수정: 학습
4. 통제수단	구조	의무·권한·책임의 명확화	조직설계

4) 커뮤니케이션의 과정

기본적 커뮤니케이션은 사람과 사람의 관계에서 정보교환과 감정이입 및 의사전달이라는 세 가지 요소를 효과적으로 전달하는 과정을 의미한다. 이러한 커뮤니케이션의 과정은 발신자·기호화·메시지·매체·수신자·해독·피드백·잡음의 여덟 가지 요소로 구성되어 있다.

① **발신자(sender):** 발신자는 전달할 메시지를 가지고 있는 사람을 말하며, 이러한 발신자의 특성은 커뮤니케이션이 과정에 크게 영향을 미친다(욕구, 태도, 가치관 등).

② **기호화(encoding):** 이것은 발신자가 전달하고자 하는 생각·감정·정보 등을 언어·심벌·도표·몸짓·기호와 같은 메시지 형태로 바꾸는 과정을 말한다.

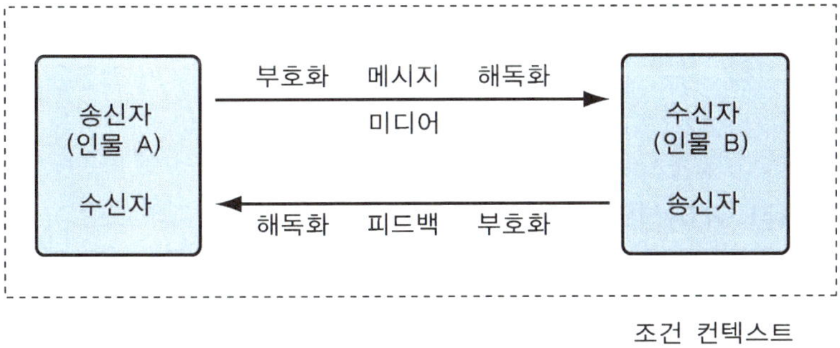

〈그림 12-1〉 **커뮤니케이션 과정의 기본요소**

③ **메시지(message):** 기호화과정의 결과로 나타나는 것이 메시지인데, 이것은 언어적인 것과 비언어적인 것으로 나뉜다. 언어적인 메시지(verbal message)는 구두메시지(oral message)와 문서화된 메시지(written message)로 나뉜다. 비언어적인 메시지(nonverbal message)는 표정, 자세, 음성의 크기, 눈짓, 몸짓 등의 형태로 나타난다.

④ **매체(media):** 매체란 메시지를 전달하는 수단을 말한다. 메시지를 전달하기 위한 수단은 직접대면대화 · 전화통화 · 집단토의 · 서류 · 도표 · 메모 등으로 매우 다양하다.

⑤ **수신자(receivers):** 수신자란 메시지를 받는 사람을 가리킨다. 수신자의 메시지에 대한 지식, 발신자와의 관계, 수신자의 성격 등 수신자 자신의 특성은 메시지를 이해하고 해석하는 데 큰 영향을 미친다.

⑥ **해독(decoding):** 이는 전달된 메시지를 개념 · 생각 · 감정으로 전환시키는 사고과정이다. 즉 수신자가 메시지를 이해하고 그것을 의미 있는 정보로 전환시키는 과정이다.

⑦ **피드백(feedback):** 이것은 커뮤니케이션과정의 반대과정으로서, 메시지에 대한 수신자의 반응이 발신자에게 되돌아가는 과정을 말한다. 즉 메시지가 효과적으로 기호화 · 전달 · 해석되었는지의 여부는 곧 피드백을 통해서만 알 수 있다.

⑧ **잡음(noise):** 이것은 커뮤니케이션의 과정에서 메시지가 의도하는 바를 저해·왜곡·혼란스럽게 하는 모든 요인을 말한다. 잡음은 커뮤니케이션 과정의 어느 곳에서나 일어날 수 있다.

5) 커뮤니케이션의 유형

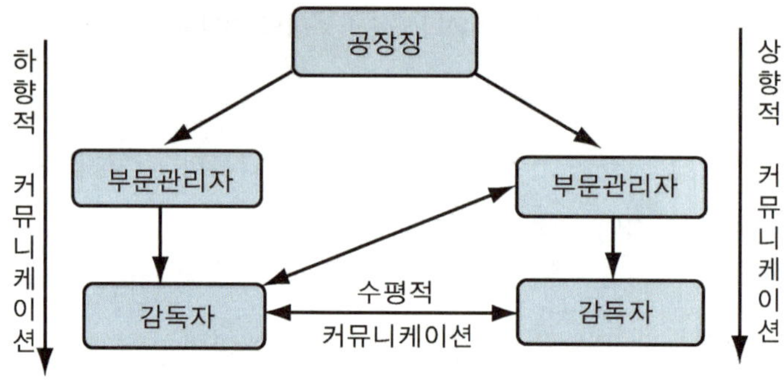

〈그림 12-2〉 **커뮤니케이션의 유형**

(1) 포멀 커뮤니케이션

포멀 커뮤니케이션이란 관리적 커뮤니케이션이라고도 하는데, 이것은 조직이 포멀하게 규정하는 바에 따라 이루어지는 의사소통을 말한다. 조직은 그 목적을 효과적으로 달성하기 위하여 커뮤니케이션의 경로와 방법, 절차, 그리고 기본적인 내용 등을 설계하여 규범적으로 정해 놓고 있다. 조직 내에서 이루어지는 커뮤니케이션은 그것이 이루어지는 방향에 따라 하향적 커뮤니케이션·상향적 커뮤니케이션·수평적 커뮤니케이션·대각적 커뮤니케이션 등으로 분류된다.

① **하향적 커뮤니케이션(downward communication):** 조직의 계층상으로 볼 때 상위계층에서 하위계층으로 명령의 계열에 따라서 커뮤니케이션이 이루어지는 형태를 말한다. 이러한 유형의 커뮤니케이션은 하위

계층에 있는 종업원들에게 그들의 직무에 관련된 정보, 즉 방침·명령·지시·성과표준 등을 전달해 주는 것을 주목적으로 한다.

② **상향적 커뮤니케이션(upward communication):** 하위계층에 있는 사람이 자신의 상위자에게 의사를 전달하는 것을 말한다. 이것은 하위자주도형 커뮤니케이션(subordinate initiated communication)으로 불리기도 한다. 상향적 커뮤니케이션의 매체로는 대면회합(face-to-face meeting), 서면보고 및 전화 등이 있으나, 고충처리, 설문지조사, 제안프로그램 및 종업원과의 인사상담 등을 통해서 하위자들이 상부에 자기의 의사를 전달할 수 있는 제도적 장치를 마련해 주어야 한다.

③ **수평적 커뮤니케이션(horizontal communication):** 조직에 있어 동일한 수준에 있는 개인 또는 집단 사이에서 행해지는 것으로 조직목적의 조정을 확보하는 데 매우 중요하다.

④ **대각적 커뮤니케이션(diagonal communication):** 조직구조상 동일한 계층에 속하지 않고, 또 동일한 명령계통에도 있지 않은 조직단위 간의 커뮤니케이션을 말한다. 이것은 조직구성원들이 하향적·상향적·수평적 커뮤니케이션 경로 중 어떠한 것의 이용도 용이하지 않거나, 그러한 경로를 이용하면 커뮤니케이션의 유효성이 떨어질 경우에 사용된다.

(2) 인포멀 커뮤니케이션

관리계층이나 조직목적과는 관계없이 조직구성원 상호 간의 인격적·사회적 교류관계에 의해서 자연발생적으로 이루어지는 커뮤니케이션을 말한다. 그러므로 인포멀 커뮤니케이션의 체계는 그것을 사용하는 사람의 목적에 따라 조직의 순기능을 하기도 하고 역기능을 하기도 한다.

6) 커뮤니케이션의 원칙

(1) 명확성의 원칙(principle of clarity)

정보는 전달자가 의도하는 바를 피전달자가 신속하게 이해할 수 있어야 한다. 따라서 보편타당성이 인정하는 범위 내에서 간결한 문장과 평이한 용어를 사용해야 한다.

(2) 일관성의 원칙(principle of consistency)

어떤 지시에 의해서 의사전달이 이루어질 경우, 지시사항이 수시 변경된다면 지시를 받는 사람이 혼선을 일으키게 되므로 정확해야 한다.

(3) 적기적시성의 원칙(principle of timing and timeliness)

업무활동의 신속한 수행을 위해서도 적기에 이루어져야만 한다. 즉 너무 이르거나 너무 늦어서도 안 된다.

(4) 경로성의 원칙(principle of distribution)

커뮤니케이션은 일정한 경로를 거쳐 전달자로부터 피전달자에게 정확하게 전달되어야 한다.

(5) 타당성의 원칙(principle of adequacy)

피전달자가 수용할 수 있는 능력의 범위 내에서 적정량이 효율적으로 전달되어야 한다.

(6) 적응성의 원칙(principle of adaptability and principle of uniformity)

커뮤니케이션의 내용은 독자적인 개별성을 지니면서도 현실성이 있어야 하고 허황된 것이어서는 안 되며, 조직구성원 전체를 대상으로 하는 경우 통일된 정책의 표현이어야 한다.

(7) 관심과 수용의 원칙(principle of interest and acceptance)

전달자와 피전달자 간에 전달내용에 대한 신뢰와 관심도가 높고, 전달내용을 수용하려는 자세가 갖추어졌을 때 비로소 효율적으로 이루어질 수 있는 것이다. 즉 전달 · 교환 · 지시 등에 적극적인 반응이 없으면 유명무실해진다.

4. 인사상담제도

1) 인사상담의 의의와 특징

인사상담(personal counselling)이란 기업경영에 있어 인간이기에 가질 수 있는 업무상 또는 종업원의 일신상의 문제를 상담해 줌으로써, 종업원들의 불평·불만 또는 고민 등을 미연에 방지하고 나아가 업무를 성실하게 수행하도록 함과 동시에 사기와 생산성 향상에 기여하도록 하는 데 그 의의가 있다. 일반적으로 기업에서 실시되는 인사상담의 특징은 다음과 같다.

① 상담자와 피상담자가 필요하며, 보통 비밀로 진행된다.
② 조직을 인간화하는 과정이며, 커뮤니케이션이 이루어지는 행위이다.
③ 조직의 성과를 높이고, 종업원들이 조직상황에 어떻게 대처할 것인가에 도움이 된다.
④ 종업원이 당면하고 있는 직무와 인사문제 및 정서적 불안을 감소시켜 준다.

2) 인사상담의 기능

(1) 조언(advice)

상담을 하는 과정에서 상담자는 피상담자의 정서적 문제를 판단하고 행동경로에 관한 조언을 할 수 있다. 따라서 상담은 피상담자가 상담자에게 정서적으로 의존하고 있는 관계를 형성한다.

(2) 재확신(reassurance)

상담은 종업원에게 문제에 도전할 수 있는 용기나, 적합한 행동경로를 따르고 있다는 믿음과 용기를 주는 것이다. 그러나 피상담자가 상담자보다 뛰어날 때 이러한 재확신은 일어나지 않는다.

(3) 커뮤니케이션(communication)

상담은 상향적·하향적 커뮤니케이션을 증진시킨다.

(4) 정서적 긴장의 이완(release of emotion tension)

피상담자는 상담자와 이야기할 기회를 가질 때, 긴장, 불안, 좌절로부터 정서적으로 이완될 수 있다.

(5) 사고의 명료화(clarified thinking)

유능한 상담자는 피상담자의 사고를 명료화하는 촉매자(catalyst)로서의 역할을 한다. 사고가 명료화되면 사람은 자신의 정서적 문제에 대한 책임을 지고 보다 현실적으로 문제를 해결하려고 한다.

(6) 재입문교육(reorientation)

상담은 종업원의 심리적 자아를 변화시키게 된다. 재입문교육을 통해 종업원의 기대수준과 달성수준이 일치하도록 기대수준을 변화시킬 수 있다.

3) 인사상담의 방법

(1) 지시적 상담(directive counselling)

이것은 피상담자의 과거경력이 현재의 행동을 이해하는 데 도움이 된다는 사고에 기초한 것으로, 상담자는 피상담자의 호소를 경청하고 그들이 무엇을 해야 할 것인가를 결정하도록 조언과 지시를 하는 것이다. 그러므로 상담자는 상담에 필요한 자료를 조사・분석해야 한다. 지시적 상담은 상담자가 주도적인 역할을 하므로 상담자중심의 상담(counsellor-centered counselling)이라고도 부른다.

(2) 비지시적 상담(non-directive counselling)

이것은 상담자가 피상담자의 이야기를 동정적으로 그리고 중립적인 태도로 들어주는 소극적 상담으로서 피상담자중심의 상담(client-centered counselling)이라고도 부른다. 상담자는 피상담자가 자신의 문제를 자연스럽게 이야기할 수 있는 대화의 분위기를 조성하는 것이 중요하다.

(3) 협조적 상담(cooperative counselling)

오늘날 인사상담은 순수한 형태의 지시적 상담 또는 비지시적 상담보다는 양자를 절충한 협조적 상담을 시행하고 있다. 이것은 피상담자의 문제해결에 도움이 되는 아이디어를 협조적으로 교환하는 상담자 대 피상담자의 상호대등관계에서 이루어지는 상담이다.

이상과 같은 모든 방법에서 상담자가 지켜야 할 사항은 다음과 같다.

① 피상담자에게 모든 주의를 집중하여야 한다.
② 피상담자의 진술을 경청하고 필요 없는 말을 덧붙여서는 안 된다.
③ 결코 상대방과 토론을 한다든지 피상담자에게 충고를 해서는 안 된다.
④ 피상담자가 말하고자 하는 사항과 말하기 싫어하는 사항들을 상담을 통해 이해해야 한다.
⑤ 상대방의 말을 경청하면서 서서히 그 인간의 유형을 식별해야 한다.
⑥ 상대방이 말하는 것은 모두 개인적 비밀에 속하기 대문에 결코 타인에게 이야기해서는 안 된다.

4) 인사상담자의 위치와 조건

인사상담이라는 중요한 역할을 담당하는 상담자(counsellor)의 지위를 기업경영 내 어느 곳으로 결정・배치할 것인가 하는 문제는 인사상담제도 자체의 성패와 관계된다. 일반적으로 이 제도의 성공은 다음과 같은 조건하에서 이루어진다.

① 상담자는 조직에서 '스태프'와 유사한 지위에 위치해야 한다.
② 상담자는 조직 내의 제반 직무로부터 자유로워야 하며 인사상담에만 전념할 수 있어야 한다.
③ 상담자는 그들 자신의 문제에 대해 자유로이 상담할 수 있고 또한 직제상의 압박이 있는 경우에는 자기의 방어자(defender)가 되어줄 수 있는 상사를 가질 필요가 있다.

5. 고충처리제도

1) 고충의 의의

일반적으로 고충(grievance)이란 스스로 통제할 수 없는 근로조건, 기타의 직장생활에 대하여 종업원이 표시하는 불만을 말한다. 따라서 고충은 직장생활관계에 대하여 종업원이 표시하는 불만의 원인 자체가 고충으로 나타나는 것은 아니다. 이와 같은 고충이 발생하는 원인을 열거하면 다음과 같다.

① 조직에서 인간관계의 부조화로 인한 동료 간의 불화
② 경영자의 정실 · 기타에 의한 불공정한 처우나 불리한 대우
③ 이유불명이거나 또는 불공정한 해고 및 좌천
④ 성격을 무시한 승진 또는 휴가제도
⑤ 작업의 과중한 부과 및 휴식시간과 복리시설의 부족
⑥ 불량한 작업환경(통풍, 채광, 난방 등)과 불비한 안전보건시설
⑦ 부당하거나 과도한 감독, 특히 자격 또는 인격이 부족한 감독자들에 대한 불만
⑧ 종업원의 고충제출에 대한 상급자의 압박 등

이러한 원인이 시정되지 않으면 종업원들은 작업에 대한 흥미를 잃고 사기가 저하될 가능성이 있다. 그러므로 적절한 고충처리 절차에 의하여 고충을 해소하거나 그 원인을 제거하지 않으면 안 된다.

참고문헌

공기열・송필수(2011). 관광・호텔인적자원관리론. 기문사.

구본장・박계홍(2003). 인적자원관리론. 형설출판사.

권순일(1998). 현대의 인사관리. 세종출판사.

권인호・이광순・이승계・이재구・이회자・홍신의(1997). 인적자원관리. 명경사.

김경한(2006). 호텔경영학. 현학사.

김규태(2003). 인적자원관리. 교우사.

김기석(1996). 인사관리론. 명경사.

김기석・변상태(2001). 인적자원시스템론. 청목출판사.

김기석・이강로・곽의영(1998). 인적자원관리론. 청목출판사.

김대권・김복동(2010). 호텔・관광인적자원관리. 백산출판사.

김동균(2005). 인적자원관리실무. 태일사.

김석현(1991). 인사관리론. 무역경영사.

김식회(1996). 인적자원관리론. 무역경영사.

김성용(2010). 호텔관광인적자원관리. 백산출판사.

김영재・김성국・김강식(2008). 인적자원관리. 삼영사.

김원형(1999). 초국적 기업을 향한 국제인적자원 관리전략. 학지사.

김유성(2000). 노동법Ⅱ-집단적 노사관계법-. 법문사.

김준식(2001). 인적자원관리론. 도서출판 대명.

김창의(1998). 현대 인사관리. 도서출판 두남.

김태기(1998). 노동쟁의 조정제도의 효율성과 우리나라 조정제도의 평가. 노동경제논집.

김형배(2006). 노동법. 박영사.

노사정책국(2003). 불법쟁의행위에 대한 손배・가압류의 실태 및 개선방향. 노동부.

박경문・최승욱(2001). 신인적자원관리론. 무역경영사.

박정민 외(2007). 관광・호텔인적자원관리론. 기문사.

변상우(2005). (최신)인적자원관리론. 무역경영사.

신강현(2004). 호텔인적자원 관리론. 형설출판사.

신라호텔(www.shilla.net). 리츠칼튼 서울호텔(www.ritzcarltonseoul.com).

신승종(2004). 전략적 인사관리. 대경.

신용주(2004). 평생교육의 이론과 방법. 형설출판사.
안대희(2011). 호텔경영의 이해. 대왕사.
안영면 · 박봉규 · 윤정헌(2002). 관광인적자원관리. 도서출판 대명.
오종석(1996). 인적자원관리. 삼영사.
원융희 · 김준원(2009). 최신호텔인적자원관리. 대왕사.
유기현(1999). 인적자원관리론. 무역경영사.
이규봉(2000). 공익사업에 있어서의 쟁의행위 제한에 관한 연구. 고려대학교 노동대학원 석사학위논문.
이순구 · 서범석(2010). 호텔인사관리론. 대왕사.
이영희 · 김태기(1989). 노동쟁의조정제도 연구. 한국노동연구원.
이원우(2001). 新인사관리론. 삼영사.
이재규 · 김성국(1996). 최신인적자원관리론. 문영사.
이재규 · 김진극 · 김동조(2001). 디지털 시대의 인적자원관리. 문영사.
이재훈 외 4인(2007). 인적자원의 이해와 활용. 경문사.
이재훈 · 이종준 (1998). 신인적자원관리. 서울: 경문사.
이학춘 역. 독일노동법. 한국경영자총협회부설 노동경제연구원.
이학희(2004). 인적자원관리론. 대명출판사.
임창희(2003). 신인적자원관리. 명경사.
정수진 · 고종서. 글로벌 시대의 인적자원관리. 삼우사.
정수진 · 고종식(2000). 인적자원관리. 삼우사.
정재훈(2005). 인적자원관리. 학현사.
정종신 · 이덕로(2007). 신노사관계론. 법문사.
조보상(2006). (지식시대의) 인적자원관리. 무역경영사.
조보상 · 정연현 · 박민생 · 허갑수 · 변상우(2002). 현대 인적자원관리. 무역경영사.
한국경영자총협회. 경영계. 1985년 12월.
한국인적자원관리학회(2002). 인적자원관리연구 제4집
홍경욱(2002). 호텔인사관리. 데이터플러스.
홍용기(2002). 인적자원관리. 형설출판사.
황규대(2002). 인적자원관리. 전영사.

LG경제연구소(http://www.lgeri.com/)
매일노동뉴스(www.labortimes.co.kr)
삼성경제연구소(http://www.seri.org/)

삼성경제연구소(www.seri.org)
한국경제신문(www.hankyung.com)
한국노동연구원(www.kli.re.kr)
한국노사연구원(www.korealabor.co.kr)

D.R. Dalton, D.M. Krackhardt, and L.W. Porte(1981). "Functional Turnover: An Empirical Assessment". Journal of Applied Psychology.

D.T. Hall. Careers in Organizations. Good Year, 1976.

E.B. Flippo. Personnel Management. McGraw-Hill, 1983.

Erzberg, F.(1968). "One more Time, How Do you Motivation Employees". Harvard Business Review.

F. Friendlander, and E. Walton(1984). "Positive and Negative Motivations Toward Work". Administrative Science Quarterly.

G. Farris(1971). "Predictive Study of Turnover". Personnel Psychology.

I. Ross, and A. Zander(1957). "Need Satisfaction and Employee Turnover". Personnel Psychology.

J. Federico, P. Federico, and G. Lundquist(1976). "Predicting Women's Turnover as a Function of Extent of Net Salary Expectations and Biodemographic Data". Personnel Psychology.

J. Koch, and R.M. Steers(1978). Job Attachment, Satisfaction and Turnover Among Public Employees". Journal of Vocational Behavior.

J.G. March, & H.A. Simon(1961). Organization. John Wiley & Sons, Inc.

U.S. Department of Labor.

W.X. Viscusl(1980). "Sex difference in Worker Quitting". Review of Economic and Satistics.

Watkins, G.S. Dodd, P.A. McNaughten, W.L., & Prasow, P.(1960). The Management of Personnal and Labor Relations. McGraw-Hill.

Watkins, M.(2004). "The First 90 Days". SHRM Annual Conference.

www.naver.com/kin
blog.naver.com/suheak

저자소개

안대희
세종대학교 대학원 경영학 박사(관광경영 전공)
미국 호텔총지배인 자격증 취득(AHLA)
와인소믈리에 자격증 취득(AHLA)
음료관리사 자격증 취득(AHLA)
조주기능사 실기 및 필기시험 출제위원
현, 대원대학교 호텔경영과 교수
관광호텔등급심사위원

서광열
경기대학교 일반대학원 관광학 박사
조선호텔, 롯데호텔, 밀레니엄 힐튼호텔 근무
베트남 하노이 대우호텔 근무
한국관광학회 평생회원(이사)
한국외식경영학회 평생회원(부회장)
현, 관동대학교 호텔관광학부 교수

박종철
배제대학교 대학원 관광경영학 박사
와인소믈리에 자격증 취득(AHLA)
호텔경영사 자격증 취득
트리아관광호텔 총지배인
현, 백석대학교 호텔관광학부 교수

윤대균
계명대학교 대학원 관광경영학 석사
대구대학교 대학원 관광경영학 박사
현대중공업 ㈜호텔현대 경주 등 근무
현, 세명대학교 호텔카지노경영과 교수

양동령
고려대학교 경영대학 경영학과 졸업
New York University(Stern School of Business) 경영학 석사(MBA)
다국적 컨설팅회사 PricewaterhouseCoopers Consulting 한국지사 근무
미국 뉴욕 소재 투자은행 근무(CIBC World Markets, 주식 리서치센터)
기업은행, 삼성선물 및 자산운용사 근무
현, 서정대학교 호텔경영과 교수

호텔인적자원관리

2012년 8월 25일 초판 1쇄 인쇄
2012년 8월 30일 초판 1쇄 발행

저 자 안대희·서광열·박종철 윤 대 균 · 양 동 령
발행인 寅製 진 욱 상

발행처 백산출판사
서울시 성북구 정릉3동 653-40
등록 : 1974. 1. 9. 제 1-72호
전화 : 914-1621, 917-6240
FAX : 912-4438
http://www.ibaeksan.kr
editbsp@naver.com

값 18,000원
ISBN 978-89-6183-623-4